看不见的力量

腾讯产业新布局

蓝字计划 编著

清华大学出版社

北京

图书在版编目（CIP）数据

看不见的力量：腾讯产业新布局 / 蓝字计划编著 . —北京：清华大学出版社，2024.1
ISBN 978-7-302-64574-0

Ⅰ.①看… Ⅱ.①蓝… Ⅲ.①网络公司－企业管理－经验－中国
Ⅳ.① F279.244.4

中国国家版本馆 CIP 数据核字 (2023) 第 180124 号

责任编辑：顾　强
封面设计：周　洋
版式设计：方加青
责任校对：王荣静
责任印制：曹婉颖

出版发行：清华大学出版社
　　　　网　　　址：https://www.tup.com.cn，https://www.wqxuetang.com
　　　　地　　　址：北京清华大学学研大厦 A 座　　　邮　　编：100084
　　　　社 总 机：010-83470000　　　　邮　　购：010-62786544
　　　　投稿与读者服务：010-62776969，c-service@tup.tsinghua.edu.cn
　　　　质 量 反 馈：010-62772015，zhiliang@tup.tsinghua.edu.cn
印 装 者：三河市东方印刷有限公司
经　　销：全国新华书店
开　　本：148mm×210mm　　印　张：9.75　　字　数：257千字
版　　次：2024 年 1 月第 1 版　　印　次：2024 年 1 月第 1 次印刷
定　　价：78.00元

产品编号：100160-01

编委会成员名单

（按姓氏笔画排序）

主　　编：卢　桦

副　主　编：左旭光　黎　明

编委会成员：刘　斌　邹　蔚

编写人员：

马妍睿　仇泽翔　尹非凡　左旭光　龙玉环　卢　桦　卢　铭

庄婉聪　刘　斌　刘国强　李可君　李冰如　邹　蔚　陈　峰

周炜皓　侯雪歌　袁　梦　莫　柳　钱思琪　唐星硕　唐婉婷

梁天祥　梁红玉　梁　鹏　温蕊露　黎　明

序

在内蒙古乌海城外的毛乌素沙漠，一块与周边沙地泾渭分明的"试验田"里，腾讯云搭建的边缘计算机中心发出低沉的轰鸣声。接收着外部的风速、湿度，甚至是瓜果蔬菜的成熟度等数据，通过算法处理后，边缘计算机中心指挥着沙漠试验田里的平移喷灌机工作——什么时候浇水、浇多少水、哪一片不需要浇灌等。

这块试验田种出了西瓜、黄瓜、番茄、大蒜等农作物，并且在不断复制，新的绿洲逐步形成。腾讯云技术参与治沙，且在沙地上种了各种蔬果的景象，对于很多人来说，都是意料之外的。

而另一边，数字化的技术早已被拿来养猪，解决养猪业最大的痛点——母猪常在半夜产崽，猪仔的死亡率极高。在壹号土猪的养猪场，技术让工人随时知道，母猪会什么时候产崽、母猪肚子里有什么异常，并且推送到企业微信端。

产业上几何倍数的效益，由此产生。

这些，都是人们所不知道的腾讯另一面，日常不显眼，却深藏力量。

作为中国数字化的领先力量，当腾讯全方位地与实业结合，将会产生什么样的化学反应？

在数字化推动大时代的转折点上，为了深度、真实地捕捉正在变革的产业世界，蓝字计划持续了3年，贯穿腾讯20多种业务形态，深入其参与及推动的数十个项目之中，窥见了网络信息世界所看不到的景象，也见证了一幅幅全新的产业数字化图景。

作为资源枯竭型城市的代表，鹤岗给人们的固有印象是，经济的不断衰退，人口的持续流出。但竟然有一家企业，利用企业微信上针对超市产销采买与销售流程开发的功能，开拓大东北市场，销售额冲上了东三省超市排行榜的前三。在珠三角的流水线旁边，蹲守了两个多月的腾讯 AI 团队，终于建成一套适用于制造业流水线的工业互联网系统。它的成本、效率、精准度如何，真的会让工人们下岗吗？

我们深入现场，见证到那些背后的故事，触摸到鲜有人关注的脉络。在产业数字化的版图里，有腾讯主导研发的，如芯片、生物医药、工业互联网系统等，也有只是提供技术支持的，如养猪、治沙、养老院防摔系统等。无论哪一种，在国民经济需要破局与推动的地方，腾讯都恰到好处地利用自己的技术能力进行支持。

而在产业之上，腾讯又将公益行业改革到具备自我造血能力，推动文物修复、扶持基础科学等。这些无不说明，腾讯在推动实业与社会公益的数字化升级上，躬体力行。腾讯更以其技术与理念，撬动社会面的多元结合，形成了数实融合时代的中国样本。

或许谁也没想到，腾讯会设立"科学探索奖"，以现金奖励支持青年科学家。这是对基础科学存在问题的精准捕捉，进而解决。跳出"投入产出"衡量之外，这无关生意，却表达了一种价值观——科技是可以向善的，未来的科技世界，并不悲观。

正如我们所言，这是一部激荡人心的互联网企业进化简史，理清腾讯在这变革时代的重大脉络，挖掘产业、互联网、资本、实业、科技、公益的变量，更让人见微知著。人们不仅能在大时代中重新认识腾讯，更能窥见：技术，到底能把我们带到哪里？

蓝字计划编辑部

目录

第四章

联结个体：让科技急人所需   113

第五章

突破封锁：大国博弈背后的助推剂   143

第六章

帮扶弱者：对抗贫穷、衰老和疾病   191

第一章
精研科技：在智能化时代抢占先机

无论是当下的国际竞争，还是国内的技术升级，其基础都是科技，科技依赖人才，也离不开实业。在中国，国家、企业、社会正在形成合力，共同托举科研，因为科技决定着我们能否在智能化时代快速抢占先机。

数字技术重塑世界已经是不可改变的方向，中国的互联网大厂已经在科技可持续化的投入和推动科研产业化方面发挥独特作用，把互联网思维、代码技术等优势与实业相结合。

在支持基础科学研究方面，社会力量开始以灵活的方式介入，从而解放生产力，让科技成果转化更快落地。

一、程序员走向生产线

韦昭南从没遇到过那么麻烦的要求。屏幕的光打在眼镜上，他皱着眉盯着眼前的数据，手在键盘上无数次敲打，不断调整算法、清洗数据，但小数点后面准确率的提升缓慢得愁人。韦昭南轻轻叹了口气，转过头和同事讨论起那些自己并不熟悉的行业知识。

他们参加的这个项目，是建设一套适用于电路软板制造流水线的工业互联网系统，在工业领域，客户对于准确率的标准与消费互联网完全不同。例如，人脸识别或者语音识别应用，消费场景下准确率做到90%、95%就已经满足需要，但在制造业，客户要求准确率要到99%，甚至99.5%以上。工程师们只能让模型不断迭代，不断收集数据，不断做模型的优化、训练，从而提升指标。

在"互联网＋"等战略的指导下，中国企业正尝试在平台和关键技术上力争国际话语权。海尔集团原创出COSMO系统——支持大规模定制的互联网架构软件服务平台。通过这个平台，可以将海尔用户圈与并联资源圈进一步融合，从而构建全新的互联工厂生态系统，让用户能向工厂直接发出请求，定制个性化产品。

华为则选择借力通用电气，基于Predix工业物联网应用平台以及华为领先的物联网网关、网络控制器、连接管理平台、大数据计算平台等信息通信技术以及基础架构进行联合创新，共同开发、推广和交付新型工业数字化和自动化解决方案。华为的蒋旺成认为，华为与通用电气的合作是一种互补，"工业互联网所涉及的范围很大，再大的公司也不可能将方方面面都吃下去，一定是每个公司聚焦自己核心能力所在的部分，进行整个产业链的合作"。

人类历史上的第四次工业革命大潮涌起，继信息化之后，物联网成为最大的热门和趋势。即使困难重重，中国企业也必须迎难而上。在刚刚兴起的以人工智能为标志的第四次工业革命里，任何一点迟疑和等待都可能使我们失去好不容易掌握的先机。

⊙ 蹲在流水线旁边的程序员

怎么界定产品缺陷的类别？为了弄清楚这个问题，来自腾讯人工智能技术团队的韦昭南，和同事们开始没日没夜地攻坚。

智能制造和工业互联网是制造业升级浪潮中的关键环节，作为国内龙头科技企业，腾讯早已入局，通过自身在互联网领域的经验积累，为传统制造业企业提供技术支持。但在实际执行的过程中，由于跨行业，工程师们需要解决的问题比起过去单纯的互联网项目要复杂得多。单纯依靠算法的学习还不够，作为技术人员，韦昭南和同事们还必须了解和掌握行业知识。

专业门槛一定程度上限制了人工智能应用在工业界的推广。从流水线上拿来的摄像头模组缺陷品，有的保护膜撕裂了，有的在生产途中出现了划伤、撞击，负责生产的技术人员搬出一套自己熟悉的逻辑，通过缺陷的形成原因进行分类，但这些归类方式跟实际的图像特征并不完全对应。

韦昭南一遍遍跟对方解释为什么需要厘清归类的问题。工厂里有些闷热，豆大的汗珠从他前额滚落，滑过鼻梁砸到地上。即使韦昭南已经口干舌燥，对方的技术人员依然不明白系统怎么会理解不了流水线上摸索出来的分类标准？他不耐烦地抱怨了一句："你们这个人工智能不是应该一学就会了嘛。"

认为人工智能无所不能，是对接时许多客户都会有的误区，除了不断沟通、提出诉求，工程师们还要学习业务中的相关专业知识，这样才能进入对方的话语体系中。那段日子，除了对着电脑清洗数据、改进算法，韦昭南空闲下来便常常蹲到流水线旁边听技术人员给他做讲解，敲惯代码的手，不是抱着厂方给的资料看，就是拿着各种各样的电路板冥思苦想。就连和同事一起吃饭，饭桌上聊的电路软板生产工艺，也几乎跟聊代码一样多。

两个月以后，项目组里的人差不多成了半个行家，和接受过长期培训、负责检测出品质量的技术工人员聊得有来有往。曾经让整个组纠结的缺陷定义问题也顺利得到解决——无论是保护膜撕裂、划伤，还是碰撞，都以损伤漏洞的结果统一归类，避免在类别判断上出现混淆，把耦合给解开。

"我不是业务专家的话，或者我不是真的开始做这个项目，是永远不知道我缺哪些东西的，这是信息采集的一个悖论。"韦昭南说。即使短期内快速掌握了某一品类的业务知识，下一次进入其他领域，也免不了两眼一抹黑：不少厂家的工艺已经高度成熟，在这些厂家人工智能的应用场景非常垂直，很难拿到其他地方套用或复制。哪怕在近似品类里面推行（如把电子软板的生产经验移植到半导体行业），依然要做很多的调整，展开大量迁移学习的工作。

韦昭南估计，行业跨度再大一点，整个模型都要从头开始做，"它是投入比较大的一个开发，对于人工智能公司来说也是最痛的一点"。长期摸索下来，规模化愈发成为韦昭南和同事们选项目时候考虑的重点，他们更倾向于介入比较有成长性的行业，如锂电池、新能源。

另外，他们也开始思考从项目化往产品化转变的可能。最好的方式是，除了交给客户模型，还要给出一套用来开发模型的工具，让客户可以在一个个细分场景里面做二次开发，方便他们做定制化模型的构建。换句话说，就是腾讯的技术团队利用自己的生态、合作伙伴，塑造一个聚合平台，帮助客户以及其他小团队做垂直、定制化的开发。

⊙ 到德国和德国大厂抢生意

云计算峰会上，腾讯云欧洲市场的负责人李世炜有些尴尬。面对来自世界各国的云计算行业专业人士，李世炜和同事们随机进行了一场简单的调查，询问在座的与会者对腾讯云的了解，结果出乎意料，不少外国友人在听到"Tencent"时露出懵懂的表情，李世炜苦笑起来。

"参会的人员都已经算是云计算的圈内人士了，但调查结果显示，很多人并不知道腾讯这个品牌，更不要说腾讯云了。当然，有很多人知道微信和 QQ，不过他们并不知道微信和 QQ 属于腾讯。"

品牌认知度低，意味着开拓市场的难度更高。腾讯云制定了两条战略：一是帮助欧洲公司进入中国，更好地适应中国本地的市场环境；二是帮助欧洲当地的政府、企业更好地服务中国的游客。欧洲市场被划分为 4 个区域，每个区域都有不同的业务重心。比如东北欧，就以德国为中心发散出去，重点关注汽车业和制造业等领域。换句话说，在传统制造业强国德国，来自中国的企业要和当地企业比一比工业互联网的水平。

可想而知，这会是一个艰巨的任务。腾讯云欧洲有限公司选址在德国第五大城市——坐落于美因河畔的法兰克福。由于网络资源丰富，又是欧洲交通枢纽，法兰克福成为国际互联网公司设立数据中心的首选，包括腾讯在内，大量有志于拓展欧洲市场的国际云厂商将这座人口不足百万的城市作为桥头堡。

但要真的进入欧洲市场，门槛很高：欧洲格外重视隐私数据的保护，微软、谷歌、亚马逊等跨国大型企业都曾因为隐私保护问题而不得不接受调查。这种警惕和重视有复杂的历史成因——第二次世界大战时期，掌握着大量详细个人隐私信息的希特勒政府，曾凭借这些信息对犹太人发起针对性屠杀。2016 年 4 月，欧洲议会通过了数据保护法案——《通用数据保护条例》（GDPR），用以遏制个人信息被滥用，保护个人隐私。按照这个法案的规定，如果企业不遵守新规，将面临最高 2000 万欧元或相当于其全球年销售额 4% 的罚款（二者取较高值），这项"史上最严的数据保护法案"于 2018 年 5 月起正式生效。

在合规方面，腾讯云表现得非常谨慎。谨慎是腾讯在开拓国际市场时的惯性。腾讯云国际业务总经理魏伟还记得，在正式进军欧洲之前那段繁忙的日子，团队找了专业的国际咨询机构，对当地的法律法规逐条研究，办公室里灯火通明加班加点，集体备战 GDPR 合规认证。

除了 GDPR，腾讯云还拥有韩国 KISMS（韩国信息安全保护管理体系）、新加坡 MTCS（新加坡多层云安全）、新加坡 OSPAR（外包服务提供商审核报告）、美国 HIPAA（健康保险携带和责任法案）、欧盟 CISPE（欧洲云计算服务供应商联盟）等安全资质，甚至通过了以严厉著称的德国 C5:2020 云安全基础和附加标准审计，成为全球首家通过该标准的云服务提供商。

在云服务合规与安全领域，这家中国企业已经占据了世界领先地位。用李世炜的话说，在业务层面，腾讯云"只提供技术，不掌握客户的数据"。这份谨慎换来了不错的回报，腾讯云进入欧洲没多久，就与德国的 SAP、西门子等软件厂商达成合作，开始联手打造具体应用场景中细分领域的解决方案。

⊙ "用人工智能造飞机、炼钢铁"

魏伟和李世炜在欧洲市场开疆拓土的时候，后方的技术力量并没有停下脚步。世界上仅有两家能生产大型广体客机的制造商，其中之一的欧洲空客集团已经用上了来自腾讯云的数字工厂、智能生产管理、设备智能和智慧营销等一整套工业数据智能解决方案。这套方案的主要内容，是高效的流程管控系统，通过将人员轨迹、货架摆放位置等信息结构化，辅助飞机组装。

韦昭南举了个例子，比如在大飞机组装车间，一台飞机有七八百万个零件，这套系统可以把货架位置、装配流程和人员情况都录入其中，转化为直观的图表、分析出现在展示界面上，然后通过人工智能算法进行深度优化，寻找出效率最高的方案。通过分布在车间里的传感器，不同工种的工作时长，有效区、非有效区的时间占比等情况都会被整理成完整的报告，管理者可以根据这个报告快速了解和调整车间情况。

除了这套系统，在疫情的特殊背景下，韦昭南和同事们还为空客开发了一个应用程序：通过传感器，实时提醒车间内的工作人员保持社交距离，降低安全风险。在韦昭南看来，用人工智能进行人力、管理上的优化，以及参与质检等环节，只是这项技术在工业领域进行普及的开端。

在这方面腾讯早有先例，比如已经常态化投入企业管理应用的企业微信。国产发动机提供商玉柴，就通过企业微信搭建起了一套庞大的云管理系统，将 9000 多台设备及 8000 多名员工纳入其中。在这套系统的辅助下，原本需要半个小时才能完成的机器故障报修，被简化为两三分钟就能走通的流程。

就连美国老牌企业壳牌石油，也选择使用企业微信作为基础构建经销商的管理系统，连接起 1 万多家末端经销商，真正实现了打通上下游、把控全分销链条。要知道，在应用企业微信之前，过于零散的小型商户无法纳入管理体系，是企业始终没有解决的管理难点。

现在，腾讯云的工作重心将向配料优化、工业优化上逐步转移，在流程制造业里面通过记录每个配料、工艺参数，实现节能增效。"十四五"规划明确提出，我国的下一步发展要"推进产业基础高级化、产业链现代化，保持制造业比重基本稳定，增强制造业竞争优势，推动制造业高质量发展"。要实现制造业高质量发展，工业互联网是避不开的一环。

韦昭南曾经参与过一个钢厂 POC 项目，需要考虑不同产地的煤不同的性能指标，通过不同的比例来搭配，最终制胶、炼钢、炼铁。在使用人工智能之前，这个环节多半交由技术人员凭借经验去把握，很难做到真正的量化可控。

但配煤和生产效率之间的对应关系，在通过机器学习的算法面前暴露无遗。工程师们把不同煤矿的性能等数据接到系统里，让人工智能抓取数据记录对应关系，在收集大量数据的基础上进行优化，再通过设定边界条件，反复尝试，最终顺利找到经济效益最高、成本最低的配料方案。"同样是烧一吨的胶，原来用人工去配的话，好像是1300块钱，我们最终做到了1280块钱一吨，基本上能做到每吨省20块钱，折算成整年能源的消化量来说，经济效益也是上千万的。"

⊙ 局部超越韩国

2021年4月8日，美国参议院外交委员会主席抛出"2021年战略竞争法案"议案，这份议案围绕未来几十年美国与中国的竞争较量展开，涉及领域包括"在国家和国际力量的所有方面"。换句话说，这份议案是美国政治精英拟定的第一份针对如何压制中国的纲领性文件。按照西方媒体的解读，美方此举，标志着他们将"加强与中国竞争""全面对抗中国"。

在美国政客的眼中，经贸和科技领域是未来中美对抗的前线，经贸和科技不仅关系着中国是否会在GDP总量上超越美国，也直接关联着美国在芯片半导体和国家安全方面的实力。

对于国家之间的博弈，华星光电创始人李东生提出了自己的理解："国家的竞争就是经济的竞争，竞争主体是企业。中国从经济大国发展成为经济强国的历程，就是中国企业追赶超越全球产业巨头的过程。"

严格意义上讲，华星光电是腾讯首个深度介入，并已经落地的工业互联网项目。作为当时业内最大规模的工业人工智能项目，腾讯对这个项目非常重视，从腾讯云云产品部、优图实验室等部门拉起了30多人的团队，还指派腾讯杰出科学家贾佳亚担任项目专家，专门负责一个具有博士学位的资深研究员组成的算法团队。

整个项目的搭建，只花了一年半的时间——从2018年7月签约，到2019年底整个系统已经可以正常运行。韦昭南说，交付后，腾讯的团队还会维持两年的服务周期，继续替华星光电处理长尾需求，进一步查漏补缺，比如进行新产品上线的模型迭代。这之后，由腾讯搭建好的系统会移交给华星光电自有的合创团队，负责后续的维护和开发。

在参与华星光电项目的这段日子里，韦昭南深刻体会到了国内制造业企业的多元化：华星光电很多基层工程师在数字化、智能制造方面的观念非常先进，跟同行业其他企业相比优势明显。这让韦昭南意识到，作为技术提供方，腾讯也需要更多懂业务又有人工智能思维的人加入。"真正能够帮到工厂，或者真正能够挖掘到有价值的场景，要靠前线的人把这些场景挖掘出来。"经历过数字化改造之后，华星光电无疑会有更多可以用人工智能技术去落地的点，这会是一个自下而上的发起过程，也会是一个逐步深化的过程。

要落实制造强国战略，就必须在科研上下功夫。华星光电是一个很好的例子。10 年前，中国的高端液晶面板几乎全部需要从韩国进口，高端液晶面板的进口量高居中国进口货物的第四位（前三名分别是石油、铁矿石、芯片）。那时的中国面临着"缺芯少屏"的双重困境。而现在，重视自主研发的华星光电，在全球范围内有 26 个研发中心，总研发人员近 8000 人。公开报道显示，截至 2019 年第三季度，华星光电的专利申请量为 61 234 件，其中国内专利 39 011 件，国外专利 11 067 件，另有 1156 件的 PCT 国际申请。

强大的科研能力的加持，让中国的"少屏"困境成为历史，中国企业也摆脱了低端的标签。2020 年 8 月，华星光电完成对苏州三星产线的收购，这次收购标志着中国在液晶面板领域对韩国实现了局部超越。

◉ **中国企业加急赶超**

腾讯云正逐步把工业互联网推进到更多行业，塑造出工业赋能云平台、根云、腾讯木星云等产品，串联起汽车、医药、机械制造、交通、核电、风电等行业。

与此同时，更多的中国科技企业也在发力，加入了工业互联网这个战场。阿里推出 ET 工业大脑、SupET、飞龙、飞象工业互联网平台等产品。通过这些产品，阿里尝试将电商销售平台、供应链平台、金融平台、物流平台等进行整合，构建产供销一体化的闭环。

这几年一直聚焦在人工智能上的百度，和腾讯差不多时间起步，也已经和首钢达成合作，通过钢板缺陷检测打造了人工智能质检新应用。这次成功的实践让百度很快将目光转向电子、汽车、钢铁、能源、橡胶、电力等行业，摸索起以工业智能为核心的工业互联网平台方案。

随着大批中国企业的快速崛起，世界工业互联网的赛道上攻守易势。这一切只是开始，随着中国人工智能技术在制造业场景的不断落地，第四次世界工业革命的浪潮里还会有更多赶超外国企业的故事即将发生。

二、推动建筑业的数字化转型

2020 年 1 月 23 日，除夕夜，晚上 10 点。武汉知音湖畔 5 万平方米的滩涂坡地上，建筑公司和 7500 名建设者携带近千台机械设备在黑夜里立下"军令状"——"10 天，建成一所可容纳 1000 张床位的救命医院"。

在工地外，建筑设计师在一小时内找到全国数百名 BIM（建筑信息模型）设计师，共同进行火神山、雷神山医院的设计，参照 17 年前抗击"非典"的北京小汤山医院，在 60 小时内敲定了两座医院的设计图纸。正是 BIM、5G 及云平台等技术的应用，这两座医院的建造速度比通常的传染病医院至少提高了 100 倍。

近年来，大数据、云平台、人工智能、5G、物联网等"新基建"技术逐渐被应用于以 BIM 技术为核心的建筑全生命周期信息集成系统上，横亘在建筑全生命周期各个阶段的技术与信息壁垒正被逐寸击破。

BIM，这个贯穿火神山、雷神山建设全程的技术，也连接着中国建筑行业从中国建造向中国智造跃变的过程。传统建筑业逐渐被高新技术"软化"，朝着数字化、智能化的浪潮奔去。大潮初起，可以清楚看见，这个国家的科技精英带着前沿的技术、带着躬身入局的诚挚和挺膺负责的担当，从四面八方涌来，投身这场艰难的数字化转型的持久战中。

⊙ 又一个"卡脖子"困境？

未来的 20 年到 30 年，中国将经历人类史上最大的城市化进程，有 3 亿人口将从农村走向城市。"这对全人类的影响都是巨大的。"中国科学院院士周成虎指出，如此巨大的城市化规模，意味着中国需要再建 40 亿平方米的房子，10 个 1000 万人口的超大城市、20 个 500 万人口的大城市，以及 220 个 100 万人口的城市。这对国内现有的建筑水平而言是一个考验。

在国际上，中国"基建狂魔"的名号十分响亮，火神山、雷神山、青藏铁路、大兴机场……中国速度一次次把不可能变成可能。有桥梁界"珠穆朗玛峰"之称的港珠澳大桥，就是只有中国才能创造的建筑奇观。

2009 年 12 月，东接香港特别行政区，西接广东省珠海市和澳门特别行政区的港珠澳大桥正式开工，这座大桥横跨珠江口、伶仃洋，这里是世界上最繁忙的航道之一，每天有 4000 多艘船舶穿行。除此之外，港珠澳大桥周边还有多个机场，空域管理对大桥建设施工及大桥本身的规模都有诸多限制。

破局的方式是技术。通过大型化、工厂化、标准化、装配化施工，港珠澳大桥的建筑团队把海上施工变成陆上工厂化预制，通过在东莞、中山以及海中间桂山牛头岛的预制场，将大桥上千件构建运到海中进行组装。

"海豚"造型钢塔高 105 米，相当于 35 层楼高；隧道单个标准沉管节长 180 米，重达 8 万吨，体量相当于一艘中型航母；还有全线 208 个预制墩台，庞然大物们从建造、运输再到安装，每一步都是复杂的系统性工程。但中国做到了，2018 年 2 月 6 日，港珠澳大桥主体工程完成交工验收，这座全长 55 公里的世界第一长跨海大桥，巨龙一般横在海上，串联起香港、珠海、澳门。

辉煌的表现背后，中国建筑产业却面临着隐忧——人口红利减弱，行业结构性问题逐渐暴露。《2020 年农民工监测调查报告》指出一个隐秘而严峻的事实：建筑行业的农民工不够用了。2020 年全国农民工总量为 28 560 万人，比 2019 年减少 517 万人，下降 1.8%，规模为 2019 年的 98.2%，这是过去 30 多年来农民工数量第一次下降。

除了人数下滑，老龄化问题也在加剧：连续 6 年，50 岁以上农民工占比逐年提高。《2020 年农民工监测调查报告》显示，农民工平均年龄为 41.4 岁，比 2019 年提高 0.6 岁。从年龄结构看，40 岁及以下农民工所占比重为 49.4%，接近一半。50 岁以上农民工所占比重为 26.4%，比 2019 年提高 1.8 个百分点，占比继续提高。

过去 30 多年来，这些洗净脚上的泥泞走进城市，成为制造业、建筑业、服务业中的一颗颗螺丝钉的农民工，为中国经济的发展提供了丰富的廉价劳动力，也是中国经济最重要的人口红利。在建筑行业，农民工群体更成为建筑行业的基石，撑起中国一寸一寸的城市化进程。

但现在大量劳动力正在逃离建筑业。2020 年，从事建筑业的农民工比重为 18.3%，同比下降 0.4%，为 5226.48 万人。同时，从事第三行业的农民工数量持续提高，越来越多的农民工骑着电动车，奔向外卖、快递等第三产业。过去曾经支撑起中国建筑业快速发展的人海战术，已经越发难以为继。

⊙ "基建狂魔"，变形

其实建筑行业劳动力短缺的问题一直存在。长期以来，建筑业高强度、危险的工作环境，恶劣的生活条件，劳动权益无法保障等问题无法彻底解决，这是建筑行业的年轻劳动力越来越少的主要原因。

自 1949 年以来的 70 多年里，相比制造业、零售业和农业的生产率增加了 150%，建筑业的生产率几乎没有提高。问题的关键在于技术，可直到现在中国建筑产业的科学研究和技术革新的资金投入依然严重不足，只占国内生产总值的 0.3%，与发达国家（3%）相比，相差将近 10 倍。

在西方发达国家，建筑技术的贡献率达到 70% ～ 80%，而在中国，建筑技术的贡献率只有 20% ～ 35%。从建筑业的技术装备水平看，中国人均不到 1 万元，而发达国家人均为 6000 美元，是中国的 4 倍多。

"搬砖头、扎钢筋、浇混凝土、装模板"，这是大多数建筑企业的建筑水平。中国工程院院士丁烈云认为，中国建筑行业大而不优，"我国建筑业创造了诸多世界第一，同时也面临着产品性能欠佳、资源浪费巨大、安全问题突出、环境污染严重、生产效益低下等问题"。

建筑业有广阔的市场，但是人口红利减弱和老龄化等短时间内无法逆转的问题，远远满足不了建筑行业的市场需求，建筑行业原来所依赖的"人海战术"模式无法维持下去。其实世界各国的建筑行业都深受老龄化、人口红利减弱等问题的困扰。向自动化、智能化转变以提高建筑业的劳动生产率，这是全球各国应对人口红利减弱的主要方式。

中国建筑业协会副会长刘锦章相信，数字化转型是推动建筑产业高质量发展的重要途径，"从'中国建造'走向'中国智造'是我国建筑业发展的大势所趋"。智能化、数字化是缓解建筑行业劳动力不足的有效途径，通过人工智能、"上云"等方式，可以提高劳动效率、优化施工流程、增强安全保障，同时还可以降低传统建筑行业的各项成本。

2020 年的政府工作报告再次将基础设施建设作为工作重点，面对即将到来的数字经济浪潮，"基础设施"的内涵也发生了变化——对应路桥水电等传统基建，"新基建"概念应运而生。新基建，就是指发力于科技端的基础设施建设，主要包含 5G 基建、特高压、城际高速铁路和城际轨道交通、新能源汽车充电桩、大数据中心、人工智能、工业互联网七大领域，能支撑传统产业向网络化、数字化、智能化方向发展。新基建的最终目的，是服务于产业经济的数字化转型。

智慧城市是新基建发展的典型代表。智慧城市是利用物联网、云计算、大数据、空间地理信息集成等新一代信息技术，促进城市规划、建设、管理和服务智慧化的新理念和新模式。国内的智慧城市建设已经有了不少的积累。自 2013 年推出第一批智慧城市试点以来，截至 2020 年 4 月初，住建部公布的智慧城市试点数量已经达到290 个。

对于中国来说，智慧城市建设是一个重要的机会。从建筑业数字化和智慧城市建设水平来看，全球基本处于起步阶段。日韩澳美等发达国家目前仍以单点研发和小批量试用为主，均未实现建筑全周期、系统化的数字化升级；智慧城市建设也以单点数字化为主，没有全面、系统成功的转型范本。在行业变迁的历史路口，中国建筑业开始转向。

⊙ **前所未有的城市**

雄安新区是承载着中国和世界千年变局的地方，从基础设施建设开始，这里就跟以往的城市不一样。在雄安新区 1770 平方公里的土地上，300 余个工地塔吊林立，11 多万名建设者在昼夜施工。雄安新区进行物理世界建造的同时，智慧城市所用到的物联网、数字底座等技术也在铺设和使用中。

再回到 2020 年初武汉知音湖畔那个立下"军令状"的夜晚。火神山和雷神山医院的建设全程，大量运用装配式建造、BIM 建模、智慧建造等前沿建筑技术，大幅减少现场作业的工作量和建造时间。

通过 BIM 技术辅助，设计者可以根据现场情况实时纠偏，统一协调数百家分包、上千道工序和 3 万多名建设者，保证规划设计、方案编制、现场施工、资源保障无缝衔接、同步推进，为病毒感染者争取了宝贵的时间。在 BIM 技术辅助下，原本需要 2 个月安装调试的工作在 48 小时内就完成了；用 BIM 技术进行模拟铺搭后，36 万米各类管线、6000 多个信息点位，现场一次性安装到位。

如果按照传统建筑行业的常规做法操作，10 天连施工设计图纸都没有画完，但中国的建筑者们用 10 天建成了震惊国内外的火神山和雷神山医院。要改造传统建筑行业，提升建筑行业的劳动效率，最终依赖先进科技的投入和融入。

比起平地起高楼，智慧城市在国内的普及还有一个亟待解决的问题：怎样改造已经发展定型、数千万人生活着的旧城市。没有任何历史包袱的开始是简单的。要背着沉重的包袱，趟过汹涌的变革潮流，才是更凶险和艰难的任务。

重庆就经历了这样一场艰难的剧变。2013 年，重庆被列入第一批国家智慧城市试点名单。过去这些年，绝大部分智慧城市的建设都面临同一个问题：城市、部门和企业的数据都存储在各自的服务器中，相互隔绝，没有形成合力。

2018 年起，重庆住建委就开始调研如何借用数字化手段助力监管，引导本市的建筑产业实现数字化升级。"我们更关心的是全局规划，全产业链条的升级"，重庆住建委发现，建筑业的数字化发展，要的不仅是工程项目单个环节、单个工序的数字化，更重要的是如何实现工程项目全过程数字化，把工程建设上下游各环节的数据打通。

这并非易事。重庆住建委意识到，"我们必须和大的互联网企业合作，来统一数据标准和数据接口"。在与腾讯达成合作之前，重庆住建委和国内多个科技大厂频频接触，但有的只专注云平台的通用能力，对建筑行业的核心痛点难以理解；有的又局限在单点上——将建造过程中某个环节的数字化应用做到极致，难以形成产业生态，因此，都不能满足重庆市建筑业整体数字化转型升级的需求。

⊙ 打造数字底座

转机发生在 2019 年 8 月的重庆智博会。来自腾讯云的微瓴产品团队和重庆住建委碰到了一起。此时的微瓴团队正在研究为智慧城市打造一个数字底座 CityBase，把分散在不同服务器里的城市、部门和企业的数据打通。

腾讯云副总裁万超认为，城市只分为两个部分：基础设施和人。过去腾讯做过很多智慧城市的项目，其中教育、医疗、文旅、政务等方面都围绕着人展开，"而 CityBase，是要对城市地上地下基础设施，如建筑、路桥、管线、管网等进行全面数字化"。

在挑选对比多个企业的方案后，重庆住建委最终选择与腾讯合作。2019 年 8 月 26 日，腾讯云与重庆市住建委共同发布了建筑产业互联网平台——智能建造平台。

从深圳地标建筑腾讯滨海大厦出来，坐飞机到重庆，来到尘土飞扬的各个建筑工地，穿上工地马甲、戴上安全帽，开始和钢筋混凝土打交道……这是腾讯云微瓴产品运营总监罗晓晓近两年来做得最多的事。

从高档写字楼的现代化办公室，到闷热嘈杂的建筑工地；从前沿的科技公司，到科技化水平较低的行业，工作场景的切换让罗晓晓真切感受着不同产业之间的落差：在这里，记录靠"手"，监控靠"走"，协同靠"吼"。负责跟进智能建造平台的两年里，罗晓晓清晰地看见：这种落差，正被智慧城市浪潮和建筑行业的数字化趋势一点点"填平"。

在这个平台上，工程管理者和农民工将通过各类数字化应用提高工作效率和安全保障。从宏观的工程进度管理，到落实到个人头上的任务分发、流程掌握，数字化技术确实起到了缓解建筑业劳动力短缺的作用。不难预见，随着建筑工地越来越数字化，产业工人的构成也会有所转变。

两年多过去了，腾讯云微瓴团队联合重庆住建委打造的智能建造平台已见雏形，将设计院、建设方、施工方、监理方和政府监管等都统一到平台上进行协同，彼此之间的数据相互打通。对传统建筑业的改造千头万绪，牵涉方方面面，但不论多少个环节，建筑图纸都贯穿始终，是各环节、不同人员推进项目的基本参照。这成为微瓴团队改造传统建筑业的契机。

传统的平面图纸已成为工程建造的制约：电脑上的设计图信息丰富，却被打印成 1 平方米的 A0 图纸，散落在建造的不同环节中，再修修改改。各环节信息离散，无法相互协同，导致大规模的施工变更和成本攀升。工程完工后，图纸被回收到档案馆中，堆满一个又一个档案室。在万超看来，建筑业需要改变三四十年来过度依赖和围绕一张图纸打转的方式，"真正的宝贝是建造数据，不是这些没有生命的图纸"。

微瓴要造平台，革图纸的"命"。在智能建造平台上，3D 的数字化建筑模型 BIM 将替代大部分图纸贯穿到各个环节，并通过区块链技术让这份数字蓝图"不可篡改"。

利用 BIM 建筑信息模型进行建模，大到现场的布局和照明，小到施工材料的材质和纹理等都一一呈现。这意味着在前期规划阶段就能进行精准的规划和成本核算，减少施工环节不必要的修改。这份数字蓝图绘成后，无论是设计、施工单位，还是后期的物业运维，都能以此为参照，协同推进。

⊙ 建筑行业的破壁人

腾讯云微瓴在智慧建筑、智慧城市领域业务的雏形，源于内部的数字化建筑试验。2010年，万超加入腾讯。这一年，在深圳大学旁边的腾讯大厦因为员工数量激增而超负荷运作，腾讯开始筹备建新的总部大楼——腾讯滨海大厦。

在传统的物业管理中，一栋大厦里的电梯、火灾报警、安防监控等系统都是独立运行的，万超却带领着团队突破性地用2万多个智能硬件搭建成腾讯物联网，把它们统一在"卯识"系统里。后来这个团队的智慧建筑业务并入腾讯云，成为腾讯CSIG（云与智慧产业事业群）旗下业务。

以腾讯滨海大厦为起点，腾讯云微瓴团队推出了智慧建筑管理平台，并打造了智慧城市的数字底座，解决智慧城市建设中的数据孤岛问题。目前这些平台产品已在深圳、武汉、贵阳、重庆等城市加速落地。

如果把智慧城市的建设比喻成建一幢摩天大楼，那么数字底座就像一座摩天大楼的地基。如果放在互联网的世界，数字底座就像操作系统。有了安卓和苹果系统，才带来了智能手机时代，然后移动互联网时代才会到来。在智慧城市领域，数字底座也是这样一套有可能带来另一个时代的操作系统。

隔行如隔山。助力产业实现数字化转型，要有躬身入局的觉悟。需要那些掌握了前沿技术的科技精英撸起袖子，一步一个脚印把技术融入产业中，把业务的数字化痛点一一疏通，编织成网。

自腾讯进行"930变革"决定全面发力产业互联网后，许多腾讯产品经理跟罗晓晓一样，走出舒适的办公环境，走到了建筑工地、生产车间、田间、路边，走到了各行业一线的生产场景中。要构建智慧城市的数字底座，其复杂程度是常人难以想象的。

由于建筑行业产业涉及广、建设时间长、需要长期投入人力和物力进行维护运营，要构建较为完善的数字底座就要做好打持久战、长期运营的准备。为智慧城市打造数字底座，不能靠一年半载的攻坚，更不是一家或者几家公司就能轻松完成的。对此，国家在推出智慧城市试点的引导政策中，已经有了成熟的多部门合作协同的思路。

⊙ 干出一个产业链

2020 年 4 月 20 日，国家发改委明确划定新基建涉及信息、融合、创新基础设施三大内容，这为企业布局新基建确定了方向，也成为新基建扬帆起航的号角。在政府工作报告中提出"新基建"概念后，国家发改委等 17 个部门乘胜追击，在 5 月 13 日启动"数字化转型伙伴行动"。

相关部门希望通过"伙伴行动"将围绕中小微企业数字化转型"不会转、不能转、不敢转"的问题，构建一个"政府引导—平台赋能—龙头引领—机构支撑—多元服务"的联动机制。而腾讯、华为、阿里、京东等互联网科技企业榜上有名，成为官方认证的"伙伴"。在这个联动合作中，互联网平台被寄希望成为一个为产业和企业实现数字化转型赋能的平台。

随后，国内各家云计算公司相继发布与新基建有关的战略布局。最先响应的是华为，5 月 15 日，华为云发布政企战略，并宣布华为云 Stack 系列新品正式上市。同时华为依靠 5G 基站技术的优势，结合云 AI、IOT 和光通信等领域技术，往移动通信方向拓展新基建道路。紧接着，阿里宣布 3 年投资 2000 亿元助力新技术、新基建，帮社会做数字化转型；京东集团正式推出助力政企数字化转型的"京东新动能计划"；百度宣布了"两个 500 万"计划。

对于助力中小企业数字化转型这件事，腾讯似乎有更大的决心和优势。5 月 26 日，腾讯云与智慧产业事业群总裁汤道生对外宣布，腾讯未来 5 年将投入 5000 亿元，用于新基建的进一步布局，新型智慧城市建设也是腾讯重点投入的赛道之一。

作为平台推动中小微企业数字化转型，正是这些互联网科技企业所擅长的。国家显然也看到了互联网企业在云数据和作为一个平台上的优势：中国作为移动互联网最发达的国家，互联网行业所沉淀下来的数据，正成为发展数字经济的养料，加速了中国在智慧城市上的步伐。"城市的数字化转型纷繁复杂，没有任何一种技术可以独立支撑城市数字化，一定是多种技术的组合……"华为轮值董事长郭平曾这样形容数字底座业务。

多年沉浸于建筑业让微瓴团队十分了解行业的痛点，站在互联网行业看建筑业，让微瓴认识到各行各业进行融合的必要性。因此，正如国家所提倡的，微瓴把智能建造平台打造成了一个开放性的平台。

在两年多的时间里，罗晓晓做得最多的就是为平台聚拢更多的专业合作伙伴。目前，微瓴的智能建造平台已和地厚云图、慧城云、渝高集团和国泰新点等行业伙伴达成合作，携手打造数据共生、应用共建的产业互联网平台，共创智慧城市。把不同行业的合作伙伴接入一个平台共同提供服务，这个过程注定是琐碎、繁重、艰巨的。万超坦言，在数字底座的建设过程中，最大的挑战就是跟不同的应用厂商进行结合。

微瓴深耕智慧城市、打造数字底座的成绩，重庆市住建委以及业内都有目共睹。2020年3月，重庆住建委发布的《2020年建设科技与对外合作工作要点》中明确提出，推广腾讯云微瓴智能建造平台。马化腾知道以后，感慨了一句："万超，你无知无畏，干出了一个产业链。"

三、设立科学探索奖，支持基础科学研究

2021年3月，全国政协十三届四次会议现场，磨长英委员站上了讲台，提出了一个疑问。疑问来自一次科学家和流量明星的碰撞。2015年10月5日，屠呦呦获得诺贝尔医学奖，这是近60年来中国

公民首次获得这一国际科学领域的最高奖项。然而在网络媒体上，屠呦呦获奖的相关消息很快被黄晓明的婚礼挤出了版面。

随后一篇名为《黄晓明PK屠呦呦：一生努力不敌一场作秀！》的文章广为流传。多家主流媒体下场，指责作者将科学家和明星捉对厮杀的做法违背市场经济精神，即使二者之间产生的价值有差异，价格也是公众自愿买单的结果。

《中国青年报》记者杨耕身援引了屠呦呦的原话："科学研究不是为了争名争利。"《南方都市报》专栏作家刘远举则认为，大众购买电影票、演唱会（门票）去看明星的演出，然后在茶余饭后、在教育自己孩子的时候，以崇敬的语气提到屠呦呦，这是非常正常的，是市场的常态，也是人性的常态。

但中国科学院院士、南方科技大学校长薛其坤指出，这种常态背后是隐患：虽然科学家不该追逐名利，但社会也有必要建立一个正确的待遇体系。"目前其他的容易得到好回报的领域，可能不需要很大努力就能获得的话，这可能不是一个非常正常的现象。"

在薛其坤院士看来，要把最优秀、智慧最高、能力最强的人用在刀刃上，需要有效的激励。科学几乎是人类社会竞争最激烈、最难的领域，需要最优秀的人才，这些从事科学研究的人才理应获得尊严，得到社会的回报。

⊙ 当孩子们不再仰望群星

美国学者李普曼曾经提出，新闻媒介影响着受众"头脑中的图像"。科恩则在《新闻与外交政策》一书中指出，报纸或评论不能让读者怎么想，但在让读者想什么上很有效果。简言之，媒介议程能影响公众议程，媒体关注什么，公众就关注什么。

这种影响无声又深远地改造着社会的评价体系。在磨长英的走访调查里，影响的结果已经有所显现。有小学老师向她表示，孩子们对很多娱乐明星谈得津津有味，且十分崇拜，而对屠呦呦、潘建伟、曹原等著名科学家一无所知。比起那些照亮人类社会的群星，孩子们只看得见荧屏上浮躁的辉光。

长期浸泡在娱乐主义的糖水里，年轻一代不仅认知受到限制，就连人生规划也发生了倾斜与改变。2018年，新华网发布数字新闻《95后就业观》，调查数据显示，54%的"95后"最向往的职业是"出道"——当网络主播。

磨长英认为，年轻人不再想做科学家，问题在于，"当前各类媒体更多以娱乐化手段吸引和开发受众市场，导致为国家民族作出重大贡献的科学明星受到冷落，而让'流量明星'霸屏"。要想重新唤起社会，尤其是青少年对科学的兴趣和关注，就必须打破"流量明星"、娱乐圈对屏幕的"垄断"，让科学家像明星一样耀眼。

著名生物学家饶毅意识到了这个问题。2018年5月，在腾讯集团总部大楼38楼，饶毅和马化腾一起吃了顿晚饭。吃饭的时候，他们先谈了一会儿时事，那时中兴公司刚刚陷入风波中，中美贸易摩擦已经开始显现，科技战也初现端倪。

两个小时的交流之后，饶毅和马化腾达成共识：支持中国基础科学研究工作迫在眉睫。基础科学研究的困境众所周知，不但需要人才储备，还需要有充分的科研环境和实验条件，无论放在哪个国度，基础科学研究的成熟都与自身国力有着紧密关系。以"两弹一星"为代表的老一辈科学家们艰苦奋斗的故事，激励着每一个中国人前赴后继。但是做科学研究，注定承受艰苦生活的宿命吗？

科学家们深有感触，他们看到身边许多有抱负、有前景的科学家过着相对清苦的生活，被世俗生活磨平棱角，甚至有些前途无量的好苗子因此流失。毕竟科学家也要买房、穿衣、请人吃饭，这些都得花钱。说者有心，听者有意，马化腾还是那句口头禅："这件事情，我来想一想。"

⊙ 中国科学家的房贷困境

饭局一结束，腾讯牵头的筹备团队就包下一间大厅，开始和科学家们评估：当下中国年轻科研工作者究竟会为多少钱头疼？一轮访谈过后，结果让人大吃一惊，调研发现很多搞科研的青年科研人都吐槽"买不起房"。

两个月后，腾讯拟设奖奖励资助中国年轻科学家的座谈会上，来自浙江大学的"80后"教授王立铭，带着他前一天从身边11位相熟青年科学家那里搜集到的答案，激起了一场议论。

王立铭通过自己的小调查，发现中国青年科学家的痛点并非缺少研究经费，他采访的相关科学家提供的数据和情况显示，目前国家对科研经费扶持已有了长足的进步："（受访青年科学家）5年内基本上可以拿到1000万元左右的经费，支持他们做前沿的冒险研究。"

科研经费解决了，青年科学家们的生活却举步维艰。"非常真实的痛点是一线城市导致的安家压力。"王立铭教授统计了受访青年科学家每个人付了多少首付、拿到了多少安家费等数据，发现平均缺口在200万元左右，尤其这些年房价暴涨，缺口将更加恐怖。

王立铭认为经济压力和生活压力跟科学研究是有矛盾的，"你每天走进实验室，脑子里还在想这个月房贷怎么还？小孩该去哪里上小学？这本质上是无法甩开负担去做前沿、冒险的研究的"。

金字塔顶端的科学精英们也是人，喊穷并非空穴来风。2018年，国家统计局发布"2018年城镇单位就业人员平均工资"数据，科学研究和技术服务行业人员的平均工资在排名中位列第三，为123 343元。

同一年，中科协发布《第四次全国科技工作者状况调查报告》，指出科研人员收入增加但收入满意度持续下降，33.5%的科技工作者认为自身压力主要源于经济收入。

青年科学家想在一线城市买房很不容易。2019年，北京大学的青年科学家刘颖在第一届科学探索奖颁奖现场，被记者问及拿到共计300万元的奖金打算怎么使用，这位心直口快的陕西姑娘想了一下，最后还是说："可能先还房贷吧。"

50位中国青年科学家每人300万元奖金，分5年奖予，每年60万元额度，税费由腾讯基金会承担。有科学探索奖筹建知情人透露，最初考虑奖金额度和分配形式，确实有参照早期调研中青年科学家们关于房贷成本负担的因素："每年60万元人民币的奖金，我们认为能够大大减轻科学家们的生活负担。"

房子是所有人都关心的问题，无论是在科学探索奖现场，还是私下里的朋友聚会，刘颖经常听到青年科学家们讨论哪儿的房价又涨价了，谁家还有多少年的房贷需要还。但一旦面对外界，中国科学界长久以来又是耻于谈钱的。

中国基础科学研究的背后，是工作和生活的困境随着时代发展和改革推进而愈演愈烈。生活的巨大压力让科研人举步维艰，无形中催促他们不得不追逐"更现实"的路。

⊙ 科学界为何留不住青年人？

一个刘颖认为非常有科研潜力的学生，决定毕业后从事其他工作。听到这个消息，刘颖很震惊，她记得这个学生才来的时候曾说自己最大的兴趣就是搞科研，对方也确实有做科研的能力和灵气。

在刘颖的一再追问之下，学生才说出为什么会突然做出这个决定——她接近30岁了，家里担心她做科研没前途，还找不到男朋友。学生问刘颖，会不会觉得失望？刘颖说，自己失不失望无所谓，"但是这是自己的人生，你得想清楚"。

好苗子留不住是许多科研机构共同的痛。一位获奖人粗略估算：执教近10年以来，自己实验室里那些有潜力也有科学思维的学生，最后还留在科研行业的不过一半。

一个客观的问题是，国内做科研的职位总数有限，培养出来的博士只有一部分能够进入这个系统。另一个问题是，即使进入科研行业，上升也很困难，需要做很多年的博士后，要有很好的论文。即使能在资历和成果上熬出头，和任何行业一样，科研界的注意力和资源也集中在头部，拿到大项目的总是那几个人，马太效应之下，强者恒强。

这一点，不论国内国外都是一样的，所以尽快发论文、获取影响力，成了很多科学家不得不去做的事。他们往往从国外学成归来，满脑子关于科研的奇思妙想，摩拳擦掌要去做学术新大陆的哥伦布，但很快被泼了冷水，全球通用的实用主义路径是：先规规矩矩跟热点，等站稳脚跟和学校签了长期合同，再去做喜欢的事也不迟。不论国内外，热门项目总是更吃香，论文容易过，经费也好批。

研究环境中超细颗粒物的刘倩也想过一样的问题，为了保证课题能够顺利开展，他不得不花大量的时间和精力申报各类项目，这样才能踏踏实实地做感兴趣的研究。

刘倩是一个理想的现实主义者。他按照难易程度，鼓励每个学生都同时开展多个具有不同难度的研究项目。不把鸡蛋放在同一个篮子里，才能保证这些年轻的研究生们在面对科研工作的艰辛时，也能不断品尝到成功的小喜悦，从而保持住积极阳光的心态。他最近在做环境污染和肿瘤发病相关性的研究项目，和多个医院开展合作。"学生跟着我一起'往坑里跳'，大家一起'往上爬'，希望有朝一日能带着挖到的宝石爬上来。"

以前，每次看到外地同学们的"豪宅"，刘倩都忍不住艳羡一番，自从有了孩子，五口人的"蜗居"倒也练就了一番辗转腾挪的本领。有了这 300 万元奖金，北京的房价似乎也显得不那么高不可攀了，他开着玩笑，说要是"奖金可以一次性给就好了"，可以让孩子们更早地拥有一点自己的空间。

·

⊙ 经费改革解放科学生产力

事情正在发生改变，尤其在清华大学、北京大学这两所国内科研院所的领头羊身上，这种变化尤为明显。高校体制改革初现端倪，对科研人员的评价体系开始发生改变。2018 年 2 月，中共中央办公厅、国务院办公厅印发《关于分类推进人才评价机制改革的指导意见》，提出高校教师、科研人员的考评方式要由单一标准向分类考核过渡，扩大高校院所的自主权，扭转行政化趋势。

与此同时，随着各大高校改革的深入，科研经费下发与使用路径也越发灵活。以清华大学一位获奖人所在的实验室为例，在一头扎进冷门领域以后，他想象中的经费困难并没有到来，作为国内顶尖的科研院校，清华大学有联合中心机制，会按期下拨研究经费，只要支出符合财务规定，并不会过多限制具体的研究课题。

在中国科学院生态环境研究中心，同样年轻的刘倩则成功地用同位素指纹方法，来追踪环境和人体中超细颗粒物的来源，相关的研究成果被国际同行赞誉为"里程碑式的研究"。这是一个很前沿的问题，更和国民健康直接相关，从呼吸系统和心脑血管疾病，到老年痴呆症等神经退行性疾病，再到不良妊娠这类社会广泛关注的疾病，诱因都可能和超细颗粒物污染有关。

而刘倩用同位素指纹分析的方法，可以准确追踪人体内污染物的来龙去脉，从而有望打破目前在研究环境污染和健康问题时千头万绪一团乱麻的现状，让污染治理更加精准高效。刘倩把身边那些能抵住物质诱惑的一心追求学术的青年科学家同行称作"四有青年"：有理想、有情怀、有压力、有烦恼，但没有人必须成为饿着肚子的"四有青年"。

⊙ 飞涨的商业现金 + 股权奖励

国家科研经费保障中国青年科学家们吃饱了饭，商业奖励反哺则让科学家们奔小康。2019年，财政部修改了《事业单位国有资产管理暂行办法》，将国内科研院所高校科技成果转化再提速提上议事日程。

这一次修改最鲜明的变化是"放权"：国家设立的研究开发机构、高等院校对其持有的科技成果，可以自主决定转让、许可或者作价投资，并简化科技成果转化中的资产评估程序。另一个关键点是，财政部对转化成果的归属作出了明确规定，所有收入全部留归科技成果持有单位。

科研工作者们亟须外力介入解决的问题，国家层面已经出手。相关政策法规逐步完善，专业服务机构与专业人才进入科研项目后续转化过程，新的评价体系开始形成。

财政部新规出台前，科研人员职称评审、项目申请时很少考虑科技成果转化成效，还是老一套以完成项目、发表论文等指标为主，科技成果都留在实验室里。受到这种风气的影响，国内3200家高校院所中仅有9.5%的科研单位设立了专门的技术转移机构，一年后，这个数字涨到了21.5%。一起飞涨的还有科研人员获得的现金和股权奖励，总计67.6亿元，同比增长44.9%。

在提倡成果转化、鼓励商业手段介入科研事业的背景下，无数企业闻风而动，阿里推出了达摩院，百度有了百度研究院，华为有了"诺亚方舟"，而腾讯，除了AI Lab，还推出了科学探索奖。

⊙ **让科学家做想做的事情**

拿到科学探索奖第一笔奖金后，清华大学的王书肖终于换了车。她家里那辆2005年买的标致已经老态龙钟，窗子经常摇下来就升不上去，只能打开车门交停车费。直到2019年得了科学探索奖，王书肖才和家人商量，买了辆紧凑型的沃尔沃SUV（运动型多用途汽车）。

从1998年到清华大学读博时开始，王书肖就一直从事大气污染源方面的研究，为国家大气污染防治决策提供科技支撑。她是典型的田野型学者，抛开每天在教室和实验室里的时间不讲，单是带着学生全国各地考察煤矿，确定污染源和污染物使用情况，就已经花费好几年。做完污染物来源的数据库，她又要马不停蹄地研究治理方案，还要兼顾日常教学，每天忙得连轴转。

申请科学探索奖的时候，王书肖就想做点自己一直想做但没做成的事情，"大气污染和气候变化的协同应对"是跃入她脑海的第一个想法。在大气污染方面做了 20 多年的研究，这是王书肖最熟悉的领域，多数工作得心应手。气候变化对于她则是相对陌生的方向，要做出成果并不容易。科学探索奖的支持给了她莫大的勇气，"不仅是经济上的支持，更是精神上的鼓励，给了我走出科研舒适区的底气和勇气"。

在科学探索奖的支持下，王书肖和她的团队首次实现了综合气候评估模型与"自下而上"排放清单在 50 多个行业技术层面的耦合对接，并在《美国科学院院刊》发表研究长文，揭示了中国空气质量改善举措对持续推动低碳能源政策实施和温室气体减排的重要作用，量化了低碳能源政策对改善空气质量与减缓气候变化的巨大协同效益。"如果没这个奖，这个工作我们也会做，但不会那么快。"

这段日子她又在带着学生天南海北的跑，研究家用清洁能源替代对空气污染情况的影响。她发现，浙江衢州等地人们抗拒煤改气是因为迷信煤炭做饭更香，而山西临汾等地的农村地区是家庭收入越低，煤改气改电的经济负担越重，人们就越不愿意用。

这让她意识到，要解决环境问题，科研是必不可缺的手段，但也只是手段之一，经济、政策、文化，整个社会都需要一起发力。她做了一个空气效益目的达标与成本控制系统的应用软件，放到网上免费面向公众下载。

这个应用软件没有商业化，王书肖担心做运营需要很多精力，不能继续研究，她说要把项目真的形成类似智慧城市一样的产业，除非有商业公司介入运营，不然她"做不了这些事"。

⊙ 社会力量介入科学研究

2020 年，所有人都很难熬，科学家也不例外。刘颖原本和国外学者谈好了合作项目，还受邀安排了几个美国科研机构的访问报告，全都半途中止。更麻烦的问题是，她所从事的生命科学研究对实验设备和试剂的要求十分严苛，但大多数高精尖的设备和材料还是被捏在外国企业手里——到目前为止，世界排名前五十的科学仪器公司，没有一家来自中国。

尽管中国的科学仪器行业已经铆足劲，在政府力量和资本的共同推动下狂奔，技术进步和产品迭代一年一个样，但差距依然存在。因为起步晚，中国企业大多只能跟跑，捡着欧美放弃的低附加值仪器前进，因为专利限制而仰人鼻息。

如果贸易封锁进一步加剧，刘颖实验室里需要的设备和材料难免受到影响，只能再花时间，想办法在国内寻找替代品，甚至有些材料要自己想办法制备，这部分的花费肯定会提高不少。基础科学发展缓慢，我们被卡住脖子的，不止华为手机上那块麒麟芯片。

缓慢是有原因的。"两弹一星"的年代，我们需要军事实力来稳定国际地位，有限的科研能力都投入军工类项目。而到现在，研究力量是够了，又被热门研究、商业运用分流大半。基础科学研究不符合利益最大化的商业逻辑，需要投入更多的人力、时间、经费，成果又很难直接转化为直观的技术和产品，但基础科学要发展起来，必然需要大量的资金支持，这是一个必须被打破的悖论。

诚然政府已经在不断加大对科研工作的重视和投资力度，但社会力量的介入，作为一种灵活的补充，依然必要。用一位获奖人的话来讲，就是希望企业们可以"把奖颁给那些不想得奖的人"。这些人在未知的领域里摸索，发现同位素测量细小颗粒物的方式，探究细胞最底层衰老和死亡的秘密，为了确认污染源寻找系统性的治理方案而东奔西走……

⊙ 不忌讳谈钱是一种科学福气

回看人类科学史，应用和基础从来不是对立的概念，而由企业牵头，基础科学研究者参与的科学探索奖，无疑是这种交汇最好的注脚。

"一个香蕉皮刚剥下来的时候是黄色，时间长了就变成了黑色，怎么才能教会我的人工智能，这都是香蕉皮？"中国科学院广州能源研究所研究员袁浩然百思不得其解，同时他也是 2019 年科学探索奖能源环保领域获奖人。

在"中国天眼"基地跨学科交流现场，腾讯 AI Lab 计算机视觉中心总监刘威给袁浩然提出了解决思路："最简单的想法，是给人工智能看 1000 个黄色的香蕉皮和 1000 个黑色的香蕉皮，那么人工智能就认识了香蕉皮的数据分布，但接下来苹果皮、橘子皮怎么办呢？可行的思路是提供给人工智能更多的数据与更多的知识，教会它果皮是会烂的。"

同是 2019 年科学探索奖信息电子领域获奖人的山世光试图给出解决之道，他以自动驾驶的实验经验打比方：现在的方法是先用计算机模拟一个街道，随便让车撞，就像打游戏一样，生成非常多的模拟数据，然后和真实采集的数据比较，进行调优，再拿去给人工智能学习。也就是说，得有海量的香蕉给到机器学习。这正是山世光做研究时的一大困扰：训练人工智能需要采集大量的数据，而采集数据成本极高。

即使科学家们觉得难以启齿，钱始终是贯穿科学研究的重要因素，不仅现场讨论的人工智能训练需要成本，放眼到更广阔的层面，整个国家甚至整个人类的基础科学发展，也一样离不开钱。于是现在马化腾给出了办法：让一部分中国青年科学家先富起来。

第二章

抵御病毒：抗击疫情
的互联网力量

过去 3 年，新冠疫情的巨大冲击让整个社会生活与国家治理都出现了系统性的剧变。应对这场空前的公共事件，企业能做什么？企业该做什么？

一、关键时刻，全球买口罩

2020 年 1 月 24 日除夕，马化腾还没来得及吃年夜饭就拉了个微信群。群成员包括腾讯公司总裁刘炽平等腾讯总办成员。这些人加起来身价保守估值超过 3000 亿元，他们在群里商量的是买东西。

彼时微博和微信朋友圈里全是武汉医疗一线告急的求助，最缺口罩和防护服。"捐钱、买物资、送武汉"成了他们一致的目标。就在这时腾讯宣布了首笔捐款——3 亿元。

"我们终于在（除夕晚）8 点之前做了决定，这是所有人努力的结果。"腾讯高级副总裁郭凯天说出了当天的细节。

⊙ 一罩难求

不过，3 亿元资金并不是万能的。如何买到一个口罩、一套防护服足够考验每一个参与这场行动的人。

现实世界中"一罩难求"，口罩难买甚至引发了全球动荡，一直传递至国与国之间的博弈。随着欧洲疫情的持续升温，采购口罩与防护服更是充满了艰辛和挑战。

腾讯最先盯上了杜邦、3M 等全球大品牌在中国的工厂。1 月 27 日，工信部表示将动用中央储备加强重点物资临时收储，另外将出口企业符合国外相关标准的防护服用于国内。不只是腾讯，诸如阿里、美团、百度等互联网公司的采购人员，全都买不到。

采购目的地快速转移到了海外。柬埔寨西哈努克城郊，这个充满故事的城市，除了房地产、赌场和夜总会，这里还有口罩。

2 月 5 日，华星投资集团有限公司副总经理郭建雄接到老板邱季端的电话，称已托人在柬埔寨找到 20 万只口罩，需要他去当地把口罩带回国，其中 15 万只捐给武汉的医院，5 万只作为公司复工后的防疫物资。

当地接应的人反复强调了在西哈努克的两条生存法则：手机不要

拿出来；晚上不要出门，至少不要落单。实际上，在西哈努克"抢"口罩要更加危险。

郭建雄的飞机落地柬埔寨的那天，西哈努克独立大道的一间仓库外，说好的 20 万只医用口罩不翼而飞，卖家说："你们来迟了，我给别人了。"随后，郭建雄临时组建了 8 人特工队，到柬埔寨、泰国和越南多国"抢货"。在接下来的一周时间里，郭建雄只能提着钱到处搜刮口罩，第一天才买到 55 盒，直到 2 月 10 日终于抢购到了 1 万只口罩。

口罩险中求，在西哈努克的几天，与郭建雄一起找货的四川人杨勇在酒店里被偷了手机和 2000 美元。郭建雄在东南亚抢购到的小批口罩，在阿里公益的协同下，通过菜鸟物流才得以艰难地运回国。

毗邻中国的东南亚早已被小、快、灵的小团队搜刮一空。腾讯马化腾、刘炽平等人掏出的第一笔 3 亿元战疫资金只能另辟战场。

手持数亿现金的采购员萧萧（化名），来自腾讯采购部门。她首站选择的是人们甚少关注的南非。南非不是随便选的，她想到了"走后门"。腾讯的大股东南非报业（Naspers），其持有腾讯 31.17% 的股权。秉持着有关系好办事的想法，她试图借助投资商的力量影响 3M 在南非的分公司，希望从南非的原厂买到防护服。紧张的供求关系跟前，南非 3M 泼来了一盆冷水：没货。

⊙ 瞬息万变的防护服市场

萧萧从非洲大陆的最南端搜寻到了欧洲的北部。距离深圳 8700 公里的丹麦，2 月非常寒冷。在当地，萧萧找到了王耀彬。王耀彬一直在丹麦当地搞旅游，熟悉当地情况和华人圈子的他，是腾讯找的"买手"，俗称"代购"。

辗转联系后，通过一名中间商，王耀彬订购了 7000 多件防护服。这批防护服约定在 2 月 28 日运送至腾讯位于阿姆斯特丹的仓库。这批货的对接方是华人贸易公司，货主是荷兰当地公司，制造工厂则在英国。

这种四方交易注定充满了复杂与冒险。但由于事出紧急，并且是朋友介绍的华人贸易公司，实力雄厚，王耀彬判断这笔交易相对安全。在当时，市场瞬息万变。华人贸易公司要求预付 100% 货款，他们和荷兰货主之间的协议则是预付 30%。待现场验货，由华人贸易公司将余款转账给荷兰货主后，王耀彬就可以自行安排卡车提货了。

一开始，这批货报价还比较正常，不过没到半天，王耀彬就收到了增加 20% 的报价。由于从丹麦转账到荷兰公司到账需要一天，于是王耀彬同意增加报价，并完成了付款。认为万无一失后，他和萧萧汇报一切顺利。腾讯方面也做好了物资货物的运送准备。

由于国内对医护物资的需求紧急，王耀彬也曾提出可以在英国厂家交货。从英国直飞中国，这样可以节约 3 天时间。不过货主考虑到这是商业秘密，拒绝了他的请求。荷兰货主给出的验货时间是 2 月 27 日上午。26 日下午王耀彬就到了荷兰。不过，到验货当天，荷兰货主突然告知王耀彬，货已经卖给了其他买家。

由于知道需求量大，急着抢货的中国买家较多，荷兰人在跟华人贸易公司的合同上并未设定违约条款，只说明了如果无法交货，则 100% 退回预付款。在王耀彬来验货之前，他们从没有放弃寻找更高价格的买主。

现货就在眼前，荷兰人不断加价。大多中国的买方极容易冲动。以王耀彬这单作为底牌，荷兰人不断以加价 20% 去追逐更高的利益。不只是荷兰人，其实在当时欧洲大部分贸易商都处于这样的心理状态。

在荷兰扑了个空，但腾讯在后方已经做好了运送安排。当时欧洲疫情已经升温，拖延下去的话会有很大的变数。而且海外物资物流周期长，晚于这个时间还不启运的话，对于疫情的帮助不大。当时，不少国家开始针对中国采取入境管制措施，多家航空公司也选择停飞或者减少往来中国的航班。同时，欧美当地对医护物资的需求也持续增加。意大利就禁止了出口医疗物资，防护服不能从意大利本地走正规报关出口，只能拉走，从第三国起飞。

每耽搁一个小时，就多一分变故，不及时运出，说不定货物所在的国家一个禁令下来，就再也不能运出来了。王耀彬心急如焚。

姜雷是一名在海外从事旅行贸易公司的老板，接到王耀彬的求助以后，他通过自己的旅行贸易公司在法国巴黎补购了一批防护服。补到货时，时间已经很晚，根本来不及打款结算。姜雷大手一挥：先发货。

这时，距离交货截止时间只剩下 6 个小时，然而货还在巴黎。时间紧迫，如果用大货车，在路上跑不快，况且这时候根本无法找到大货车。17：30，姜雷打了一通电话，叫来 9 个华人导游平常开的商务面包车，充当临时货车；20：35，最后一辆车装完货，9 辆面包车组成的"防护服护卫队"集结完毕，一路飞驰奔向阿姆斯特丹。此时，距截止时间只剩不到 3 个半小时。

地球另一边，孙笛（化名）24 小时待机，就等着这批货安全到仓库。她是萧萧的同事，专门负责海外防疫物资的报关进口事宜。

从巴黎到阿姆斯特丹，全程近 600 公里，平常至少需要 6 个小时车程，这次他们全程只用了 3 个半小时，平均时速跑到 170 ～ 180 公里。路上一分钟都不能耽误，司机们为了省时间，连厕所都不敢去。

23：59，当晚最后交货期限前 1 分钟，孙笛收到了王耀彬发来的视频：防护服在腾讯仓库卸货完毕。

⊙ 买不到就自己造

全球都在抢购口罩和防护服，像王耀彬经历的这种圆满大结局只是个例。地球上除了南、北极，基本英、美、法、日、意大利、土耳其等国家和地区，都被中国大公司的采购搜刮过一遍。地毯式全球采购的背后，更多的是一日看尽各种欺骗、阴谋和逐利。

众多持币买家涌入市场，让防护服这个一直以来并不显眼的行业陡然变得火热起来，供需严重不对等，话语权也畸形起来。萧萧就曾经被一名防护物资的卖家嫌弃。当时她和同事追着对方询问产品型号，确认数据，却被对方直接拉黑。在"倒爷"眼中，有货就是爷，你们还挑挑拣拣？

在阿里巴巴，采购"小二"们满世界买口罩、防护服时，必须严格遵守国家标准以及集团发布的项目运作规则及操作手册的要求，必须通过专业第三方质检抽查，检测报告中必须明示非油性颗粒过滤效率是否达标，就连耳挂部分适合度都做了明确要求。

为了防骗，采购人员甚至带上了监测仪器，现场抽检口罩的数据指标。但往往没来得及验货，货已没了。说到验货，代理商基本都会强调：款清验货。

萧萧说，放在平时，"资质考察，产品打样、测试，从寻源到成交要经历漫长但必要的过程"，但在疫情下，这是整个市场的常规操作，你不买，别人就买了。代理商先给钱再验货的要求，这时倒成了正常的。

口罩和防护服的采购难度之大、利润之高，颠覆了中国这群手握亿元现金的互联网富豪们的想象。比如防护服火到连奢侈品服装代理商都临时转行做起生意。有朋友给萧萧推荐了一位"业内知名的奢侈品供应商"，据说这位供应商在佛罗伦萨和米兰都持有防护服货源。

买防护服送阿玛尼？萧萧在对接采买这批防护服时，直言感到很魔幻，"我们急得火烧眉毛，只想快点验货，对方还在给你介绍阿玛尼的衣服……"大疫当前，奢侈品滞销，卖防护服比卖阿玛尼更挣钱。不光是意大利"微商"捕捉到了这个商机，德国的防护服经销商也这么想。

腾讯驻德国办公室找到一家德国 3M 销售代理，对方是正经 3M 代理商，也就是"正规军"。意想不到的是，他们也加入了这个疯狂的市场，报出了当时紧俏市价两倍的价格。"这几乎颠覆了我们对德国人的认知！"但腾讯总部采购接受了报价，并马上给德国方面发去采购确认邮件。两天后，这家德国销售代理的回复姗姗来迟：你应该早点回复我，那些货我已经卖掉了。

抢口罩太难，总有一些中国老板另辟蹊径，比如董明珠，她决定不去抢口罩了，自己生产口罩。

2月12日，董明珠在《致武汉员工慰问信》中透露：格力正加紧生产温度计、口罩生产设备、护目镜、杀病毒空气净化器等一系列抗击疫情的产品。

虽然董明珠放风预约了一轮，预约爆满，交付却被吐槽"买不到"。3月12日，格力暂时日产口罩15万只，据说产能仍处于"爬坡"状态，而单是格力所在的珠海市复工复产，保守日需就百万只口罩，靠格力供应，杯水车薪。

比亚迪的王传福则要更"硬核"。像董明珠、广汽集团都是买口罩机和原料生产，王传福清楚口罩机难买，干脆连口罩机都自己做。"一条口罩机的生产线，各种齿轮、链条、滚轴、滚轮大概需要1300个零部件，其中90%都是比亚迪的自制件。"比亚迪总裁办主任李巍一句话镇住了观众。在之后的一段时间里王传福的比亚迪口罩生产线处于满负荷运转状态，日产能500万只，比亚迪成功转型"全球最大量产口罩工厂"。

中国老板们过了一个刻骨铭心的口罩新年：猜不到开头，更猜不中结尾。

而曾经全球疯抢口罩和防护服送到前线的腾讯，已经将抗疫重心从捐赠物资全面转向技术战疫。截至2020年3月10日，腾讯联合各方推出防疫方案的健康码，累计亮码超过16亿人次，覆盖近9亿人口，累计访问量破60亿次，成为中国服务用户最多的健康码。

3月2日，马云公益基金会表示，将向日本寄出100万只口罩；4天后，马云发文称已筹集到100万只口罩将发往伊朗首都德黑兰。此后，马云基金会又承诺向美国捐赠100万只口罩。

"三十年河东，三十年河西"，在短短的一个多月的时间里，中国老板们经历了从全球抢口罩转向支持友邦抗击新冠疫情。

以美国为例，美国官方表示政府储备了 3000 万只医用口罩，不过医生至少需要 3 亿只口罩，缺口高达 90%。此外，美国已在最近几年将大部分口罩生产工厂迁到中国，90% 以上的口罩来自中国。

迫不得已，美国贸易代表办公室方面表示，于 3 月 6 日起，对从中国进口的口罩、手套、消毒湿巾、手术单、手术服等 100 多种医疗产品免除进口关税。

然后，比亚迪总裁办方面表示，当疫情过去，比亚迪口罩生产线将不会继续运转，"但国外疫情不容乐观，如果海外有需求，比亚迪也不排除口罩出口的可能"。小小一只口罩，俨然一个世界。

二、广东穗康码背后的技术支撑

2021 年 6 月 9 日，梁嘉欣（化名）考完最后一门科目后走出校门，跳上一辆出租车，掏出手机亮了亮绿码。这名高三考生不知道的是，那一秒的广州，有 4 万人次和她一同亮出了穗康码。

当时，1800 万广州人和"最强毒株"德尔塔的遭遇战，实际已经持续了 20 天，病例不断增长，拐点依然雾里看花。5 万多名考生的"有码"高考，成了广州新冠疫情防控大考的最重要提坝。

但广州并不慌乱。相比 2020 年面对疫情，不得不将高考推迟一个月的无奈与紧张，2021 年广州的高考，平静、顺利了太多。城市平静应对的背后，是技术的硬核支撑。让每个人状态可控，让每个新增确诊被精准记录，让每次筛查被快速同步，毫秒级不断进化的穗康码在这场和病毒的百米竞速中率先撞线。

⊙ 码上防疫

2021 年 6 月 7 日一大早，近 1000 名被隔离在荔湾区的考生们井然有序，出示带有高考标识的特殊通行码后步入考场。当时的荔湾区是广州那轮疫情最严重的区域。学生们不知道的是，有 40 多位来自腾讯的程序员在前一天经过通宵达旦才赶制出了这些特殊的代码。

据腾讯政务华南副总经理沈金回忆，高考相关功能上线前一天中午接到了任务，高考可能需要防疫方面的技术支持。而一支经历过疫情大考的团队，其实已经在同步准备。等到第二天上午，政府有关部门拉着团队开了个会，确定要增加的高考保障功能后，散会不久初稿就已经成型，当天晚上彻夜调试后，这个功能就顺利投入使用。

2021年的广州疫情，相比以往更加复杂，要处理的事情也更多，但广州更平滑、平顺地扛过去了——常住人口超过1800万人的广州，每个人的状态都是可控的，每个新增确诊都有着精准的记录。

曾经与风险地点或感染者有潜在接触的人，穗康码会自动变为黄色或红色，随后工作人员通知其立即进行核酸检测。有人第一次发现，自己手里的穗康码变"紫"了，这个新增的颜色意味着48小时或72小时内的核酸检测阴性证明。

为了加快广州应检尽检工作的进度，尽快追溯确定传播链条，广州在疫情发酵的第一时间就快速划分出了大批中风险地区，但对于生活在这些中风险地区的居民来说，黄码就意味着生活节奏被打乱，出行、上班都面临着困难。

在广州工作的Bagri，只在2020年初回过印度探望家人，之后再也没有离开过广州。疫情之下，他和其他外贸商人一样选择留在相对安全的中国。

广州出现散发性确诊病例后，Bagri所在的海珠区的写字楼加强了管理，需要在楼栋门口测量体温并出示健康码后才能进入。那时很多同事的穗康码都变成了黄色，他们只能留在家中线上办公。Bagri以为这个过程会持续很久，没想到很快他们的工作状态就回归正常，"当我们做完核酸检测，且结果都是阴性，穗康码也是绿色的时候，我们才重新回到办公室上班"。

支持这一转变发生的技术基础，正是紫码——通过三天两阴的标准，把经过核酸检测确认安全的黄码"转绿"，让防疫对社会秩序的干扰降到最低。这个微小的进步直接关系到成千上万人的工作、学业和生活。

紫码不仅代表着核酸检测数据和健康码的顺利打通，更是流调、人口流动管理的利器。以深圳为例，6 月 20 日召开的深圳市疫情防控新闻发布会上，就公布了一系列基于健康码制定的措施，深圳辖区内的 1 个机场、13 个火车站点、30 个汽车站、4 个客运码头统一要求 100% 测温、100% 亮绿码通行，持红、黄码人员不能进站。

另外，只要离深出省的旅客必须提供 48 小时内核酸检测阴性证明，换句话说，就是要亮紫码。

而在广州，查看健康码已经成为进地铁站前必经的步骤。每个早高峰，往来的市民打开手机，从服务器调取属于自己的健康码数据。无形的数据在云端汇集，经过不断升级迭代，如今穗康码已经把这个读取显示的过程做得十分平滑。

⊙ 穗康码的"进化论"

虽然有过 2020 年的经验，但穗康码团队在这轮广州疫情发生初期确实感受到了巨大的冲击。"整个页面浏览量是成倍增加的，基本上翻了十几倍甚至二十倍。"

腾讯云数字政务华南总监步海东对此深有感触。平常 3000 万到 4000 万的页面浏览量，一夜之间翻了十几倍，系统的压力可想而知。对步海东来说，2021 年 5 月 31 日开始的那场"战役"，称得上是"惊险的一跃"。

5 月 31 日当天，暴涨的访问量让穗康码一度"喘不过气"，部分用户手机上出现了"亮码"延迟，甚至刷了几次都刷不出来的现象。幸运的是，穗康码系统自始至终没有垮掉，小程序也没有中断服务。新加服务器 64 台，出口带宽扩容 5 倍，亮码接口性能提升 150%——完成这个重大的系统升级，腾讯云穗康码团队只用了 3 天时间。

这波疫情之初穗康码高峰的平均系统负荷是 8000 次 / 秒，而到了 6 月 7 日，高考第一天，穗康码的平均系统负荷最高值已达到 40 000 次 / 秒。步海东感慨："从业十几二十年，这种速度可以说史无前例。"

这种速度的背后是一场没有硝烟的阵地战。步海东负责的这支百人技术团队是穗康码背后的技术支持力量。自疫情发生以来，穗康码技术团队已采取 24 小时不间断工作，在"云"上跟病毒赛跑。

为什么系统升级一定要在夜间进行？这是步海东被问到最多的问题之一。按照穗康码技术团队的逻辑，白天穗康码使用人数多，为了让使用者"无感"升级，凌晨后半夜是穗康码最佳的升级时间。步海东做了一个非常形象的比喻：相当于给飞奔的列车换车轮。

多数时候，穗康码团队在白天讨论需求，晚上 8 点左右出设计图，2 个小时内要把代码写完，然后排发版计划，凌晨发版。在过去的近一个月，对穗康码团队来说，这种紧锣密鼓的生活是常态。

除了因应高考而生的保障机制，这支团队还在根据更多人群的生活需要为穗康码增添更多的温情，比如搭载进穗康码里的"穗好孕"功能。

广州市全年有近 20 万名孕妇，过去这些孕妇的管理没有很好的信息化闭环系统，她们到医院检查以后，相关的社区组织或者是卫健委、广州市妇幼都不知道这些孕妇的具体情况，尤其在疫情的背景下，难以为孕妇群体提供差别化的服务和保障。如果可以建设一个系统，把医院到社区再到孕妇本人的状态做一个闭环关系，就可以最大限度保护这个特殊群体的健康与安全。

为了实现这项功能，穗康码团队分出三步：第一步是简单的线上建档，让基层和医院可以实时了解到自己辖区内孕妇的信息。第二步是在孕妇进行产检信息登记以后，对那些高危人群，比如宫外孕、超期的孕产妇，进行提前的预防和定期的核查、通知。第三步是覆盖的周期更长，包括产后的信息管理，以及心理问卷调查。除了保护孕妇的身体健康，更是把心理健康也涵盖进了保障框架。

要知道，根据统计，在国内产后抑郁发病率近 14.7%，这种心理疾病不仅危害产妇身心健康、家庭和谐，也对婴儿生长发育、心理行为等多方面有不良影响，严重者甚至会诱发自杀和杀婴等行为。

在这次疫情期间，"穗好孕"起到了重要的安抚作用。比如荔湾区，孕妇们不得不完全居家，通过"穗好孕"系统，她们可以随时和社区医生交流身体状况和心理状况，有任何问题都可以第一时间向医院医生、市妇幼求助。

广州市民的安全感就藏在这样一个个小细节里。在绝大多数人的眼中，穗康码每天似乎没什么变化，但对背后的技术团队来说，每一天都是一场新的攻坚战。

⊙ 一张码改变城市

自 2021 年 5 月 5 日穗康码完成升级后，疫苗注射情况也可以在手机上直观反映——金色是已经完成首针注射，红色则意味着打过了第二针。

随着穗康码在生活中常态化，很多人有过这样一个困惑：穗康码是如何准确判断我的健康状况并显示相应颜色的？要实现这个操作，需要整合多个不同的数据库，并让各数据库之间实现无缝交互。为此，在与时间赛跑的时候，穗康码技术团队做了三件事：第一件事，实时监控数据交互接口；第二件事，进行数据缓存；第三件事，预备降级方案，储备自己的数据平台。

正是这"三板斧"，保证了穗康码在高考那天接近 4 万次峰值的请求量上系统仍然能稳定地运行。技术之外，另一大挑战来自团队。在这波疫情之前，腾讯云的穗康码团队只有十几个人，这次一下子扩充到上百人，协作上面临着巨大的挑战。令人意外的是，仅仅两天的线上会议后，这个百人团队就实现了基本的磨合，大家都找到了各自的位置。

沈金觉得，这个"奇迹"并不意外。在最初创造穗康码的时候，这支队伍就有过合作，更重要的是，他们每个人都在竭尽全力地用自己的力量对抗疫情，"外界看起来按分钟级或者小时级反应相当快，这个是有前因后果的，也不可能是一步能做成的"。

所以面对这次传播链路复杂、防控力度严格的广州疫情，穗康码团队不断自我超越，用技术力为阻击疫情提供着强力的支持。手机上方寸之间，那张小小的穗康码，是腾讯云团队日夜奋斗的结果，也是广州这座城市面临疫情时快速、坚定反击的缩影。

随着连续 5 日零新增，广州正逐步走出疫情阴影。穗康码还会以更多样化的形式存在下去。在广州遭遇这轮疫情前，穗康码已经尝试过投入官方组织的预约活动里，比如花市预约、车展预约，未来这张小小的二维码会逐步成为常态化防疫下广州市医疗、健康生活的辅助手段。

三、让 270 万深圳义工互联互通

咖啡机在店里冒出水蒸气，早餐车被推回地铁站门口，打工人重新挤上公交车和电梯，办公室里两周前买的花还在，电脑屏幕有轻轻的落灰。深圳开始忙碌起来。

这座城市的数百万打工人开始抖擞精神，另一群人也陆续脱下防护服喘气。他们是数以百万计的深圳义工（志愿者）。许多义工的任务还没有完全结束，依然有流调电话亟待拨打，依然有信息数据需要确认，依然有防疫物资等待搬运。

他们说，已经迫不及待要把这段经历整理好留给孩子。孩子尚未懂事，只知道这两年要戴口罩、勤洗手，但不能理解什么是疫情、什么是病毒，也不明白父母为他们做过什么。

"我相信我们终将战胜疫情，比起将来读到历史课本上的一句话、一个结果，我更想让孩子们知道，他们的父母是如何战斗的。"

⊙ "再帮我喷一圈酒精，我刚结婚"

永远有人逆行。2022 年 3 月 4 日上午，深圳，新一波新冠疫情已经开始了。"95 后"日语教师小赵在接受完大白"捅喉"后，忘了拿那张带有"冰墩墩"的可爱贴纸。

"尴尬，总不能插队回去拿（贴纸）吧……"她想了个法子——"要不我去当防疫志愿者，帮工作人员发贴纸，这样就可以拿了？"小赵马上跑到社区工作站报名，成了一名志愿者。当天下午，她就戴上了防护面罩和 N95 口罩，开始给做完核酸的居民发贴纸。

"姐姐，谢谢你！"社区的小朋友们一口一个"姐姐"叫着，小赵心里乐开了花，"发贴纸，也是给小朋友带来快乐。"

疫情进入攻坚阶段，城市"静默"，但所有人又都被调动起来。程序员小宇一直自嘲自己在鹅厂"搬砖"，这一天他真的艰难搬了几百斤重物。

3 月 14 日，小宇加入了腾讯青年战疫突击队，在深圳福田园岭街道支援抗疫，第一天他就被社区安排去封控区的闸口协助物资运送。太阳很烈。刚穿上蓝色密不透风的防护服，小宇的头顶和脸颊就开始冒汗。

黄色的医疗物资塑料袋很重，常年健身的小宇也得用两只手才能完全抬起来，抬一会儿，还得放一会儿。防护服、隔离衣、手套、酒、居民外卖……那天下午他来回跑了 70 多趟，把物资从车上搬下来，放到闸口的置物架上。"后悔"的念头闪过，"手臂酸得都不像自己的了，还是上班舒服"。

小宇没来得及陷入懊恼，穿"大白"的医护小哥哥让他帮忙在自己身上喷酒精消毒，喷完后把身上的白色防护服脱掉再离开现场。他一边喷，"大白"一边转圈。喷完一圈，"大白"向前走了几步，又折返回来。

"能不能再帮我喷一圈，我才刚结婚。"小宇的心"咯噔"了一下，再次举起了手中的酒精，"那些医护人员比我们志愿者更辛苦，穿上防护服之后，不能吃喝也不能上厕所"。

3月15日，小宇接到了和网格员一同前往城中村"扫楼"的任务。和小区不一样，深圳城中村的人口流动性比较大，短期在工地、工厂里打工的人很多，因此网格登记地址里的居住人往往和实际居住人不同。此外，即便是每天用大喇叭在楼下喊，也总有人不愿意下楼做核酸……

这些都给全员核酸排查带来了困难。网格员带着小宇走进了一个昏暗逼仄的小巷里，上楼敲开了第一户人家，小宇被眼前的景象惊住了：一个不到30平方米的狭隘空间里，住了8个人，都是上下铺。

小宇需要拿着网格员登记的纸质名单和里面的住户一一进行比对，把对不上的身份信息进行修改。他惊讶地发现：这8个人的年龄相差很大，最小的是"00后"，最大的是"50后"。

"说实话，看到这些打工人的生活觉得有点心酸，毕竟我们的生活环境要好得多。""但他们很配合，还会给我们指路，有的还会告诉我们谁谁在一楼厨房煮饭，打电话叫他们上来填信息。"

小宇"扫"的城中村比较老旧，有的没有门牌号，找到具体的人和门牌，这帮"工友"帮了大忙。"我不知道原来搞网格管理这么难。目前能想到的是用我们腾讯云的OCR技术，把'扫楼'时的手写信息识别成文字，这样网格员后期录入时就可以复制粘贴进去，用技术来提高网格管理的核查效率。至于怎么从社会管理层面来优化流程、实现人员管控，我觉得也是值得思考的问题。"

小宇每天做志愿者的时间长达十余个小时。"做研发的时候我比较宅。做防疫志愿者，真正了解、接触人间百态。"

⦿ 扎实反诈后，大厂员工变"诈骗犯"

同样接受"社会再教育"的还有志愿者小熊，3月14日是他人生中被骂得最狠的一天。小熊同样是腾讯青年战疫突击队的一员。和小宇不同，他不用"搬砖"，而是打流调电话。

"我住哪关你什么事啊？"

"你是诈骗（犯）吧！"

"嘟——"

这是小熊被挂的第9个流调电话。小熊愤懑不平："明明是为他们好，都不配合？"

每打几个流调电话，小熊就得放空十多秒平复下情绪。平日里小熊的工作是分析微信的用户反馈并进行总结，最后提交给产品都进行优化，现在他的工作是"一上午就得打40多个电话"。

2020年的武汉疫情对湖北人小熊来说是难以抹去的记忆。尽管家人反对，他还是参与了疫情防控的志愿工作。看似简单的流调工作，没有小熊想象的那么简单。所有的流调人员桌上都有厚厚的一沓A4纸，上面密密麻麻的全是电话号码。流调电话多的时候，志愿者们甚至需要从早上8点半一直打到晚上9点，才能休息。

"打不通"和"被挂断"是志愿者们打电话时常遇到的两种情况。"工作站里的公用电话就那么三四台，居民从早到晚都在咨询。我们只能用私人手机去做流调。"

得益于国家反诈宣传的"扎实"，不少居民接到陌生电话就"拒接"。就算接听了，当听到个人信息的问询，很多人都会警觉地挂断电话。防疫"争分夺秒"一样需要"深圳速度"，电话打不通会拖延流调工作的进程。每隔1～2个小时，街道就会下发新的核查名单，越拖就会积累越多。

居民的不配合也让一些志愿者产生了负面情绪和无意义感："感觉干了好多事，很心累，但又好像什么都没干。"志愿者小C的电话号码因居民投诉被运营商标记为"骚扰电话"，直接"锁机"，无法对外拨出。

"这下真的是'诈骗犯'了！"志愿者们哭笑不得。腾讯这群"码农"志愿者复盘自己的流调工作时，有人提出："有没有办法能让大家相信流调手机（号码）是街道办的电话（号码）？"

BOBO 想到了解决办法：既然有的人的手机号码会被腾讯手机管家标记为"骚扰电话"，也就是被列入"黑名单"，那有没有可能给街道办的电话都开"白名单"？

位于广州的腾讯手机管家团队接到询问后，立即用"手机黄页"功能给园岭街道办的几个流调电话标记成官方名称——当群众接到工作人员的电话时，屏幕里显示的是"某某街道办事处"的字样。

小熊迫不及待地试了这个功能，发现接电话的比例明显提高。电话接听比例提高后，志愿者们又发现了新问题。

随着感染数字的攀升，每天下发的电话核查数量也随之攀升，其中不少核查还是重复的：有时一天的电话任务里，就有高达 20% 的重复率，给电话流调和录入数据都造成了困难。

"你们上午不是已经有人打过电话来了吗？怎么还打！"又是一声刺耳的"嘟"。不少居民接到了重复的流调电话，脾气也忍不住上来了。

腾讯的"码农"志愿者们马上帮社区开发了一个筛查去重流调信息的程序，以避免重复给一个人拨打电话。这个程序已迭代到 3.0 版本，原本半小时到一小时才能完成的流调信息整理工作，现在可在 30 秒内完成，大大减轻了工作人员的负担。

小熊说："这些事情看似平凡琐碎、不起风浪，但很考验人的耐心。真正有价值的事情不见得有多宏大，正是由一些小事一点一点砌起来的。"

⊙ 日夜为深圳 270 万志愿者"织网"

数以百万计的志愿者一夜之间从城市中站出来，背后是一张日夜织就的巨大的"网"。同样在 2021 年 3 月 14 日，互联网产品体验设计师蚯蚓、张翘和他们所在的"腾讯技术公益"团队为"志愿深圳"小程序奋战到凌晨，脸上挂着重重的黑眼圈。

"志愿深圳"小程序是由深圳团市委、深圳市志愿者联合会与腾讯技术公益联合打造的微信小程序，以帮助深圳超过270万志愿者快速、高效地参与志愿服务。通过这个微信小程序，数以百万级的深圳志愿者通过互联网即时变身。

那天"志愿深圳"小程序的访问量暴涨并负载。由于新增了8000的注册量和20万的访问量，小程序一下子崩溃了。不少深圳市民满腔热血地试图报名"防疫志愿者"，却发现页面卡顿，甚至无法打开。"从访问量上可以看出深圳市民做志愿者的热情。"

为了让小程序能够正常打开，蚯蚓和团队紧急把小程序页面中和疫情不相关的板块去掉，并上线了"简化版"的小程序。这样一来，用户只要点开"志愿深圳"小程序，就能看到深圳各个地区的防疫志愿者活动。

3月15日，蚯蚓和微信支付Aaron、腾讯志愿者协会会长Bonny等人紧急联系了腾讯TEG、IEG等事业部驻扎在西安、成都的技术专家，希望他们能帮助优化"志愿深圳"的数据库，以提升用户访问的稳定性。

3月16日，小程序完成了初步的数据库优化。在"志愿深圳"上"抢当"志愿者的人有增无减，某些街道的名额1小时就被一扫而空。有志愿者调侃道："比抢菜还夸张。"

在"志愿深圳"小程序上线前，腾讯技术公益就已为之奋斗了好几个月。2022年以前，深圳的志愿者多数通过"志愿深圳"的电脑网站报名，页面繁杂且略显花哨。

蚯蚓在调研中发现，在深圳参加志愿服务的大多是时间充裕的40至60岁的女性，她们对复杂的电脑版本设计适应性不强。"在电脑注册义工要填十多项，字又很小，戴了老花镜都看不清楚！"退休的邱阿姨表示，以前注册志愿者和报名活动，只能靠社区"小年轻"帮忙完成。

腾讯技术公益团队就对原来的网站进行了移动化和"适老化"改

造，也就是开发了"志愿深圳"小程序。一方面，把注册项精简到最多7项，报名、分享等流程也被简化到"点几下"就可完成；另一方面，放大了字体，以适应中老年志愿群体的使用习惯。

蚯蚓还观察到，不少志愿者有在朋友圈分享志愿心得的习惯。她便在"个人中心"页面加了个"义工名言"的小功能，让志愿者们可以写个签名并分享出去。她的邻居赵叔叔很喜欢这个功能，迫不及待地写了心得分享到朋友圈。

据统计，3月5日上线的"志愿深圳"，半个月时间共招募了3.6万名疫情防控志愿者，平均每天新增注册志愿者达到2000人，其中部分志愿者还是港澳籍甚至是外籍人士。

若说"扫楼"排查、打流调电话、维持核酸检测秩序等工作是"看得见"、能被感知到的志愿工作，那么蚯蚓和她的团队的工作则更像"看不见"的幕后工作。抗疫背后，志愿者和义工们"工种"不同，做志愿、做义工的最初目的也不同，但"义"曲同"工"，最终目标都是保卫深圳这座城市。

"红马甲"照亮了这座城市。3月20日，深圳多区宣布逐步恢复日常秩序，那个"热腾腾"的深圳终于要回来了。

第三章

跨界有道：能治沙，
能养猪，也能救命

互联网企业技能的体现不局限于互联网，在跨界方面中国互联网大厂有着诸多意料之外却又效果甚好的案例。例如，在风头正劲的新能源汽车行业，造车新势力就与互联网公司之间有着深厚的交集。

这种跨界的方式具备无限复制的可能。从实际效果来看，在养猪、水利、治沙、急救、碳减排、动物保护等诸多领域，互联网企业的确可以通过多个维度和渠道将自己拥有的优势释放，助力社会变得更好。

一、押注新能源汽车，为身处难关的蔚来紧急"输血"

2020 年，新能源车行业充满了血泪。用补贴养起来的中国新能源造车，短短几年内冒出来的几百家造车企业只活下来四十几个。这些幸存者在产业空白的荒地上解决了 3 万个零件以及背后的产业链后，终于可以量产。

离成功只有一步之遥，却也命悬一线。在这些企业的背后，是 7 年新能源造车梦的跌宕起伏。跨不过这道生死关口，所有的梦想与努力都将毁于一旦。最终它们惊险地活了下来。将中国互联网造车新势力扶上马再送一程的势力，将在世界汽车工业历史上画下浓墨重彩的一笔。

⊙ 新能源车"骗补"大潮

2015 年 6 月，江苏省吉姆西客车质检人员正陆续上传他们生产的汽车的合格证。3 个月下来，数量只有 25 个。由于数量不多，质检人员轻松自如。不过在即将到来的下半年，这家刚成立不久的小客车企业将面临职业危机。

从 7 月开始，吉姆西公司上传的车辆合格证超过了 100 个。到 2015 年 12 月，上传的合格证数量突然达到 2905 个。突然增多的车辆合格证，对质检人员的要求不只在专业水平上。因为很多操作并不是质检专业所能做到的。

有多少车辆合格证，就意味着生产出了多少辆车。一个成立两年的小厂，9 个月的时间化身新能源大巴新势力，堪称奇迹——补贴出来的奇迹。这家 2013 年成立的小客车企业，借着政策的东风，2015 年 3 月开始投产电动客车，产品全部是 6～8 米的纯电动商用客货电动车，刚好符合补贴政策标准。

按照当时的政策，一辆纯电动客车，仅中央补贴就有 30 万～50 万元，省级补贴又有 20 万元，市级补贴又有近 20 万元。中央到地方层层补贴，这意味着一辆新能源大巴光补贴就能拿到 60 万～ 100 万元的补贴。也就是说，仅是 2015 年 12 月，按最低 60 万元的单车补贴，吉姆西公司这些车辆涉及的补贴金额也有近 20 亿元。

央视记者慕名而来。不过镜头之下，只看到一排排简陋的厂房，工人手工在铁架子上装配零件，数遍整个厂区也就 100 来辆车，并不像月产数千台工厂应有的景象。这名央视记者很较真，他打电话给吉姆西的客户核实车辆的销售情况，却发现没几个客户真的有纯电动大巴，更别说和吉姆西提供的销售数量对得上了。

由于没有事先演练应对方法，在被层层追问下，吉姆西的客户之一高融实业终于摊牌：他们名义上采购了 50 多辆车，以及递交的 50 辆车的申请材料，都只不过是为了和吉姆西一起"骗补"。这一笔就是 4000 多万元。

这不过是新能源车"骗补"大潮中一个极小的缩影。有专家估算，2015—2020 年，中国对新能源汽车的补贴可能会超过 4000 亿元。其中，落入"骗补"企业的不在少数。为什么政府要给新能源车砸下海量补贴？

⊙ 中国造车的弯道超车

在讨论新能源汽车这个问题之前，绕不开一个宏大的历史事项——中国汽车工业弯道超车。工业领域的一个铁律是，没有掌握核心技术，就会在国际市场上被强国"卡脖子"。这个道理，奇瑞董事长尹同跃老早就摸清了。他走了一条和主流造车商截然不同的路子——先从发动机开始。

1999 年 12 月，奇瑞的第一台轿车"风云"正式下线，一经推出便震撼全国市场——不仅外观造型比捷达、桑塔纳都要漂亮圆润，价格更是降低了 1/3，因而迅速成为全国爆款。奇瑞"风云"轿车石破天惊般投入中国汽车市场，人们才明白，过去数年里跨国公司用"老三样"那种过时产品从中国市场攫取了多么高额的利润。没得选，议价权就掌握在卖方手里。

第二年，万钢上书国务院，建议大力发展新能源汽车，实现国产造车行业的弯道超车。万钢上书之后不久，科技部发布有关新能源汽车的战略规划，还在国家"863计划"中特别设立电动汽车重大专项。几年后由科技部和财政部、国家发改委、工业和信息化部四部委联合发布的"十城千辆"计划，正是从国家层面出钱推广新能源的一次试水。

长期以来，国内的汽车行业都奉行用市场换技术的政策指导，非但没有为国产车换来足够的优势，反而使外资品牌以合资方式长驱直入，拿走大片市场份额和利润，国产车却始终无法在传统三大件（发动机、变速箱、底盘）上与国外厂商相比。以发动机为例，上汽、东风、长安等车企旗下产品的发动机即使99%以上属于自己逆向研发或创新研发，而决定其命运的1%核心部件仍掌握在德国博世、日本三菱、美国通用等公司手里。

发展新能源车则给出一个理论上可以扬长避短、弯道超车的机会：用电机、电控、电池替代传统三大件中的发动机和变速箱，发挥中国供电量富足的优势，利用起风电和光伏中常年出现的10%以上"弃风"和"弃光"，还能解决石油对外依存度高的问题。

这个策略的优势显而易见，可以说是在整个汽车行业即将跨入新能源时代时迅速掉头，放弃追赶此前内燃机时代的差距，同时另起炉灶，让国内自主汽车品牌和国际品牌从同一个起跑线出发。

⊙ 堂吉诃德式的造车新势力

转折发生在2013年。这一年，国内汽车业年销量已超过2000万辆，甩开老牌汽车大国——美国，市场体量足够庞大，也能带动足够多的上游产业，被当成拉动经济的新引擎。也是在这一年，中国经济"新常态"理论提出，必须有一个接过房地产的"接力棒"，汽车产业被寄予厚望。

汽车业是集成度最高、关联产业最广、工业化最彻底、技术需求最高、产业规模市场规模最庞大的代表领域，是一个国家工业水平高低的体现。如果不能通过发展新能源汽车工业摆脱被人扼住咽喉的困境，那么未来汽车行业产业链的话语权、产品定价权、行业标准定义权依然掌握在西方发达国家手中。

新能源汽车发展战略成为国家战略，财政部与科技部联合发布新能源汽车推广方案，释放空前规模的补贴。新的政策风向把特斯拉创始人马斯克吸引过来。2014 年 4 月 21 日，一结束 SpaceX 火箭发射，马斯克就乘着他的私人飞机前往北京，会见了当时的科技部部长万钢和工信部部长苗圩。

离开科技部的第二天，马斯克出现在中国首批特斯拉用户交车仪式上，现场一共来了 8 位乘客，提走 9 辆大红的特斯拉电动车。其中一位叫李想的用户，经过 7000 多公里的驾驶体验后，给出"我都快疯了"的评价，随后他成立了北京车和家信息技术有限公司，启动自己的造车计划。

同样被特斯拉刺激过的，还有何小鹏和李斌。在国外体验到特斯拉真车以后，察觉到智能汽车的可能性，才以互联网史上最高并购价格卖完 UC 浏览器的何小鹏，决定再次创业。他找当时还在阿里巴巴的黄荣海，两个人边吃"真功夫"边聊汽车，黄荣海看着对面的何小鹏"眼里带着光"，十分兴奋。耐着性子听完对方天马行空的想法以后，黄荣海入了伙。

后来马斯克宣布公司采用开源模式，对外开放所有专利，何小鹏觉得时机到了，在阿里内部建议做车，发现不能如愿推进，便干脆拉上李学凌等数十位互联网人，创办了小鹏汽车。同一时间，李斌站在阳台上看着眼前遮天蔽日的天气，说自己"看到了电动智能车的发展方向"，转过头就创办了蔚来汽车，定位国际化智能汽车公司，对标特斯拉。

一年比一年严重的大气污染，多个部门联合发布新能源汽车推广方案层出叠现的补贴政策，陆续跟进的地方补贴政策，让不少汽车制造商和资本投资人握住了风向，蠢蠢欲动。

⊙ "互联网造车"

补贴政策，市场对它既爱又恨。即便设备和操作都像石器时代的，吉姆西好歹造出来了车，而 2013 年底新能源造车补贴政策颁布以后，那一夜之间成立的 300 多个互联网造车团队里，有不少压根没有生产线，车都停留在 PPT（演示文稿）里。

一堆企业蜂拥而上，精力用于生产汽车骗补，导致研发投入不足。这种政策红利反而一定程度上抑制了技术创新。要从这波浪潮里闯出来，真正去造车的少之又少。由于这一行产业基础空白，投入其中需要巨大的成本。那些没有生产线的企业去造车，也只能给自己安上一个名头——"互联网造车"。

吉利创始人李书福直接用"骗子"称呼这些新同行，"互联网公司造车，就是一天到晚在瞎忽悠老百姓"。当然，被忽悠的还有政府。这话还没落地，车和家创始人、董事长兼首席执行官李想，就和另外 12 家互联网车企联起手，针尖对麦芒地回应老前辈："我们没做错什么，做得非常好。"不过，他们自己也承认"造车太难了"，蔚来李斌说："没有 200 亿元别想造汽车。"

李书福不是第一次和这些互联网新造车势力过不去了。5 年前，他说互联网造车需要降温，互联网汽车公司就是汽车圈的野蛮人，"有些企业有了一些概念，就以为自己是苹果公司了，马上找富士康，'给我造车吧'，这样的企业还不少"。4 年前，他又说有些企业不懂汽车，也没有很多钱，之所以"造车"，就是想在资本市场上圈钱。

李书福那么排斥新能源汽车，有他的理由：新能源技术，没有个三五年，没有几十亿元的投入，没有大量的人力投入，是不可能成功的。换句话说，这行生来就要"烧钱"。

2010—2019 年，特斯拉仅在研发上就支出了 468 亿元，初期每年研发支出 15 亿元左右，2014 年起研发支出大幅提升，2017—2019 年每年研发支出金额达 90 亿～ 100 亿元。而国内的造车新势力也不能免俗，2019 年蔚来研发支出 44 亿元，小鹏的研发支出汽车为 20.7 亿元，理想汽车的研发支出为 12 亿元。

这些研发费用主要集中在新能源车的电池、电机、电控，以及操作系统上。在这些新的领域，产业配套几近空白，并没有具体的生产线与规格可以对标。而且越到后期产品线越复杂，成本越高，所以特斯拉的成本有明显增加的过程。

不止研发费用高昂，生产成本同样不低。比如一辆补贴后售价 25.99 万元的比亚迪唐 EV600，单车成本为 24.27 万元，其中电池包成本为 7.4 万元，占比 30.49%，电机、电驱动成本为 5.4 万元，占比为 22.25%，几种核心零部件加起来已占电动车成本的一半以上。

更要命的是，新能源车企在成本高昂，勒紧裤腰带的同时，还需要和时间赛跑。按照国际行业惯例，一款新车从概念到产品一般是 60 个月的周期，这个时间在国内一压再压，消费者和投资人恨不得厂家 30 个月就要出货。

但他们似乎忘了，牵连数十条上下产业链的造车，本来就是一个就算疯狂烧钱也很难马上看到成效的行业。一定程度上产业基础空白的企业去做汽车，就像做公益一样。没办法去考虑短期利益，除了需要不可计数的钱，还要有超越普通企业家的勇气和魄力。毕竟在这个行业，谁败了，"骗子"的标签就一辈子撕不下来。

正因为造车足够烧钱，代价足够大，其所带来的损失也分外惨痛。新能源汽车怎么看都是一个天然就"骗子"横生的产业。PPT 造车、骗补贴等质疑一直笼罩着这些新能源汽车行业。批评新能源汽车企业，似乎成了一种政治正确。

到了 2017 年、2018 年，蔚来、威马、小鹏等品牌的第一辆车开始落地出货，行业内外对这些互联网新造车势力依旧冷眼睥睨。再加上这几年不少纯电动车企业骗补"爆雷"，外界几乎都定义这些品牌为"又是一个骗补的"。在公众的误解嘲笑中,在行业供应链的忽视中,造车新势力熬过了艰难的两年,然后迎来了生死攸关的时刻。

⊙ 从高速扩张到当头一棒

几年过去,"中国特斯拉"一直没出现,但"中国马斯克"这种外号就有意无意地被冠在中国互联网造车新势力的创始人头上。蔚来汽车的李斌就是其中一个。

在扩张速度上,蔚来颇有特斯拉的风范。公司成立不久就引来大量资本进场,共计 5 轮,融资过百亿元,比起当年的特斯拉有过之而无不及。对于是否是"骗子",资本市场对此有唯一的判断标准——能否量产。量产是互联网造车新势力证实自己不是 PPT 造车的唯一途径。

规模生产一批车,需要解决 3 万个零件以及背后产业链、工厂生产的协调问题。互联网企业需要解决的只有代码,而新能源汽车大到三电系统的稳定性、安全性,小到油漆、轮胎、空调、座椅……每一个零部件后面都牵扯到一整条供应链。

跟电脑代码相比,汽车规模生产的复杂性是指数级别的。远不是这些从互联网跨行业过来的白领、金领们能够驾驭的。新能源汽车已经进入以量产定胜负的下半场,即使上市融资,二级市场的投资者也需要看到概念车变成量产车销售出去,这样才能在证券市场立足。

冲锋的号角吹响,但问题也摆在眼前——规模化工业必须实现量产,才有可能真正实现汽车工业的弯道超车。蔚来上市以后,李斌和何小鹏打了个赌,赌约的内容是蔚来能不能在 2018 年底交出 1 万台车。

这个数量是何小鹏估计出来的极限,他认为整个国内的新能源汽车行业都不可能有人做到,但李斌做到了。截至赌约到期那天,蔚来汽车累计交付数量达 11 348 辆,远远把前途、威马、小鹏等造车新势力抛在后面。

获胜的喜悦没持续多久，情况急转直下——即将到期的新能源汽车补贴，并没有在这个关键的节点推出新的延续政策。

早在 2017 年 9 月，工信部等五部委就共同发布了《乘用车企业平均燃料消耗量与新能源汽车积分并行管理办法》，决定自 2018 年 4 月 1 日起实行，其中新能源汽车从 2019 年度开始设定新能源汽车积分比例要求。但不少车企还是认为，会有新的补贴继续支持这个新生的行业。

2019 年初，市场开始清醒地认识到，补贴退潮已是主流，并成为定局。2019 年 6 月 25 日，新能源汽车补贴退坡前的最后一天，蔚来汽车、小鹏汽车等造车新势力打出保价牌，宣布绝不涨价。那时他们面前几乎没有选择：涨，则注定销量不振；不涨，就只能割让利润保住市场。

研发与生产两块硬性支出卡在那，造车新势力们只能压缩营销费用。李想的理想汽车就有 50% 的资金投入在研发上，30% 左右的资金投入在工厂上，只有不到 20% 的资金投入在人员和营销上。

不难看出，如果没有补贴，这些造车新势力很难获得盈利。但现实是，即便不涨价，市场也未必能保得住。2019 年 1 月和 2 月，蔚来分别向用户交付了 1805 台和 811 台蔚来 ES8，第一季度的销售预期调整至 3500～3800 台。与 2018 年第四季度的 7980 台相比，销售数量下降了 50% 以上。

蔚来等初创车企采用的是"按需生产"直营模式，订单充足的情况下，前期交付量主要受制于产能，不太容易受当期市场波动的影响。而 2018 年最后两个月，蔚来 ES8 的产能已经爬坡到 3000 台以上。

实际交付量低于产能规模，意味着蔚来 ES8 可能没那么多订单了。工厂放慢了生产速度，以适应需求增长放缓。2019 年 3 月 6 日，蔚来股价以 -18.6% 开盘，随后低开低走，以下跌 21.16% 报收，此后 146 个交易日蔚来累计跌幅高达 87.01%。

补贴滑坡的阴影笼罩着中国新能源汽车行业。2019 年底，浙江省宁波市中级人民法院对兰州知豆电动汽车有限公司（以下简称"知豆"）的 100% 股权进行拍卖，起拍价为 1.38 亿元。

难以想象，中国电动车行业曾经的中流砥柱竟然会落魄至此。2015 年知豆刚成立，就一举成为当年电动车的销售冠军，估值高达 10 亿元。到了 2018 年，知豆的销量却呈现断崖式下滑，跌至 1.8 万辆。令人匪夷所思的是，2019 年 1 月知豆的销量竟然是 0。而整个 2019 年上半年，知豆也仅卖出了千余辆电动车。

快速衰败的原因就在于，知豆是一个以补贴为盈利模式的投机品牌。政策尚未收紧之前，知豆每卖出一辆车，平均可以拿到 6 万元的国家补贴。截至 2017 年底，知豆共卖出 10 万辆车，也就是说，光补贴，知豆就可以拿到 60 亿元。

这些车都卖给谁了呢？2015 年，一家品牌为"小灵狗"的公司购买了知豆 1128 辆车，这笔订单总计 8341 万元，政府会在交易后的下一年度补贴 4124 万元。但当时"小灵狗"没钱，借了 8500 万元，借款方是知豆。卖家借钱给买家？仔细一查，原来知豆和"小灵狗"的股东重叠，互为关联方。

靠着导演一出出自买自卖的好戏，知豆赚得钵满盆满，自然也懒得打磨产品品质。由于过度削减成本，知豆汽车的质量问题频发。从用户的投诉反馈来看，知豆汽车在使用过程中频繁出现电机烧毁、电池电路故障、电池续航严重衰减等问题。

从 2018 年开始，有关部门下狠手治理车企的新能源车"骗补"行为，不少企业收到了巨额罚款通知单。此后补贴逐步退坡，地补取消，提高续航里程门槛等一系列措施的出台，令续航里程短、靠低价格和低成本的电动车陷入了困境。此时的知豆已经掉队。左手倒右手的招数不灵了，产品无法获得市场认可，想转型速度又跟不上，资金链断裂自然也是分分钟的事。

⊙ 新能源车的"集体葬礼"

补贴退潮，"裸泳"的企业大势已去，而死磕技术和服务的蔚来日子也不好过。"蔚来状况比想象的要糟糕许多，公司每天运营成本上千万，截至 2019 年第二季度最后一天，手头现金真的只够按天算了。"李斌透露。

这意味着蔚来的命随时可以按天为单位来倒计。2019 年第一季度，李斌不断拜访各路投资人，地方政府和国有汽车企业都成了目标融资对象。到 5 月底，蔚来几乎敲定了来自北京亦庄国投的 100 亿元融资，消息爆出之后，舆论不敢相信，先是震惊，进而沸腾。

然而纽交所的投资人们对于这次融资几乎没有任何反馈，美国时间 2019 年 5 月 28 日，蔚来股价下跌 9.75%，第二天继续下挫 10.35%，随后几天达到了 -5.86%、-2.95%、-6.91%、-6.36%。

那段时间，"蔚来黑"和"蔚来吹"之间的分裂达到极致，有人用 8 个字来预言蔚来"活"不长："最快今年，最晚明年。"

同样被人们开启死亡倒计时的，还有小鹏与理想汽车。2019 年开年前 3 个月，特斯拉临港工厂动工、全线调价推出廉价 Model 3，提前发布 Model Y，"SEXY"产品线大功告成。一套组合拳下来，压得国产新能源车企几乎全线败退。

除了因为股价腰斩，只能放弃在上海建厂勒紧裤腰带过冬的李斌，李想和何小鹏的日子也不好过。首款量产车 G3 上市以后，小鹏汽车风波不断：交付过慢、充电问题、虚假宣传、老车主不满降价维权，以及被苹果和特斯拉先后起诉。何小鹏每天都在忙着"灭火"，曾经信奉"慢就是快"的他，不得不快起来。信任危机让融资更加艰难，而一旦不能及时获得资金注入，辛辛苦苦建立起来的小鹏汽车很可能就此完结。

理想汽车好不容易用四年零五个月实现量产以后，同样出现了质量问题，中信银行还突然中止与其合作，导致理想车主不得不临时修改借贷方案，理想汽车被质疑是否存在债务风险。这一头一堆问题还没解决，那一头又传出有 17 个股东退出。一向强硬、在发布会上敢大爆粗口的李想，这次显得很疲惫，感慨说："我们还很弱小。"

即使弱小，他面临的状况也比李斌要好。重重打击之后，李斌的蔚来债台高筑，真正意义上的命悬一线。整个行业凄风苦雨，何小鹏为自己和同行打气，说："只有死过一次，才能明白。"能活着谁又愿意死呢？但这一年确确实实就是整个国产新能源汽车的生死之年。

汽车消费市场连续两三年的低迷，加上疫情的沉重打击，让新能源汽车在 2019 年底到 2020 年初这半年里经历了一场"集体葬礼"——互联网新造车势力迎来倒闭潮。拜腾汽车、博郡汽车、赛麟汽车这些造车新势力纷纷因资金链断裂而陷入破产境地。据中国汽车流通协会数据，2020 年中国造车新势力企业数仅剩 40 家左右。

其兴也勃焉，其亡也忽焉。这剩下来的 40 家新造车势力，不是每一家都有能力活过新能源汽车的下半场，其中只有 9 家具有量产能力，而其他的或许只是在苟延残喘。PPT 造车风波、骗补贴、政策退坡、特斯拉上海建厂"敌人打到家门口"、传统车企"围攻"这一切都让新造车势力活下来相当不容易。

到了这个关口，缺乏资金支持的新能源车企岌岌可危。这 7 年来新能源汽车人所有的努力随时都将化为泡影。

⊙ 中国人拯救中国的"特斯拉"

北京车展，吉利控股董事长李书福似乎过得很糟心。这场车企盛宴上，超过 10 家造车新势力企业参展，展台前的热闹程度远超以往。尤其蔚来、威马这些造车新势力的展台，受到的关注不亚于豪车展台。

曾经说他们是"骗子"的李书福又抬高了新能源造车的门槛，从"没有几十亿、几百亿元的投入，很难形成可持续发展能力"，直接拉到"没有几百亿、几千亿元的投入，要在汽车领域有所作为几乎是不可能的"。

这话倒也不错，由于汽车工业复杂的技术要求，研发、生产都需要巨量的资金支持，这个"烧钱"的行业注定试错成本巨大。这些年的新能源车补贴政策，说到底，就是为了给企业创新的底气，让这些新能源车企业有更稳固的生存基础。

押注新能源汽车，特别是押注互联网造车势力，看起来很像一场赌博。中国最大的赌城在哪儿？有人说，不是澳门，而是合肥。大洋彼岸的拉斯维加斯吸引来的是血脉贲张的赌徒，而合肥吸引来的是一门新产业。

坊间传闻，合肥市常年驻派两三百支招商小分队在外，一支小队每年 10 万元经费。这些招商人员自己拜访客户维持关系，有的全年 200 多天在外出差。这些招商人员被资本市场戏称为"比我们还专业的投资人"。

九死一生的日子里，李斌、李想与何小鹏三个人各自铆足了劲寻找融资，重心都是互联网公司。蔚来、小鹏、理想三家新势力的创始人都来自互联网，他们的历次融资事件中投资最积极的也是互联网资本，造车新势力与互联网公司投资之间有着深厚的交集。

美团王兴一把抱住理想汽车，前后掏了 8 亿美元"帮朋友一把"，不仅出钱还出力，亲自下场为理想汽车带货，甚至还带上自家老爹在饭否里打广告：爸爸到北京看望家人，体验了自己的理想 ONE 之后，主动说等回到龙岩后要把自己的奔驰 S 换成理想 ONE。

阿里则向前员工何小鹏伸出橄榄枝。实际上，早在小鹏汽车的 A 轮、B 轮投资就出现过阿里的身影，而在危机之中阿里又为小鹏注入 3 亿美元的融资，几乎是扶着这家造车新势力一路向前。

至于接住最危险的蔚来的，是腾讯和合肥市政府。2019 年 9 月 5 日，蔚来与腾讯、李斌签订了一份可转换债券认购协议。根据协议，蔚来将以非公开发行的方式，向腾讯公司和李斌本人发售 2 亿美元的可转换债券。腾讯的紧急输血给了蔚来辗转腾挪的空间。

腾讯入局后不久，合肥政府的火速出手直接把蔚来救活了。2020年2月25日，蔚来汽车宣布与合肥市政府签署合作框架协议，蔚来中国总部将落户合肥，在合肥市划给2020年重大产业项目的1020亿元里，蔚来获得了超过100亿元的投资。

经过这次牵手，合肥政府表态要在5年内将蔚来打造为千亿市值的龙头企业，带动合肥乃至安徽的新能源汽车产业的发展。平地惊雷，让蔚来的股价和江淮汽车的股价一飞冲天。当日，蔚来股价逆市上涨13.4%，报收4.4美元，盘前一度涨超30%，江淮汽车则连续2个交易日涨停。

⊙ 互联网造车新势力死里逃生

命悬一线的蔚来，终于得救了。中国总部项目签约仪式上，以冷静著称的李斌难掩兴奋，笑得合不拢嘴。合肥市政府伸出援手之前，蔚来债台高筑，又遭遇了电池召回、补贴退坡、高管离职等重重打击，成为2020年第一家延迟发放工资的车企。

可合肥市政府偏偏在蔚来身上看到了未来。为请来资产负债率150%的蔚来，合肥市政府拿出70亿元买了蔚来中国24%的股份，其他配套更是不惜成本。为拉老乡一把，安徽还把给蔚来代工的江淮和国轩高科的股份卖给大众，20亿欧元还没捂热，转身就塞进李斌手里。

合肥市政府那么笃定押注蔚来，自然经历了审慎考察。早在2016年，蔚来汽车就与安徽企业江淮汽车达成战略合作协议，并斥资超20亿元、耗时14个月在江淮工厂建立全新的江淮蔚来工厂，年产能5万辆。让蔚来冲上2019年造车新势力销量榜榜首的ES8和ES6，正是在这里"诞生"。

合肥工业底子薄，但后劲猛，前前后后承接了56家工业企业，激活多个工业门类，最终完成从小县城到新一线的蜕变，经济增速每隔十几年翻10倍。而现在，智能电动汽车作为国家战略新兴产业，也成了安徽进行战略布局的重要产业。

蔚来约 70% 的供应链合作伙伴都在距合肥 600 公里范围内，而合肥本身拥有集成电路、显示制造等产业基础，蔚来把制造工厂设在合肥，有利于贯通产业链。反过来，研发能力强劲的蔚来，能带动合肥的就业，使上下游产业链同步发展，提升地方产业的研究和创新水平，抢占价值链高端。

合肥市政府入股的蔚来中国项目，如今已经大赚了超过 15 倍，半年获利超 1000 亿元，被誉为中国"最牛风险投资机构"，要知道，合肥 2019 年全年的财政收入也只有 1400 亿元。押注新能源汽车，特别是押注互联网造车新势力，即使是一场豪赌，合肥也赌赢了。

与此同时，腾讯通过增持，给岌岌可危的蔚来继续注入资本力量。在国家和各地政府的扶持政策下，在各类风投机构和腾讯等互联网科技公司的接力抢救下，李斌又露出笑容，他的蔚来"从重症监护室转到普通病房了"。

分别获得美团和阿里加持的李想和何小鹏这对难兄难弟，也几乎在同一时间上岸。2020 年 7 月 31 日，理想汽车在美上市，首日收盘大涨 43.13%，报 16.46 美元，IPO 发行价为 11.50 美元，市值达到 139 亿美元，接近蔚来。一个月后，小鹏汽车也成功奔赴纽交所，股价收盘大涨 41.47%，报 21.22 美元，市值达 149.6 亿美元。

在造车这件事情上，无论政府力量还是民间资本都在承担着巨大的试错风险。很多人把互联网公司这种投资行为归结为垄断。判断垄断与否有一个重要的标准，那就是垄断只靠规模优势，而没有实质的技术革新。垄断经济本质上是一种存量经济。

但是，投资和垄断式收购不同。投资本质上是支持创新的，这正是美国高科技行业卷席全球的独门武功。收购是把创新收为己用。

中国互联网造车新势力死里逃生，一直离不开三方力量的支持，官方政策的支持、资本力量以及创始人自己"输血"。事实上，是所有力量融合汇聚成拱起中国造车新势力的前浪。

二、不与菜农抢饭碗，杀出一条反垄断血路

这本来该是一场闪电战。2020 年 10 月 28 日晚上 10 点多，供应商老王焦急地在"长沙美团优选"群里喊话："采购出来主持一下工作，看看接下来我们供应商要怎么搞，怎么干。"这个群刚刚成立不到一个小时，里面只有供应商和美团优选的采购人员，供应商都在争抢着上车，哪怕被压价，也要挤上这趟车。

但他们还是慢了一步，早在前一天，"多多买菜"的拓展人员就已经空降长沙，没有任何招聘的过程，直接从江西空运来商务拓展团队，开始快速争夺市场。而更早之前，滴滴旗下的"橙心优选"早就开始大规模招聘，每天有上百号人冲进长沙的面试现场。

这是在无数新兴行业反复上演过的故事，外卖、共享单车、网约车……每当一个风口出现，巨头们就带着热钱涌入，撒最狠的补贴，烧最多的钱，快速耗死对手，圈下市场。作为新兴风口，又可以深度切入本地生活服务场景的社区团购，自然成了巨头们觊觎的肥肉。

本来继续沿着这条路径发展下去，这个市场也会很快用财力决出高下，然后陷入垄断的樊笼。但现在这一切并没有发生。

其实早在 2018 年下半年，社区团购就被争抢过一次，最疯狂的时候，3 个月内超过 20 亿元的资金涌入，远超共享单车和无人货架的吸金能力。那是一场恶战，早先赛道上头部的几家几乎全部倒下，"松鼠拼拼"资金链断裂，"你我您"和"十荟团"为了保命不得不合并，"呆萝卜"则一步迈向倒闭。

最早开启这条赛道的"兴盛优选"，是那轮大逃杀的幸存者，也是这一次巨头们汇聚长沙的狩猎对象。如今几个月过去了，巨头们再难寸进，而发源于农村的兴盛优选，熬过了来势汹汹的围剿，进一步壮大。

2021 年 2 月 19 日，这家公司完成最新一轮融资——30 亿美元，拥有了行业内最大的融资规模，估值高达 80 亿美元。在兴盛优选背

后，另一股资本力量悄然汇聚，在巨头之间竖起反垄断的旗帜。

⊙ 反垄断突破口

兴盛优选成为行业反垄断的突破口，和这家公司的基因有关。2016 年，长沙覆盖率最高的便利店品牌芙蓉兴盛涉足社区团购，以便利店作为自提点，2 万多家湖南本土的店铺构成整个兴盛优选系统的基本盘，也是难以撼动的城墙。

实际上，社区团购的逻辑并不复杂：平台提供货源、供应链、技术、品牌、营销等支持，"团长"利用在线下真实社区的影响力组织团购，消费者下单后，平台将商品统一配送至小区交给团长，再由团长负责组织取货，交易达成后团长依据交易额获得提成。

这相当于把批发市场直接搬到用户家门口。从这个逻辑来讲，社区团购只不过是对传统经销渠道乃至整个产业链的升级重构。这也是所谓的社区团"鼻祖"兴盛优选选择以实体门店作为发展基点的原因。

这个动作，对于店主们意义重大。自从网购普及以后，实体店的生存状况越发严峻。2013 年，随着冲击扩散，国内零售业"黑马"永辉超市关闭 5 家门店，成都春熙路街头屹立 20 年的太平洋百货骤然歇业，曾经熙来攘往的北京市新街口南大街、西四南大街、东直门南小街，临街商铺大批量关停。

与此同时，新兴的网购增速却一路狂飙，超过实体店 20%。芙蓉兴盛创始人岳立华算了笔账，发现无论是城市还是乡村，"未来有可能 70% 的商品都是通过线上来购买的，线下购买的可能是一些比如说水、槟榔、烟，还有盐之类的东西"。

换句话说，依靠芙蓉兴盛门店维生的店主们，很可能会被这股浪潮吞没。发家于农村的芙蓉兴盛，早期店主几乎都由乡土亲族、地缘等关系发展而来，岳立华和他的芙蓉兴盛必须保住这些人的生计，这也是保住自身赖以生存的根。转型求生，迫在眉睫。

岳立华试图借鉴团购、网购的模式，去构建一种线上线下结合，用网购为实体店吸引客流，又通过实体店为网购拓宽客源的新业态，社区团购这种模式的雏形开始萌发。

兴盛优选构建系统的过程，按照他们内部的说法，被分为四个阶段。最早的门店自配送模式因为履约成本太高而失败，后来以重资建仓储为核心的网仓模式、配送站模式，也无法跑通盈利模型，举步维艰。

到 2016 年，兴盛优选亏损几千万元，团队濒临解散，只有几个核心技术人员和创始人岳立华、周颖洁、刘辉宇留了下来。周颖洁和刘辉宇回归到底层，花费大半年的时间整天和门店"泡"在一起，收货、卖货，以店员的身份了解门店的痛点、需求。

门店老板的诉求并不复杂：不希望投入额外的人力和资金；不想囤货；希望能即刻收款；希望增加店内客流，"这件事让我花钱的话肯定不干"。基于这些诉求，兴盛优选摸索出预售自提模式：顾客在应用（App）端下单，大仓统一根据订单采购，再分发到门店让顾客自取。这种模式不需要团长们自有库存，节约了物流和人力成本，又可以实现向门店导流的目的。

⊙ 当社区团购进入农村

新模式投入试验后，由于入驻 App 的那些门店本身并不出售生鲜、水果等商品，不会跟门店形成竞争，又可以带来明显的人气，因此店主们很快开始主动加入。短短一年，新模式复制推行到 62 家门店，订单从每天 2000 单攀升至 20 000 单。

除了探索出明确的盈利路径，这套模式还有一个好处——灵活。在生意繁忙的城市地区，店主可以选择让客人上门自提，为门店带来流量；而客流量稀少、老人为主的偏僻地区，夫妻小卖部的店主们可以靠送货上门获得顾客的青睐，获得稳定的长期收入。

位于湖南省常德市桃园县边上的八房坪村，整个村子的消费需求都依靠着一间叫"福初商店"的夫妻小店。整个村子的在籍居民有800多人，但实际上常住人口远没那么多，除村小学里现有的40多个孩子，剩下的几乎都是留守老人。

以前村子里不是这样的，站在自家小卖部门口，店主康福初抬起左手，指着小河边比画起来，"20多年前，这里一条路上就有3家小卖部，生意都特别好"。那时候，村子里年轻人还很多，白天种完地，傍晚时候大家就聚在小卖部门口，打牌的打牌，喝酒的喝酒。

后来那3家小卖部无声无息地消失了，村子里的人要买包盐都必须走一两个小时到镇子上去。再后来，康福初炸鱼的时候炸断了右手，没法像身边同样年纪的伙伴一样进城务工，只好和妻子开起现在这家小商店。

这家整个八房坪村唯一的商店活在缝隙里，每个月的利润最多几百块钱，刚刚能够维持生计。当社区团购进入这个农村，什么都变了。

⊙ 凋敝乡村的复苏

早上10点，康福初从驾驶座下面抽出一块木条，卡住车子左前轮，把车停在山坡的小路上。10公斤的大米只靠左手攥住，康福初走得有些摇晃。听到喇叭声，屋里的老人早已拉开铁门，一个五六岁的孩子躲在门后，探着头打量这个每天都来送东西的人。

这是康福初加入兴盛优选的第二年，村子里的人早已经习惯通过手机购买食物、生活用品，除了个别老人会打电话让儿女下单，更多的还是直接叫康福初帮忙代买。

把大米放到桌上，康福初又回到车上准备前往下一家，今天的货估计需要一两个小时才能送完。要送的货琳琅满目，从猪肉、玉米、活鱼，再到童车、玩具、取暖器，日常生活方方面面的购物需求几乎都被涵盖在内。

康福初说，今天的生意不那么理想，只有115件商品，远远不如才开始做社区团购的时候，最高峰一天能有 280 多单，从早忙到晚，感觉东西"送都送不完"。

2019 年 3 月，镇子上的朋友把他拉进一个兴盛优选的团购群，康福初发现在群里买东西，比自己去进货都要便宜，随即动了加入社区团购的念头。

兴盛优选对于团长的准入门槛一直严格把控，要求团长有门店、有人脉，如果业绩不达标，还会被取消点位。康福初最初的几次申请都因为门店位置过于偏远遭拒，后来兴盛优选派人上门考察，看见康福初的实际状况，帮忙协调了附近的仓储站点，他才总算成功入行。

风扇、冰箱、床垫、电视，大件小件都从他这里经过。康福初找出以前经手过的单子，说现在村子里很多户都换了新的家电，印象最深的一次，有个孩子给父母买了台 50 多英寸的大电视，搬起来挺沉，这一单他赚了有 70 多元。

社区团购在村子里普及之前，年轻人表达孝心的方式只有给钱，老人拿着钱舍不得花，也没地方花，最多就是打打牌，在牌桌上你来我往。社区团购出现后，远在省外的年轻人只需要动动手指，康福初就能送货上门，家具家电还能帮忙安装。

⊙ 城乡数字鸿沟显著缩小了

2000 年，农村消费总规模为 1.5 万亿元，到 2013 年提升到 4.66 万亿元，13 年间增长 3.1 倍，越过这一年，全国居民消费升级综合指数一路走高，消费升级的脚步越发加快。兴盛优选针对农村市场的消费需求做过调查，发现如今农村的消费水平没有想象的那么低，"许多农村的女性消费者也希望用千把块钱的化妆品"。

对于下沉市场的消费升级现象，腾讯投资部门也做过研究，认为最终中国的大部分城市会达到像现在三四线甚至二线城市的水平。在这个过程里，高线城市的生活方式，包括消费习惯、品牌选择，会对低线城市以及农村地区逐渐渗透。而网络电商无疑会加速这一区域化消费差异的拉近速度，在这个过程里，既有渠道成熟带来的整合机会，也有伴随渠道发展诞生的供应链机会。

支撑起这些变化的，是一套无形、庞大的系统。截至 2020 年 6 月，中国网民规模达 9.4 亿人，较 2020 年 3 月增长 3625 万人，相当于全球网民的 1/5；手机网民规模达 9.32 亿人，占比超过 99%。互联网普及率达 67%，较 3 月提升 2.5 个百分点，高于全球平均水平 5 个百分点。

随着网络覆盖工程的深入，我国城乡数字鸿沟显著缩小，城乡渗透效应明显。同样以 2020 年 6 月的数据为例，农村地区互联网普及率为 52.3%，较 3 月提升 6.1 个百分点，城乡地区互联网普及率差异为 24.1%，2017 年以来首次缩小到 30% 以内。

脱胎于互联网的社区团购等新兴业态，在这股浪潮下不断改造着中国农村。同样被社区团购改变了购物方式的，还有娄底市的天华村。以天华村村委会、桃花垄等点为中心，一公里内有 20 多个团长。天华村下辖 24 个村民小组，全村 1128 户，人口 3167 人，假设一个团长可以向一个百人群提供服务，那按照天华村团长的数量，至少可以向 2000 户人家提供服务，是天华村实际户口数的 2 倍。

以前在电商平台下单一件商品，天华村村民只能到 5 公里外的镇上去取，自从有了社区团购，他们只需要提前一天在微信群下单，次日即可去村民家门口的自提点取货。而这种深度介入乡村购物场景，并且针对乡村设计供应链的模式，又反过来加固了兴盛优选的城墙——在整个行业的头部里，兴盛优选的履约成本最低，仅为 3%。

湖南县域间的乡间小道，拦住了习惯快速搭建物流通道的巨头们，而兴盛优选的团长，肩挑手扛，渗透进技术短期内无法触达的隐秘角落。在城市里，维系社区团购的是效率和平台的履约率，但在农村，要让这种商业模式可以顺利运转，靠的是彼此熟悉的人际关系和朴素的温情。

也正是基于这种独特的生态，社区团购巨头们冲入湖南分割市场的时候，整个天华村只有兴盛优选一家。即使"多多和美团的人已经找过我们"，依然没有人愿意打破这种基于乡村人情社会由邻里、亲缘关系催生的一致行动的默契。

⊙ 阻击无序资本

在湖南市场围猎兴盛优选失败，是社区团购赛道上巨头们的"滑铁卢"，也是这个行业回归正常的契机。当一家企业占据难以撼动的市场优势地位，不再需要依靠自律和自我更新来维护消费者时，傲慢和懈怠就会成为这家企业的底色。除非出现重大过失或影响恶劣的公共事件，否则期待这样的企业自我纠错、顾虑消费者的体验，难如登天。

这也是国家推出"九不得"新规，限制社区团购行业无序竞争的原因。实际上，如果这个行业形成垄断会发生什么，在长沙之战白热化的时候已经显露端倪。2020年11月，橙心优选、美团优选、多多买菜几乎同步正式开启进攻湖南长沙市场的步伐，长沙的实体经济顷刻遭受剧烈冲击。

长沙街头，菜市场里冷清萧条，看着人流量一天比一天少，摊主们枯坐在各自的摊位上，无可奈何。长沙市芙蓉区，才翻新过不久的今朝星市集菜市场，一整个上午只有一位顾客到来，在蔬菜摊挑选完蔬菜后又离去，水产和肉类摊位的老板无事可做，在摊前睡起了觉。

规模大一些的曙光农贸市场同样没有什么人气。一位年近六旬的女摊主忧心忡忡，散客都去网上买菜了，餐馆也不会从她这里进货，每个月一千多的摊位费根本赚不出来，"我年纪大了，别的也不会做，只能先干着"。

菜市场里的摊主抱怨不断，认为投靠社区团购的便利店抢走了属于他们的生意，但实际上便利店的日子也不好过。长沙八一路，全长不过两公里的街道上，打开任何一家社区团购的小程序，都能看到密密麻麻的自提点。无论是便利店、打印店、鲜花店、宾馆，还是餐馆、理发店，都成为美团、滴滴、拼多多、兴盛优选等企业的附庸。店主们身兼多个平台的团长，负责将平台商品分发至用户手中。

经营便利店的王芬，同时也担任着滴滴、美团和兴盛优选的团长。虽然便利店紧邻街道，但依然顾客稀少。王芬认为自己的生意被社区团购抢走了，但她自己又不得不加入其中，"本来线下也没什么生意，来自提的用户到店里来，店里的东西都比线上的贵"。

湖南本地连锁便利店品牌新佳宜在门店玻璃上张贴了扫码领券的海报，旁边的美宜佳便利店直接将优惠商品堆放在门口吸引顾客。不远处，已经有一家小超市交不出库房租金，被社区居委会限期搬离。

挖团长、圈物流、撒补贴，这场以长沙为中心的巨头乱战，快速辐射向整个湖南。"醉翁之意不在酒"的互联网巨头们，从一开始就偏离了兴盛优选的模式。他们拼命补贴"烧钱"，抢的是通往社区最后一公里的渠道，只要占领渠道，就可以轻易输出自己所控制与支配的商品，甚至因此具有定价权。

饿了么、美团、滴滴刚开始都是靠这套模式突出重围的。现在点外卖和线上打车相比前几年贵了多少，大家心里都有数。

资本的大开大合，往往伴随着无数的血雨腥风。巨头们真正惦记的才不是那几捆白菜，对京东、阿里、拼多多而言，社区的下沉市场仍有几亿人没有变成忠实用户，购买频次、月购买金额还不够高，谁能抢先将这部分人群转化为平台的活跃用户，谁就能迎来新一轮爆发式增长。而对于美团、滴滴等而言，通过社区团购先聚集用户，再丰富商品，就有机会培育出一个新的电商交易平台。

巨头过境，寸草不生，平民玩家只能一步步沦为炮灰。他们有什么资本和挥金如土的互联网巨头打价格战？所以说，本质上，巨头们在社区团购"烧钱"补贴，攻城略地，目的就是消灭中小经营者，进而取代之。这一战，如果巨头们赢了，熟悉的故事又将上演：几轮吞并过后，市场留下几个不能互相消灭的庞然大物；然后补贴退潮，别无选择的消费者们则要为巨头们付出的成本买单。雪崩的时候，没有一片雪花是无辜的。

⊙ 兴盛背后有中国互联网半壁江山

兴盛优选的劣势在于，这家企业的基本盘是布满了亲戚与老乡们的便利店，根本没法革掉小经营者的命，大搞自建模式也不能卷进疯狂的补贴大战里。但这也是兴盛优选被另一股资本力量选中的优势。脱离开补贴乱战的环境，单纯讨论社区团购这个业态，它对城市底层生活甚至农村居民生活的改变无疑是正向的。

无论是在山村还是在城市，社区团购的核心其实只有一个底层逻辑：建立在供应链之上的服务。在城市里，除了退休的老年消费者，白领们是社区团购必须争取的群体，他们对于便利的看重，更甚于价格。这也就让社区团购最终的比拼集中在产业链上的绝对低价和直接在家门口拿货的体验上。

首先正由于团长的存在，社区团购可以实现以销定采，也就消灭了库存；其次是单品采购量比较大，可以塑造集约化的供应链优势，同时让厂商走量获利；最后是依托原来线下的门店，节省了部分线下成本。

比如农业，农产品在进入流通前，因为农民往往是零散的个体，解决不了发票等非常具体的问题，所以必须过一道收购公司的关卡，才能进入价格流通体系。如果社区团购成为重要的销售渠道，那么农民成立农业合作社的积极性就会更高。

在消费端，团长带领群组成员拼团的模式，有一种熟人社交的类比效应。社区的成熟度在提高，人们围绕购物和消费的关系在形成新的社区关系。在线上，人们通过交易沉淀的信任会比原来得到更好的累积。

这种朴素的信任关系也是兴盛优选基因里的特质。兴盛优选不自建门店，不走低价倾销路线碾压实体店，归根结底，在于这个平台本身就是依托实体店发展起来的，一旦打破了信任，就难以重建。

信任这种听起来虚幻的概念，在社区团购的语境里可以转化为直观的业绩。2019年9月，兴盛优选副总裁刘宇辉公布了一组惊人的数字，"兴盛优选有超过1000万的用户，跟传统的电商行业不一样，我们用户的周复购率达到了70%"。再者，和实体经济之间的良性互动，也让兴盛优选的模式更加安全。

可靠的盈利模式、稳固的基本盘、成熟的供应链，这些兴盛优选都已经有了，做个比喻，手里虽然握着开山辟路的剑，但在资本的铁蹄面前，还缺一身坚硬的铠甲。而腾讯、京东、红杉等资本力量的入局，用真金白银为兴盛优选带来最有力的护持。

兴盛最新这轮30亿美元的融资，由红杉资本领投，长期投资方腾讯，以及方源资本、淡马锡、KKR、DCP、春华资本、恒大等跟投。这么巨大的投资量级，回顾整个中国互联网电商20年，只有10年前的京东享受过这个待遇。

实际上，京东在早前已经为兴盛注资7亿美元。毫不夸张地说，兴盛优选这一家公司背后，站着国内互联网行业的半壁江山，以及一大批深耕中国消费市场的资本方。各方资本的大力投入，让人感觉不只兴盛优选本身需要融资，背后的投资人也在急着保护这家公司，主动推着兴盛杀出一条血路。

⊙ 一场"拼钱"的大混战

时间回到2016年，岳立华和他的团队终于敲定了兴盛优选的模式，忙着满世界寻找注资。那时，市场上已经开始出现模仿者，被阿里相中的十荟团、被高瓴资本下注的松鼠拼拼等竞争者先后冒出来，快速"烧钱"堆数据。乱花之中，兴盛优选并不是最显眼的那一朵。但金沙江、今日资本、腾讯、KKR、京东等企业最终还是选择了押注兴盛优选。

金沙江的投资人看中了兴盛优选在湖南的连锁加盟便利店，这2万多家门店为这家社区团购"鼻祖"带来了供应链优势。

作为对兴盛优选投资最深的企业之一，腾讯在 2019 年 5 月、2020 年 7 月、2021 年 2 月分别参与了兴盛的 A+ 轮、C+ 轮和 D 轮融资，还把兴盛优选纳入腾讯的"双百计划"：3 年内投入价值 100 亿元的资源，扶持 100 家市值过亿的公司。

腾讯公司执行董事刘炽平，提出电商是未来互联网上最重要的应用之一，相关的布局逐步展开。腾讯要进入电商行业，需要解决的问题有两个：人才和业务。人才相对好解决一些，投资和收购本身可以作为人力资本积累的方式，但业务是一个难题，阿里系已经规模庞大，C2C（个人与个人之间的电子商务）很难走通，当时 B-C（商家—消费者）方面京东快速崛起，在品类和口碑上的影响力也一时难以超越。

作为平台型公司的腾讯，需要一个合适的切入口。腾讯的流量很大，但电商流量还不大，只有培养用户在腾讯平台进行网购的习惯，积累电商流量，相应的电商业务才有机会。后来小程序功能上线，打通流量的时机终于成熟。

腾讯开始以投资方式扶持基于小程序做业务的优秀公司，比如社交电商平台鲸灵、二手书服务商多抓鱼、广场舞内容服务中老年社区糖豆、个性化电商平台好物满仓等企业。同样基于小程序成长起来的兴盛优选，也是腾讯布局消费领域战略中的一环。

大消费是腾讯长期投资布局的重要领域，尤其零售行业。腾讯投资管理合伙人李朝晖曾明确表示，腾讯重点投资布局的大方向之一就是消费互联网，"论对民生最直接的影响，没有哪个领域比零售更重要"。

所以当巨头们进场，无上限疯狂投入，用价格补贴战攻城掠地时，腾讯选择加注，让兴盛优选有能力顶住目前的竞争压力，保持社区团购市场份额的合理分配。

这些注资对于兴盛优选来说至关重要。自从巨头们一起冲入战场之后，这家原本缓步扩张的企业不得不仓皇迎战，陪着闯入者们一起狂奔。2020 年，兴盛优选年交易额较 2019 年翻了 4 倍，从 100 亿元涨至 400 亿元；将日均单数做到超 1000 万；覆盖了全国 13 个省、161 个地级市、938 个县级市、4777 个乡镇、31 405 个村，接入 30 万家门店。

肉眼可见的拓展速度与数据提升的背后是巨大的开支，即使如此，兴盛优选面临的局势依然很糟糕——自己用 4 年时间深耕出来的日均单数与开城数，巨头们短短半年就靠砸钱实现了。滴滴宣布社区团购项目"投入无上限"，美团将社区团购列为集团一级战略、一把手战略，拼多多更将买菜视为探索拼购电商 2.0 版本的战略级新业务。

除了秒杀活动、首单优惠、平台优惠券，这些补贴获客的行动，几大巨头更进一步的争夺发生在团长、司机等中间环节。据兴盛优选总部一位员工回忆，巨头们"杀"入长沙以后，开始用 3 倍、5 倍工资大肆挖人，从技术人员到网仓管理员都是这些平台挖角的目标。

有些平台还会运用技术手段，针对性获取兴盛优选的合作门店信息，派遣商务拓展团队进行电话轰炸和地推（地面推广）。个别平台甚至到竞争对手仓库周边，租下附近的所有住房，"就让我们无房可住，我们招人招不到，招到也没法安排人住"。

⊙ 挡住巨头的步伐

震荡传导到整个系统的末端，以康福初为代表的乡村社区团购团长们，都明显感觉到 2020 年 11 月以来社区团购的生意突然变得难做了——单子越来越少，平台给到的提成也悄然降低。

镇子里仓储站的人告诉康福初，平台降提成，是因为更多的资源被倾斜向头部、腰部团长们，所以系统末端的小团长们承受了冲击。至于平台突然改变提成策略的原因，康福初猜，应该是要"集中力量对付其他平台"。

据康福初所知，就在八房坪村几公里外，已经有小卖部店主被说动加入了其他平台。康福初也收到过多多买菜、美团优选等平台的信息，但他不打算接受对方的招揽：换平台会让村里的老人们难以适应，而那些疯狂"烧钱"撒补贴的平台，卖品单价太低，到手的提成更少。对于八房坪村这种需求有限的小地方，一旦康福初被卷进大平台们的低价战略里，情况只会更糟。

如果兴盛优选挺不住，社区团购市场用不了多久就会彻底由巨头们瓜分。比如阿里，除了大举注资推动十荟团发展，还授意旗下饿了么、盒马、菜鸟驿站等项目组矩阵式进攻社区团购市场，和阿里关系密切的苏宁，在 2020 年也曾提出要利用旗下的苏宁小店、苏宁易购作为切口，挤进这条赛道。

今日资本徐新预言过，社区团购将拥有接近 5 万亿元的市场。中金证券则预测表示，社区团购市场规模在 15 000 亿元以上。十荟团创始人兼首席执行官陈郢认为，未来几年内社区团购市场规模可达 5000 亿元。更何况这个市场还有低获客成本的优势，以及对于互联网企业们来说至关重要的流量价值。

同时，社区团购又是一个总资源恒定的生意，路径也很明确，大力气做地推、"打巷战"，这些都是互联网企业，尤其腾讯、阿里这类平台型、高度线上化的互联网企业不擅长的。

腾讯和阿里选择了两条截然不同的路。获得阿里注资以后，十荟团开始大力推行补贴，用巨头的手段和巨头们竞争，与此同时，阿里系亲自孵化的亲兵们则见缝插针，饿了么推出买菜业务，盒马针对中高端市场，菜鸟驿站用原有的快递自提业务撕开流量窗口，逐步渗透进社区团购的战场。

腾讯则保持投资人的中立姿态，除了不把鸡蛋放在同一个篮子里，还进一步注资和巨头们打法完全不同的兴盛优选，帮这家企业补齐资本短板的劣势，有能力顶住疯狂的撒钱竞争，甚至成为市场秩序的防线。

这也符合腾讯的投资价值观。刘炽平在接受采访时说过，腾讯的投资，比起短期价值，更看重战略价值。投资和围棋一样，一颗棋子下去，有可能这颗棋子被吃掉，有可能逐渐占一大块空地，也有可能在关子阶段成为一个至关重要的棋子。

兴盛优选就是在反垄断的棋盘上，以腾讯为代表的资本们落下的那颗暗子。这颗暗子截断了无序竞争的市场氛围，让这种新兴商业模式得以健康生长。随着"九不得"新规落地，社区团购回归到服务民生的本来面目，潮水消退后，顾虑社会价值的企业依然体面，而一心逐利的，或许也不在乎自己裸泳。

三、入局"救命"产业，输出急救技术

腾讯开始进入一个全新产业，成败就在 4 分钟。和这 4 分钟，林玲（化名）已经"死磕"了 5 年多。2016 年 9 月，马化腾在论坛会上公开表示，腾讯希望每年拿出 1%～2% 的利润投入公益。这其中，就包括构建一套围绕黄金 4 分钟建设的应急报警系统，而林玲是这个项目最早的成员之一。

她也亲身参与过一场救援。腾讯滨海大厦内，一名员工身体不适，倒在办公室的沙发上，同事扫码求助后，立刻有志愿者带着三组 AED（自动体外除颤器）设备赶到现场，其中就包括林玲。被送医后，那名员工身体状况很快恢复平稳，忍不住后怕道："还好倒在了公司里。"

⊙ "救命神器"在哪里

这个救命的产业，叫作 AED——自动体外除颤器。2021 年欧洲杯上，丹麦球员埃里克森心脏骤停，上演了一场教科书式的心肺复苏急救过程。创下奇功、把他从生死线上拉回来的，正是被称为"救命神器"的 AED。

医学研究表明，除颤每延迟 1 分钟，生存率会下降 7%～10%。

在心脏骤停发生 1 分钟内进行电除颤，患者存活率可达 90%。4 分钟内完成有效除颤，抢救成功率可达 60%，5 分钟后抢救成功率则下降到 50% 左右，第 7 分钟抢救成功率约为 30%，9 ~ 11 分钟后抢救成功率约为 10%，而超过 12 分钟只有 2% ~ 5% 的成功率。

北京市人大代表、首都医科大学附属复兴医院针灸科主任陈颖指出，一旦抢救时间超过 4 分钟，会发生不可逆的脑损伤甚至死亡，"哪怕救回来，生活质量也会严重下降"。

但很长一段时间里，国内对于这类突发疾病的急救生还率只有 1%。国家心血管中心 2019 年的统计数据显示，我国每年心源性猝死者高达 54.5 万人，平均每天有 1500 人死于心脏骤停。而随着人口老龄化程度的加深，这个问题还会越发严峻。

第七次人口普查数据显示，国内 60 岁及以上人口为 26 402 万人，占总人口的 18.70%，其中，65 岁及以上人口为 19 064 万人，占 13.50%。预计 2012—2050 年，国内老年人口将由 1.94 亿人增长到 4.83 亿人，老龄化水平由 14.3% 提高到 34.1%。

老年人是心血管病的高发人群，也是 AED 的主要救助对象。从经济角度看，这个需求不断扩大，且属于刚需的巨大市场，无疑是一片巨大的蓝海。事实也如此，前瞻产业研究院预测，到 2026 年，中国 AED 行业市场规模将达到 29.2 亿元左右。

但要登上这条赛道并不容易。早在 2008 年国内就有过推广 AED 的热潮，彼时北京为了迎接奥运，开展 AED 普及和民众急救培训，要求市民每 80 个人中有一个学会急救，不少在京外企都配备了 AED，并组织员工接受心肺复苏和 AED 使用等相关培训。

那几年，AED 是完完全全的"洋玩意儿"，国内没有厂家能生产，全靠外国进口，价格也高，每台 4 万 ~ 6 万元不等，至于配套的培训、维护，不仅贵，还稀缺。旺盛的需求催生出一大批急救培训企业，原北京急救中心医生张元春，被一家名为中援思德科技发展的公司挖去做培训，主讲心肺复苏和 AED。

在这股全民学急救的热潮下，AHA（美国心脏协会）急救标准也被引入国内。林玲还记得，2012 年她入职腾讯不久，公司开始组建内部志愿者团队，她就报了名，还考过急救资格证。林玲的急救资格证在两年后过期了，也不知道该去哪里复核重考。而这时，国内由奥运掀起的急救热潮也在飞速消退，政策推力一离场，整个行业在几年内快速凋零。

张元春的公司撑到 2014 年，实在接不到生意，最终黯然倒闭。他略带惋惜地把 AED 在中国的推广普及比作"一个难看的波形"——奥运会推着 AED 冲到波峰，然后又飞快砸落谷底。几年后，央视记者进行走访调查，发现偌大的北京城竟找不见一方救命的小盒子。

⊙ 4 分钟？腾讯只要 96 秒

没有这个小盒子是会死人的。2019 年 11 月 29 日 13 时 50 分，北京地铁 2 号线内，一名男乘客突发心脏病，该乘客在地铁上倒下后，仍有微弱呼吸。经群众现场紧急救治之后，这名乘客被地铁工作人员用担架从崇文门站车厢内抬出，移至地铁出口闸机处等待 120 急救人员救助。

地铁站内没有 AED 设备，工作人员只能一边听着 120 急救人员的电话指导，一边进行简单的心肺复苏治疗，进行按压和人工呼吸。地铁工作人员拿出的紧急救助包中，没有人工呼吸一次性面罩，多个工作人员只能用普通包扎纱布做隔层。

直到 14 时 12 分，北京急救 120 才抵达现场，急救人员用设备尝试紧急救治，半个多小时后，该乘客被宣告死亡。死者的妻子当时就在旁边，他们原本打算坐地铁去火车站，然后一起回老家，"他出了医院，一口药还没吃，一句话还没和我说，就走了"。

这名男子死后，央视记者走访北京地铁站、商场进行调查，得到的答复均是目前没有配置 AED 设备。遍数北京王府井、国贸等主要商圈，这名记者仅在北京市百货大楼里发现了一台 AED 设备。采访过程中，北京银泰中心有工作人员表示，安装 AED 对于他们来说代表着额外的压力，"没有 AED 设备，大家不会使，没毛病；如果有 AED 设备，大家不会使，可能就会出问题"。

脱离担责的视角，对于大多数企业而言，在没有政策要求的情况下，安装 AED 稳赔不赚——设备只是明面上最直观的投入，员工培训费、使用一次就要更换的电极片等耗材费都是真金白银。

急救专家贾大成指出，一些商场害怕承担过多责任，甚至会回避 AED 设备的投放，"而对于公共场所 AED 采购费用，目前没有明确的规定"。但也有企业主动将 AED 引进职场中。

互联网行业从业者是猝死高发的重点人群。2020 年底，曾经密集发生多起与互联网行业相关的猝死事件。12 月 19 日，上海商汤科技 47 岁的员工意外猝死在公司健身房外；12 月 21 日，43 岁的饿了么骑手韩某某在配送了 33 单外卖后，倒在第 34 单外卖配送途中；12 月 29 日，22 岁的拼多多员工倒在下班路上……

在国内互联网企业中，2012 年就建立了内部急救队的腾讯，早已意识到 AED 的价值。腾讯公司各园区内密集安放着 AED 设备，随处张贴应急码，一旦有人晕倒，周边的人可扫码呼救，中控视频设备接通，楼层保安收到通知，附近志愿者会收到求助短信，确保第一时间赶往救援。

黄金 4 分钟，放在腾讯的职场里已经是最低要求。林玲做过统计，最快的情况下，96 秒内，这套系统就能完成出现紧急情况、上报、调度救援力量、救援队伍抵达现场并启动 AED，进行至少两组胸外按压的急救流程。放到国际上，这个速度也遥遥领先。腾讯内部有员工开玩笑说，如果感觉要晕倒，一定要"坚持走进公司再倒"。

⊙ 把安全网铺向全社会

腾讯总部所在的深圳，是目前国内 AED 普及率最高的城市。

2014 年，一位市民猝死于地铁站之后，深圳启动了"公众除颤计划"，提出在公众场所安装配置 AED，覆盖机场、地铁站、高校、体育馆、寄宿制高中、会展中心、社区健康服务中心等公共场所，以及大型汽车等公共交通工具。

截至 2020 年 12 月，深圳公共场所已配置 5500 台 AED，再加上龙岗区补充配备的 1000 台 AED，深圳的 AED 覆盖率全国第一。按照深圳最新统计的 1259 万常住人口计算，平均下来，每 10 万人的 AED 设备保有率为 51.6 台。而国际上 AED 普及率最高的日本、美国，每 10 万人的 AED 设备保有量分别为 555 台和 317 台。

2016 年两会期间，全国政协委员、中国红十字会副会长郭长江指出："AED 在我国却处于没得用、没人会用、没人敢用的'三无'状态。"要挣脱这种"三无"状态，需要政府、社会组织、企业共同合作，从技术、观念、技能上下手，编织出一张行之有效的社会安全网。

AED 设备的制造技术是最先被解决的问题。当年日本开始推广 AED 时，其 AED 制作技术早已成熟，能把每台 AED 的价格控制在 2 万元左右。而在过去，国内压根儿没有厂家能造 AED，飞利浦、日本光电、美国卓尔等海外品牌占据国内 80% 的市场，一台 AED 售价高达 4 万～9 万元。

后来科技部正式立项，将 AED 项目列为国家科技支撑计划，在政策的支持下，迈瑞医疗实现技术突破，推出首款国产 AED，售价 2 万元，倒逼海外企业同步降价至 2 万元，使 AED 普及有了可能。越过技术门槛之后，国内的 AED 市场上，除了迈瑞，鱼跃、久心医疗科技有限公司与上海光电医用电子仪器有限公司都已经入场，中国人有了价格适宜、性能稳定的国产 AED 品牌。

2019 年那起猝死事件后，北京宣布自 2020 年 10 月 27 日起，启动轨道交通车站配置 AED 工作。截至 2022 年 4 月 25 日，北京地铁站已实现 AED 全覆盖，新开通线路车站也同步完成 AED 配置。

随后不久，《杭州市公共场所自动体外除颤器管理办法》正式出台，AED 被纳入杭州急救资源体系进行统一管理，维护费用则纳入财政预算，为各地 AED 建设提供了制度参考。同时，上海也提出明确要求，要在 2021 年底前完成地铁线 AED 全覆盖。

除了各地政府部门，在推广 AED 设备的进程里也不乏企业的身影：便利店巨头罗森发起"黄金四分钟"公益项目，计划通过公益捐赠的形式，在罗森 100 个门店投放 AED，发挥 24 时便利店的优势；京东公益、京东健康联合鱼跃医疗、北京市众安公益基金会，为全国多所高校募集部署了 100 多台 AED；饿了么和深圳市公共安全义工联会合作，推出约 50 台配备 AED 的智能取餐柜，铺设进深圳中心城区写字楼。

这批企业中，腾讯的投入尤为巨大：腾讯公益慈善基金会向中国红十字基金会捐赠 3500 万元，推进"应急救护一体机"进校园，还打算在公司内部急救系统的基础上，造一套可以覆盖全社会的急救系统。林玲又马不停蹄地加入了这个新的项目，这一次她要和同事们打一场艰难的攻坚战。

⊙ 打造"网约式急救"

这个新的宏大而略显不着边际的项目，对腾讯来说不那么意外。除建立内部急救队和急救系统，2016 年，腾讯和深圳市政府、红十字会以及专业急救机构第一反应一起合作，推出了可以实时寻找最近 AED 的"救命地图"。至此，这套面向社会的系统所需的基本技术，实际上已经有了基础。

内部急救队，代表着培训经验、人员管理经验；急救系统，则是封闭职场环境下人员调度、设备管理的最好练兵场；"救命地图"带来了丰富的外部资源，为项目组的整合和对接带来了参考。一切发生得自然而然。

2021 年 4 月 19 日，腾讯发布第四次战略升级，提出"可持续社会价值创新"战略,并宣布将为此首期投入 500 亿元,设立"可持续社会价值事业部"推动战略落地。随后在南方周末进行的专访中,马化腾表示,希望把公司内部的急救系统捐赠出去。"我们还计划跟一些志愿者联盟合作。有了专业的志愿者和认证医师,如果网络搭起来,就能解决很多的社会应急问题,想想挺美好的。"

实际上,早在 2021 年疫情期间,马化腾就意识到了很多公共需求不能单纯从商业化的角度去满足,经历过"战疫"和河南暴雨援助后,一个新的可能性呼之欲出——发挥技术能力建立开放式的急救网络平台,把社会各界的力量都耦合进去。"包括救援队、志愿者,也可以基于社区、商店,甚至还可以基于陌生人,包括保险公司的销售、快递小哥、网约车司机,等等。"

而身处这套急救系统团队内的开发者们感受到了巨大的压力,急救行业从业者质疑他们是外行,在调研的时候不断泼冷水,社会公众则怀疑腾讯做这么一个公益项目的动机。

实际上,除了企业的社会责任,腾讯来做这件事情的原因并不复杂:有这个技术,也有这个意愿——腾讯具备非常强的研发团队,也掌握业界领先的人工智能等技术,有腾讯地图、腾讯云、腾讯医典等资源,核心能力足以支持完成这样一个项目。"能够去做的时候,为什么不站出来?"

向善实验室群实验产品中心后台研发工程师文小韬(化名)的理解是,腾讯打造这个项目的目标,是将传统的"偶遇式急救"变成精确性、有效性更高的"网约式急救",通过中台和算法,让求助者在发出求救信息后,能匹配上最近的救援力量。

⊙ 最难解决的,是人

当然,构想固然美好,但真的要实现这一步,即使技术能力强大,也需要花费漫长的周期,了解各种不同场景的差异,实现数据积累。

2019 年 6 月底，国家卫健委制定《健康中国行动（2019—2030年）》发展战略，将急救教育提上议事日程。基于《健康中国行动（2019—2030 年）》发展战略，教育部于 2021 年 10 月 20 日印发通知，要求开展全国学校急救教育试点工作，首批拟组织 150 所高中和高校参与，在校园内配备相关急救设施设备与物品，并对学校教师、学生进行急救知识教育和技能培训。

高校也成了腾讯推广急救系统、试水更复杂的社会化场景的第一站。2021 年 5 月 25 日，腾讯公益慈善基金会通过中国红十字基金会，向南京大学捐赠 150 套 AED 设备，并且针对南京大学校园的实际情况，开始建设数字化急救体系。

和滨海大厦项目不同，比起封闭型职场，南京大学属于半开放型场所——校园相对封闭，但又存在教学楼、宿舍楼、图书馆、食堂、操场等多个不同区域，场景的变化需要一套不同的应对策略。

过去，滨海大厦内部的急救系统，需要解决的是内部员工的楼宇搬迁问题，人员流动性相对没有那么频繁。但南京大学的学生们，除了毕业、入校带来的更替，活动轨迹也更复杂，如果一个学生有意愿做急救，需要绑定多个守候点，"没有那么多学生去绑定，急救员绑定的人数不够的话，这套体系运作起来是很难的"。

腾讯的项目组和南京大学校方研究分析后，选择了优先培训流动相对稳定的宿管、行政人员、老师等教职工，然后一步步扩大志愿者群体的数量。要在高校内推进这个项目，关键在于 4 分钟当中如何去调动更多的人来救援，这也是校方最难的一点——人。

⊙ 万里长征第一步

据《人民日报》报道，美国公众的基本急救知识普及率高达89.9%，接受心肺复苏培训的人口占 25%，日本仅中学生急救知识普及率就达到 92%。而中国急救知识的普及率仅为 1%。

北京市急救中心培训中心主任陈志，把社会公众不敢使用 AED

等设备进行救助的原因，归结为害怕法律风险，缺乏相应的知识，以及在急救知识缺位的情况下只能等待 120 急救，"生命过站不停，所以必须在四分钟之内出手，只有你去救，才能谈有多少可能被你救活"。

实际上，相关的制度设计早已在完善。2017 年 3 月，第十二届全国人民代表大会第五次会议通过的《中华人民共和国民法总则》第一百八十四条明确规定"因自愿实施紧急救助行为造成受助人损害的，救助人不承担民事责任"，该条例已于 2017 年 10 月 1 日生效。法律界将这一条例解读为国内的"好人法"，给予急救施救者以法律保障，免除出手施救的后顾之忧。

急救技能的匮乏，依然是限制社会急救力量发展的重要难题。应急救援产品策划及体验设计师杨阳，在调研时发现，国内 AED 设备普及的痛点，除了设备不足、人均覆盖率低，缺乏急救技能也是一个显见的问题，"即便是你有这种意识，你可能也不太敢救"。

针对这个问题，杨阳（化名）和同事们正在尝试将腾讯医典的急救知识搭载进这套系统里，除了在紧急情况下，可以指导施救者正确施救，在平时也可以为公众普及不同情况下的急救知识，尽可能打通社会大众学习这些技能的渠道。

南京大学项目只是一个开始、一个验证。杨阳（化名）说，在实际落地以后，需要收集的数据、了解的场景还有太多，要实现用数据构筑社会安全网的梦想，注定得"死磕"上很久。

南京大学项目成功以后，下一步是去其他高校进行尝试，然后拓展向博物馆、体育馆，形成一个一个的点，到更多的点位、场景中不断打磨，这个过程离不开有关部门、医疗卫生机构的支持。"如果要推向全社会，不会是一个非常快的过程，可能是一个道阻且长这样的过程，还是要先去验证，然后把这个验证试点不断铺开、扩大。"

幸运的是，在校方的支持下，这个项目点目前开展得很顺利。负责和腾讯对接的南京大学老师，先前负责校园内的楼宇管理，对校内各场景的情况都十分了解，从图书馆、教学楼、宿舍楼，再到大型礼堂、运动场馆、食堂等多个场景，逐一评估制订出合理的规划方案。

目前南京大学的这套系统搭建已经趋于尾声，实际投入使用以后，还有更多的工作需要项目组来解决。林玲指出，最紧迫的，就是协调培训资源，培训出更多懂急救、敢急救的志愿者。"如果人人都是急救员，那这套体系不用说了，就绝对随便来，任何的事情我们都能应对。"

四、科学治沙，用数据解决难题

近 40 年，来内蒙古乌海淘金的人只有两个目的：挖煤，或者治沙。重庆交通大学教授易志坚是 2016 年来到乌兰布和沙漠的，他在紧邻乌海市的地方拿到了一块沙漠试验田，易志坚这次要把沙约束起来。

乌海市别名"乌金之海"，地处内蒙古与宁夏交界。三四十年前，乌海遍地煤窑，煤烟和风沙交替，天色只有灰黑和沙黄两种。城外的乌兰布和沙漠，在蒙古语里译作红色公牛，狂烈难驯。周边的城镇都是它冲撞的目标，乌海旁边曾经有不少村镇，比如巴彦树贵嘎查村，原本有百来户人，如今只剩下十来户人家。

仅有 50 万人口的乌海，堪称富饶。托煤矿业发达的福，这里遍地路虎和普拉多，人均收入早早达到小康线。贫瘠和富豪产生强烈对比，整座城市唯一能算作景致的，除了甘德尔山上那座成吉思汗雕像，就只有望不尽的万里黄沙。

⊙ 对抗"红色公牛"近半个世纪

易志坚算不上第一个吃螃蟹的人。治沙这件事，一代代乌海人都在做，或者说在"斗"。1957 年，包兰铁路修到海勃湾，要保证铁路沿线的安全，就要建起防沙固沙带，那时苏联土库曼科学院院士、专家彼得洛夫把草方格技术带了过来，教给当地居民。

整个乌金之海都动员了起来，男女老少没日没夜，顶着风沙把一捆捆麦草运到铁路沿线，用铁锹轧进沙地。沙漠酷烈，烈日下水气蒸发极快，中暑是常有的事，更可怕的是狂风一起，漫天沙尘里人就只看得到个模糊的影子，一旦走失，在苍茫黄沙之中几难幸存。

一年后，包兰铁路通车，修路时建立的治沙站成建制保留了下来，开始对着"红色公牛"发起反攻。反攻的步伐很缓慢，人与沙漠之间的"斗局"各有输赢。

乌兰布和是全国八大沙漠之一，影响的生态范围远不止邻近的阿拉善盟和乌海市，北京的沙尘暴便发源于这里，每年涌进黄河的泥沙里也有上亿吨来自这里。上亿吨黄沙，铺 10 厘米厚，足够覆盖 700 平方千米的地表，盖满北京整个五环内的城区。

在自然的伟力面前，人类实在渺小。而那时，人们所掌握的技术也十分有限，除了草方格，要治沙，几乎只有种树这么一个方式。在"向沙漠进军"的口号下，无数树苗被运送到沙漠边缘，人们满怀希冀把树苗成批栽下，又看着树苗成批死去。

缺少降水是任何治沙手段都绕不开的难题，在平均年降水量不足 300 毫米的地区，天然分布的是草原或灌丛，树木生长所需的雨量和有效积温无法得到满足，成活率便无法保证。

⊙ 举步维艰的天人治沙史

张三爷在乌海治沙站待了 18 年，是治沙历史的见证者。他还记得，为了让种下去的树苗多活一些，站里不得不实行大水漫灌。结果却是，每年栽下的上千亩树苗，最后能成活的不过百余亩。

怎么栽都活不了，有的工人绝望了，索性不再浇水，只管把树苗插进地里，听天由命。几十年过去了，乌海治沙站也只在站点周边栽出一片上万亩的绿荫，仅此而已。

实际上，单纯栽树对沙漠治理的帮助有限，甚至可能形成反作用。地理学家黄秉维院士曾经在《地理知识》第 1 期上发表文章，将干旱、半干旱地区的树比喻成"抽水机"。干旱、半干旱地区蒸发力强烈，一般是降水量的 7 ～ 10 倍以上，没有草本层的有效覆盖，将会造成更严重的干旱，但树木的生态耗水远大于灌木和草本，反而会导致草本层衰退。可以说，在缺乏水资源供给的情况下，单纯植树造林很可能加重旱情。

再者，在干旱少雨、沙化严重的地区，降水和土壤肥力都无法满足树木的生长需要，治理难度大，成本也大，需要大量资金、人力投入进行后续管护，还要遏制当地盲目开垦土地、乱砍滥伐的风气，避免人为破坏与工程建设效果相抵消。治沙要讲科学，不是讲故事，想赢也绝不能靠运气。

2003 年治沙站改制，被要求离开的时候，张三爷还没反应过来。他和妻子被莫名其妙塞了一块地，买断工龄下岗，从工人变成群众，自从张三爷便在乌金之海四处奔波，骑着三轮车跑生活。与此同时，乌金之海开始变了，小煤窑大面积关停，天空偶尔除了沙黄色，也能看见些蓝。

但同时，商业也闻声而来，越来越多的企业涌进乌海，以每亩每年 0.5 ～ 1 元不等的价格，承包下数十万亩期限长达 70 年的沙漠土地。那时，一些媒体把这场奇景称为"沙漠圈地运动"。

这中间少不了纯粹的生意人。他们无利不起早，每亩地的价格再便宜，花出去也是几十万的真金白银，好在这钱很好赚回来。最保险的套路是，租了土地以后做自己的生意，比如化工原料生产或城市绿化繁种育苗，沙是一点没治，反而带来环境污染和大量抽用地下水导致的干旱加剧。

更有人选择有风险但收益更多的模式，就是戴着"沙草产业"的帽子，取得政府项目支持以后从银行大量贷款，再转手投资房地产、矿产开发。为了套补贴，这类"治沙企业"常拿大面积的自然绿化和政府封育的草地、林地，挂上自家"标签"表功。

万里黄沙，在这些人眼里，就是万吨金矿。可沙子终究是沙子，闹剧散场，留给当地人的，还是那片荒凉贫瘠的无边大漠。

⊙ 乌海来了"力学堂吉诃德"

等到重庆交通大学易志坚教授出现在沙漠时，不少人都等着看他的笑话。他带着团队走出实验室，从重庆交通大学来到乌海，在旁边的阿拉善盟沙漠买下一大片沙漠，准备搞生态实验。实验的成本也不高，这里的沙漠一亩只需几百块钱。

点沙成土——这是力学路桥专家易志坚在治沙业界引发话题海啸的"新技术"。有"水变油"在前，"沙改土"这个技术，称呼上让人不得不多加怀疑——把瓷砖胶往沙里一掺，加水搅和以后就能作为耕地使用，对于那些几十年扑在治沙研究上的专家学者来说，几乎轻巧得接近一种羞辱。

面对如潮质疑，易志坚声称，他的项目灵感来源于水泥混凝土。这位重庆交通大学的副校长，是研究力学的。他主攻桥梁、道路工程材料。有一天，他忽然想到，既然水泥可以让沙子有可塑性，那会不会存在一种对环境无害的材料，可以让沙漠里的沙子能够蓄水，也具备可塑性？

他坚信突破口在材料上，他研究出一种植物纤维材料，毒害作用小，早已大规模作为瓷砖胶被运用于普通装修过程里。也就是在沙子里掺胶水，把沙黏合成类似水泥的状态，逻辑确实简单，简单得令人匪夷所思。

在一场学术会上，易志坚播放了一段视频，演示自己试验田里那些改造过的沙粒可以储水。视频中，水下渗得很慢。多数观众不以为然。水泥当然可以储水，但水泥的结构过于紧密，水分、肥料、氧气储存进去，几乎是被固化地装在封闭的盒子里，无法有效流动，更别说还要给植物根系留下生长空间。

如果所谓的沙改土，只是简单延续这个把沙子凝成一团的思路，充其量算是改良出更好的固沙材料，和治沙根本搭不上界。植物生长需要一个完整的微观系统。能支持植物生长的土壤，必须具备两重力学特征：柔性特征是保水、保肥和透气，为植物根系生长提供弹性空间；刚性特征则要能够"抱住"植物根系，维持植物稳定。有了合适的土壤，还要有微生物参与进循环当中，分解营养物质，不断加强土壤肥力，为植物根系提供基础的养分。

在一些持不同意见的教授和院士的眼里，易志坚不可能解决这些问题，毋庸置疑，他就是狂妄的人。此时，易志坚和他的团队却在沙漠种植基地的菜地里，第一次听到了蛙鸣，在沙漠种植基地里来帮忙的少数居民，开始学着烹调沙漠里种出来的瓜果蔬菜。这让易志坚更加坚定了"沙变土"这个乌托邦式的理想，无论自己是否看起来有点像堂吉诃德。

⊙ 谁有勇气证实沙漠不缺水

关于外界对土壤力学特征的疑问，易志坚在自己熟悉的领域内很快做出了回应：他拿出照片和样本，展示试验田里生长出来的高粱，展示一片绿色和周围万里黄沙的对比。在座的专家们依然不信，说："沙漠里面有水就能长植物。"意思是，用一个盆子将沙子储存起来，沙子只要不散，也可以种出东西来。

但沙漠里的生态环境要复杂得多。动辄几十上百米深的沙层，水分每分每秒都在飞速下渗、蒸发。保水是沙漠治理最大的痛点，只要可以减缓沙地水分流失的速度，形成适合植物生长的湿润土层，在自然环境下，配套的微观生态很快就会形成。

改造过的沙地，改变肉眼可见。到处都是明显的微小褶皱，用手指可以轻易在沙地表层上接起一片薄薄的皮状结片，这是生物结皮，微生物活跃作用下才会出现的产物。

泥土和微生物的问题是解决了，但专家们对易志坚提出了一个致命的指控。在干旱少雨的沙漠上，用水才是最大的黑洞。沙漠里虽然地下水系丰富，但生态状况十分脆弱，而农耕用地和林地一样，都是吃水大户，大量灌溉如果运用地下水，一样会造成局部生态恶化，加剧干旱。

眼见都不为实，只能靠数据自证清白了。他发现自己的沙漠"土壤"比起当地普通的农业、林业用地要省水得多——每亩地只需要400立方米的灌溉用水量，比当地每亩550立方米的节水线都低。

数据背后沙子结构的变化，直接让植物的生长情况发生改变，根系有了宽松的生长空间，变得十分发达，能更好地利用下渗的水分，反过来进一步加强耕种区域的储水能力，灌溉用水也因此大幅减少。

在蒸发量巨大的沙漠中，这6000多亩试验田，不需要大水漫灌保证泥土的湿润度，只需要不断在表层土壤快晒干的时候，用平移喷灌机少量补灌6毫米的水量，保证表层土壤湿润。一般来说，平移机每次低于25毫米的灌溉都被认为是无效降水，但在实际运用里，这每次6毫米的水量足以让生长在改造沙土上的植物繁盛起来。在这块"沙漠改造探险"实验场，大数据就像一条光束，伸向深不见底的未知洞穴，也通向未来世界。

⊙ 互联网第一次沙漠种瓜果

腾讯云为易志坚团队提供了云计算技术支持，他们之间的"红娘"是一篇报道。腾讯云副总裁钟远河，一直在寻觅和云计算结合同时又能造福社会的项目，看到关于易志坚团队沙漠改土的项目报道后，他的好奇心"啪"地一下就起来了。

报道里说，易志坚改造后的沙漠瓜果飘香，蛙鸣不断。钟远河决定眼见为实，他派人在试验田里安装不间断摄像头，划出地块做对照试验，还取走了约束治沙材料到深圳验证有效性。

腾讯云数据中心高级工程师刘灵丰被派去重庆，与易志坚团队碰面，最后带了一部分约束材料回深圳。她把这种约束材料放入沙中，对比没有改造过的沙，她在深圳竟然种出了生长情况明显更好的大蒜。工程师种蒜背后的故事很少有人了解，腾讯作为一家众所周知的互联网公司，早已入局"种植行业"。

2018 年 3 月，荷兰瓦赫宁根大学发起国际人工智能温室种植大赛（Autonomous Greenhouse Challenge），比赛的挑战目标，是在 4 个月内生产出高产量、高资源利用率的黄瓜作物。参赛团队被要求利用传感器和摄像头，获取温室气候、作物发育情况等数据，再加入自己的模型或机器学习算法，远程控制作物生长。同样瞄准农业机会的微软（Sonoma 队）、英特尔（Deep_greens 队）等来自 15 个国家的 14 支团队参与了这次大赛。

比赛中，腾讯科研团队根据植物学、生物学和物理学等相关学科知识进行建模，建立起模拟气候环境和作物生长的仿真器。随后开创性地搭建出一个农业人工智能系统，通过创新的强化学习方法，将 iGrow 农业专家的知识和经验自然地嵌入仿真器中，使人类专家能够在种植密度、灌溉施肥、打顶剪枝等方面最大限度地提升作物产量。

2020 年 6 月 10 日，腾讯再次宣布了在农业领域的进展情况。腾讯 AI Lab 借助国际人工智能温室种植大赛中自研的人工智能算法和技术经验打造的种植方案已面世，当年落地中国农业大省辽宁，在辽宁试点的第一期小番茄试点迎来"小丰收"，每亩每季净利润增加数千元。

"种番茄""种黄瓜"的方法经验持续影响腾讯、易志坚在阿拉善沙漠的农业种植实验。腾讯云方面希望通过传感器技术，高频密度采集空气 / 沙土温湿度、二氧化碳浓度和光合有效值等多种环境数据，加上强大的数据计算能力做大量种植模拟，印证易志坚团队对沙漠进行"土壤化改造"后的最佳种植决策。目标很简单，他们想在不同沙漠环境下大规模复制改造种植的可能性。

⊙ 腾讯意图给全球沙漠插 U 盘

科技巨头和治沙新贵携手的契机是规模化智慧农业，在沙漠里种植农作品，不再是他们的"小目标"。目前易志坚的沙漠试验已经有了被复制的可能。除乌兰布和沙漠，在新疆和田、四川阿尔盖、海南三沙，甚至遥远的阿联酋阿布扎比，他们已经开垦了 1.7 万多亩实验用地。

问题也接踵而来，天南海北的试验田，加上规模庞大，要实现有效管理，必须依靠数据化手段。比如不同试验区域的土壤酸碱性、土壤干湿度、气候变化、风力变化、植株生长情况、灌溉水量等，需要根据具体情况随时应对与调整。但这些数据如果还像过去一样，靠研究者带着尺子、试剂、仪器，走到哪测到哪，需要耗费的人力、物力和时间将是巨大的。

腾讯的技术队伍入驻以后，提出了一个便捷的解决方案，通过往乌兰布和 6000 多亩的沙改土试验基地里，安装数千个传感器，组成一张精密的巨网，高效、实时地完成试验田数据的收集。这就像在漫天黄沙里插了一个巨大的 U 盘。

有了数据，存储、处理、使用也需要配套解决。易志坚团队使用的高光谱成像仪，一张照片的大小就在 350M 左右，几天就能塞满一台普通双核笔记本电脑的内存，至于基地使用的田间植物表型采集系统、高光谱采集系统、全时视频监控系统，这些环境感知系统数据规模，保守估计每天至少在 1T 以上。

要移动这些数据，靠网络是不现实的，在腾讯搭建边缘计算中心之前，他们只能用硬盘复制，要么寄快递，要么亲自坐飞机带回实验室。更耗费时间的是运算，800MB 左右规模的上述数据，用个人电脑处理，就算应用深度学习的框架，也要在迭代计算这一环上"跑"整整三天，等数据"跑"完，田地里的情况很可能已经发生了变化。

腾讯云数据中心为易志坚团队设计了专用的边缘一体柜，搭载上适应沙漠地区的散热、防尘模块。通过边缘计算，解决了数据接收、清洗、筛选以及计算和存储等难题。这个比普通人家衣柜还小的柜子里，塞进了五千多虚拟核的算力，1 个小时可以完成以前一台普通电脑数月才能完成的计算工作，存储的数据需要塞满数百平方米的房间。

处理过的数据被上传到腾讯云，供团队成员随时调取和使用，易志坚团队能够在全世界任何一个有网的地方，通过云端及时了解、干预试验田，随时连线农业专家，对田地里作物的生长问题进行会诊。

从 2019 年起，腾讯和重庆交通大学团队开始着手开发全球性的沙漠区域环境数据公共平台，目标是为全球科研人员提供公共数据集，为研究沙漠对全球生态系统的影响提供有价值的研究资料。在合作中，腾讯为项目提供了包括数据接口、开源组件在内的技术支持服务。

万里黄沙里淘金，如夸父追日，艰难跋涉的易志坚们还是日复一日地与天地缠斗。60 多年来，距离北京 1028 公里的乌兰布和沙漠，最大的变化是沙子开花、荒漠有了互联网信号。

五、数字化养猪，再造养殖新模式

猪肉价格"跳水"，进入新一轮猪周期，养猪企业哀声一片的时候，壹号土猪母公司"壹号食品"广州总部的会议室里，陈生和陆步轩笑得很坦然。

在这波浪潮里，壹号土猪提前做了预案，安全着陆——北京大学经济系毕业的陈生根据周边产业的数据，提前预判了猪价走势，加上多年的品牌化运营依销定产，甚至在市场出现波动前，陈生还在期货市场里做了些准备，在这股"跳水"浪潮里逆风赚了几个亿。

拿着手机，看着企业微信里调研团队汇总来的各种数据，陈生笑着说："我说过，要把猪肉卖出北大水平。"

⊙ 为猪搭建一套数字系统

陈生的手机里藏着很多商业机密，比如壹号土猪饲养场里的母猪们什么时候发情，什么时候生崽。帮陈生搭建起这套数字化细致到监控母猪预产期的人，是陈巍——从科技公司"跳槽"来的高科技人才。

规模巨大的猪场里往往同时有几百上千头怀孕的母猪。关键的是，母猪产崽常常是在半夜，这时候养猪人已经睡下了。对养猪场来说，是否能精确预知母猪产崽时间，直接关系到产崽率和健崽率，以及整体的收益率。

陈巍算过一笔账：假如 1 万头母猪，每头猪一年可以多产 2 ～ 3 个猪崽，那么一年就可以多产出 2 万～ 3 万头猪。这就是数字化的威力。这个难题被摆在了陈巍面前——如何通过数字化为生产端提升效率。作为壹号土猪的信息化工程技术中心负责人，陈巍的业务方向是落到实处、可操作的数字化。

2012 年来到壹号土猪后，他搭建起一整套数字系统，在这套 ERP 系统下，壹号土猪的流程管控开始向线上转移。以生产日报为例，在系统里，壹号土猪每天的存栏数，每种猪型的存栏数，每天有多少头母猪怀孕、生产、哺乳，都记录得一清二楚。母猪的预产期，理论上也可以进行精准计算。

但有了工具，还需要喂养工具。作为我国最大的地方猪养殖企业，壹号土猪坚持垂直一体化经营管理模式，研发、育种、养殖、配送、销售等各个环节，壹号土猪都深度参与其中。这套模式是壹号土猪有效把控生产环节的优势，但也造成了数字化进程里的海量工作——巨大的团队、海量的数据、繁复的层级，如何使庞大的体量在数字化的高速上行驶，是壹号土猪在发展过程中需要解决的问题。

每个养殖基地的养殖、财务数据，需要由基层员工收集后层层上报，最终录入系统，在这个过程里，信息滞后等问题时有发生。这一点，陈生等高管也能直观感受到，即使有了 ERP 系统，若遇到高层领导出差，尤其去到偏远养殖地方，不便于随身携带电脑，流程审批依然不能如期完成。

搭建流畅的信息渠道，这数字化进程中最关键的一步，直到 2016 年，壹号土猪才算真正实现了。帮他们实现的，是企业微信。

⊙ 两个"北大猪肉佬"相遇了

壹号土猪一直是行业里的"异类"。早在建立之初，这家公司的路数就和其他养殖企业不太一样。这点，从两个创始人陈生、陆步轩身上就能窥见端倪。

"北大猪肉佬"陆步轩和陈生的第一次相遇是在广州。彼时的陆步轩顶着"北大"的名号混迹江湖，陈生则是刚入局养猪行业不久，他以后来者的身份，邀请这位北大校友一起开办"屠夫学校"。

陆步轩的人生可谓跌宕起伏，恢复高考后陆步轩进入全国顶尖的高等学府，毕业后被分配到西安市长安区的柴油机工厂，后来又调任计经委当文员。但每天埋着头写材料的日子，让陆步轩越过越憋屈，等改革开放的大浪传到西安，他几乎没怎么考虑就一个猛子扎进了市场经济的海洋里。

那是真正万众创业的黄金年代，无数商业巨子在那时开始腾飞。不过，北大才子陆步轩的经商之路，实在过于坎坷——开过小卖铺、做过服装和装修生意，无一例外血本无归。抽烟、喝酒、打麻将，成了这位落魄才子生活的全部，老婆看不下去了，干脆和他离了婚。

2000 年，在第二任妻子的鼓励下，陆步轩在西安租了个小档口，干起"成本低、回本快"的猪肉摊生意。那是他最落魄的几年，陆步轩连报纸、杂志都不看，绝口不提北大，以"文盲屠夫"的身份混迹市井之间。

他还是被人认了出来，然后被媒体的"长枪短炮"包围。嘲讽和声讨汹涌而来，无数走进底层的名校毕业生都被翻上了台面，海归卖红薯、北大硕士卖米粉、清华毕业生卖肉夹馍，舆论对他们展露出赤裸裸的恶意。

但也有人不这么想。在陆步轩的经历被报纸放在显著的位置后，上千公里外的广州，同样北大出身的陈生受到启发，决定进军养猪这个古老的产业。2007 年，壹号土猪横空出世。养猪、杀猪、卖猪，陆步轩是专业的，而接受过良好教育的陈生很清楚，专业的事情就要交给专业的人做。

⊙ 要实现规模化养猪

卖猪肉，不是谁都能做好的。当初陆步轩在西安的小档口，就成功实现了一天卖 12 头猪的销售量，月收入比那些去采访他的大报社主编都多。

在过去，几千年农耕文明的滋养，让农业的专业性被长久的忽视，直到城市化、工业化进程大步向前，人们才注意到它的存在。在"三农"问题专家温铁军看来，中国经历过八次农业危机。在城乡二元对立的基本格局下，工业化、城镇化以及整个体制的改革所产生的制度成本，都转嫁给了"三农"，城市的产业资本才得以实现"软着陆"。

而那些无法直接向农村转嫁的"危机"，不可避免地在城市"硬着陆"，引发政府财税金融乃至整个经济体制的重大变革。可以说，大国的工业发展史，也是农业的负重史。在《八次危机——中国的真实经验》一书中，温铁军极富洞察地提出，中国的农业承受了工业化进程的数次阵痛，这也是中国农村长期贫困的主要原因。

要解决这个困境，工业、信息产业的反哺不可或缺，这也是陈生和陆步轩要抓的一个重点：把养猪规模化。势要把猪肉卖出北大水平，有了方向，两个"北大猪肉佬"立刻行动。

在壹号土猪的湛江基地，一个人可以同时饲养一千多头猪，彻底砸碎了传统养殖产业的效率上限。干净的饲养场里，运转着最先进的温控设备、风机……全球顶尖的制造业成果汇聚一处，成为中国的农业生产力。从零做起，反而让中国企业具备了强大的后发优势。陈生毫不掩饰自豪之情，拍着胸脯说："我们的养殖端，是地球上最好的。"

规模化是现代农业发展的必然。2018年全国家庭承包耕地流转面积高达 5.39 亿亩，是 2010 年的 2.88 倍；2016 年第三次全国农业普查结果显示，耕地规模化耕种面积占全部实际耕地耕种面积的 28.6%，规模农业经营户农业生产经营人员为 1289 万人。

在国内，牧原、壹号土猪、新希望等企业是规模化养殖的重要推力，而种植行业规模化的趋势同样突出——不仅中粮、中棉等企业，就连村县的合作社都在尝试推进规模化，由此产生了奔波在各地的收割队、无人机打药队。但摆在这个有千年历史的行业面前的，还有另一个关键的难关——销售。

⊙ 数据带来的挑战

每天拉多少猪？每个档口如何分配？这些问题看似传统平常，但数据越是精准、及时，效益就越能得到提高。

2011 年，壹号土猪的档口总数在 300 个左右，分布在超市、农贸市场。这些档口有一个共同点：都在城市。而养猪的基地基本上都在远离城市的郊区甚至乡村。比如壹号土猪最大的湛江养殖基地，就离广州有足足 400 多公里。

陈生曾做过精确的统计，生猪拉到屠宰场，每多放一天，屠宰率就会下降 2%。屠宰率的下降意味着猪肉的损耗，也意味着利润的流失。用陈生的话说：如果你差两天，就基本上赚不到钱了。

在长途运输的情况下，若遇上极端天气（高温、暴雨、大风等），生猪的损耗率会更大，要把这笔账算明白，调度者不仅要清楚地知道每个档口的实时销售量，还得准确预判天气等环境因素对生猪的影响。

另一个挑战来自财务。在壹号土猪的过往体系里，档口卖完猪肉后，第二天两点钟之前，就要把账款汇到总部。而在当时，检测他们是否汇款的唯一途径，就是查银行流水。可以想象，300 多个账户，开户行又不统一，财务核实成了一个繁重的任务。事实上，因为肩负着重要使命，农业这艘大船行至今日，提升效率迫在眉睫。

⊙ 一种新的商业模式诞生了

2016 年，移动办公刚刚兴起，载体的问题迎来颠覆性的改变。那时，许多做移动办公的团队找上门，陈生选了企业微信，壹号土猪由此迎来新时代的变革。

在此之前，陈巍没有想到，原本一个月才能完成的审批流程，在企业微信上只需要两天。他更没有想到的是，在企业微信里，哪怕是一个养猪场的基层员工，也能直接与老板对话。通过企业微信，实习生跟董事长进言献策这种过去不敢想象的事情，如今真切地发生了。

壹号土猪的基层技术员李闯，对企业微信的预警功能印象深刻——每天与土猪打交道，他最关心的就是土猪的身体状况，有了预警功能后，李闯能第一时间看到母猪的异常情况，无论是饲料超标还是兽药超标，都能得到及时的提示。

过去，这些情况只能依靠饲养员的肉眼观察，一个人要巡查几千头猪，效率并不高。关键的是，这些曾经需要通过手抄的方式再录入电脑系统的信息，如今只要一台手机，普通农户也能完成数据采集。

在企业微信上，所有的数据采集都可以随时随地进行盘点。在壹号土猪的企业微信上，每一头母猪都拥有专属的档案卡。技术员随时随地都可以核实这头母猪的档案情况，有问题动动手指就能进行修改。

数字化带来的降本增效，不止于此。2011 年，壹号土猪有 300多个档口的时候，财务人员是 80 多人。时至今日，壹号土猪的档口已经有 2000 多个，财务人员却只增加了 20 多人。

除了提升内部效率，陈巍发现企业微信还带来了某种可能。他曾经思考过很久，即使一年的营销费用可以从 3000 万元降低到 2500 万元，降低成本也是极有限的，"解决不了，我们公司一年怎么从 20 个亿（元），做到 30 个亿（元）、40 个亿（元）"。

过去，壹号土猪的推广是靠私域流量，每个档口的老板都会建立一个微信群，群里基本上有 300 ～ 400 个客户，档口的老板每天在群中分享优惠信息等链接，提高群的活跃度和转化率。这样的模式有一个致命的问题：一旦档口老板离职，微信群也会被带走，客户随之流失。企业微信解决了这个问题，壹号土猪接入企业微信后，这些群全部变成公司资产，离职员工根本无法带走。

而且在企业微信的群里，还有半自动化回复功能，无论是客户询问优惠信息还是投诉，都会自动弹出一个投诉链接，甚至还有自动的物流配送提示。如此一来，一个完整的"私域流量池"就构筑完成了，一种新的商业模式也就诞生了。

⊙ 用先进的数字技术改变养猪业

陈生和陆步轩看得更远。在他们的构想中，壹号土猪要和腾讯一起打造一个新的系统，借助企业微信与整个微信生态，再造一个营销模式。

陈生举了直播带货的例子，一个头部带货主播一天就能卖货 10多个亿，这在传统的商场中是无法想象的。

实际上，天地壹号的零售端早已和企业微信结合，开始建立起由小商家、服务员到顾客的巨大营销网络。按照陈生的构想，这也是壹号土猪未来会逐步迈进的方向。

2021 年 4 月，"数字中国筑塔计划"正式开启数字化标杆案例的征集，"壹号食品"首批报名加入。针对入选企业，北京大学与腾讯将开放双方在学术、产品及技术等方面的优势资源，助力企业加速数字化转型、梳理沉淀经验，为中国经济高质量发展提供源源不断的创新动力。借助先进的数字技术改变养猪业，打造智慧农业，是"壹号食品"的希望，也是腾讯和北京大学的希望。

想到通过私域流量可以打开广阔的市场，陈生又操着那口广东味浓厚的普通话感慨起来："哎呀，腾讯的马老板太厉害了！"

六、助力打造智慧水利系统，增加海绵城市的韧性

2020年10月25日凌晨4点，一只皮毛发亮、眼睛圆圆的小物种闪现在深圳福田红树林生态公园，后经专家对红外相机拍摄的影像分析和现场痕迹采集，确定这只小物种为国家二级保护动物欧亚水獭。

在此之前，这一物种已经在深圳消失了10年。水獭作为淡水生态系统的顶级捕食者，对栖息地破坏和污染十分敏感。水獭的"归来"，意味着红树林已经重新建立起一个完整而健康的湿地生态系统。

这背后，海绵城市的建设功不可没。海绵城市建设，这个概念来源于2012年4月的低碳城市与区域发展科技论坛，指综合采取"渗、滞、蓄、净、用、排"等技术措施，使城市能够像"海绵"一样，在适应环境变化、抵御自然灾害等方面具有良好的"弹性"。

过去，在38公顷的福田红树林生态公园里，只有海水，没有淡水。而淡水，对这里动物的生存至关重要。为此，生态公园进行了改植被、修建缓冲带、加装雨水管、铺设透水砖等各类海绵建设，最终成功将雨水汇集到蓝云湖。通过对自然雨水的利用，海绵项目每年可以为公园补给40万立方米的淡水。

现在，这一成功经验被整合到了深圳的智慧水利项目中，借助大数据、物联网等新技术，推广到其他海绵项目中。智慧水利系统带来的改变正逐步展露。当然，目前的智慧水利还很稚嫩，需要更多的数据积累和发展完善，也需要更长时间进行升级。

⊙ "会呼吸"的城市

2014年5月11日，深圳遭遇了2008年以来最强的特大暴雨袭

击。早上 6 点到中午 11 点，深圳全市降雨量达到 136 毫米。暴雨期间，2500 辆汽车被淹，约 50 个片区发生内涝。一夜之间，深圳成了威尼斯，市民出行得用橡皮艇。

如果把时间拉长，整个 2014 年，深圳下了 16 场暴雨，数十人丧生，损耗不计其数。"暴雨致涝"的舆论之火，炙烤着这座年轻的现代化城市。

深圳内涝不断有自然的原因。广东省气象局的专家就曾指出，这些年来极端天气出现的频率升高，动不动百年一遇、千年一遇，城市管网系统很难应付。但问题还在更深处。作为改革开放的前沿，深圳极其注重效率，"三天一层楼"的深圳速度曾让世界惊叹。在城市快速发展的同时，深圳忽视了对防洪排涝体系的建设。

用当时深圳市水务局排水管理处调研员陈筱云的话来说："这是撤销深圳市水电局 9 年多来的教训和代价，也是未重视防洪排涝而大规模开发建设 10 年后暴雨对城市的警示和报复。"这也暴露出在当时的城市建设过程中，"重地上、轻地下""重面子、轻里子"的问题普遍存在。

20 世纪 80 年代，深圳建市初期采用了苏联的城市建设理念。苏联降雨较少，排水管道标准较低，导致深圳排水管道的建设没有充分考虑未来城市的发展。尽管在 30 多年的时间里，深圳陆续修建了 13 700 多公里的下水道，但遇到特大暴雨，这些管道仍旧不能及时将雨水排出。排水设计标准偏低和城市排水能力不足，是当时深圳暴雨内涝的重要原因。

在连续的内涝风波和舆论压力之下，深圳开始探索新的解决路径，海绵城市建设就是其中之一。2016 年，深圳成为国家第二批海绵城市建设试点城市。在构想中，深圳要打造一个"会呼吸"的城市，让城市可以像"海绵"一样吸收和释放雨水，弹性地适应环境变化，顺应自然环境、尊重自然环境，达到"小雨不积水，大雨不内涝，水体不黑臭"，缓解城市的"热岛效应"。

海绵城市建设在深圳搞得风生水起。与此同时，另一个问题随之出现：今天的深圳，有大约 4000 个海绵项目，涉及江河湖海、山岭、公园，种类复杂、涉及单位广、时间周期长，难以统筹管理。

转变的契机出现在 2019 年。这年 12 月 11 日，广东粤海珠三角供水公司、深圳市科荣软件股份有限公司，联合腾讯云签署了珠江三角洲水资源配置工程调度监控中心一期项目合同，腾讯云成为首家涉入水务行业的云厂商。

根据协议，未来 5 年，腾讯云将参与珠江三角洲水资源配置工程调度监控中心一期项目建设，推动该项目智能化、标准化、示范化建设，通过建设生态智慧水利工程，解决广州市南沙区、深圳市和东莞市经济发展中的缺水矛盾，为粤港澳大湾区其他城市提供应急备用水源。在这个项目当中，深圳是一块难啃的硬骨头，也是重中之重。

⊙ **技术的作用**

2020 年 6 月，深圳市智慧海绵管理系统正式上线，这个系统是由深圳市海绵城市建设办公室牵头建设，腾讯云参与其中并提供技术支持。

技术给深圳海绵城市建设带来了更多的可能，腾讯云在这个项目中整合了平台产品 City Base、智能物联网和大数据等新技术，打通气候、水文、规划等不同部门的数据后，海绵城市建设真切改变着这座城市的水利条件。

在深圳，雨水花园是最常用的海绵设施。下雨的时候，它们能汇聚和吸收雨水，并通过花园里植物和沙土的综合作用净化雨水，使之逐渐渗入土壤，涵养地下水。而智慧海绵管理系统可以在方案设计之初就介入，为建设方提供具体的建议。甚至雨水花园里的植物种类和种植密度，或者周边的径流组、铺设的透水砖需要选用哪种表层材质和厚度等，都可以提前规划。

这套系统可以模拟计算出不同降雨条件下，各个海绵项目可以达到的年径流总量控制率，项目区域的排水管道、雨水口等汇流情况，以此来预测该片区的海绵设施是否达标，以及可能遭遇的水浸问题、地面径流情况等。

另外，这套系统还融合了海绵城市建设项目全过程数据、海绵达标片区绩效监测、易涝点情况、水体水质等海量数据，形成了"海绵建设一张图"，方便政府管理部门直观、全面地掌控海绵城市建设情况，还能对海绵设施的设计、施工、运维全过程进行智慧监管。

就在几年前，对"一雨成涝"的深圳来说，这些都是不可想象的。而随着接入的数据越来越丰富，大数据分析模块不断进化，路面积水、城市内涝的治理能力不断提升。如今深圳市智慧海绵管理系统已经覆盖了深圳的福田新洲河片区、光明凤凰城等多个重点片区，为深圳的海绵城市建设提供智慧化评估分析报告，辅助城市管理者进行科学管控。

随着经济的发展和技术的进步，中国的抗洪能力已经有了质的飞跃，在某些地方甚至超越了西方国家。

在中国互联网上，一直流传着这样一种说法：德国侵占青岛17年间，没修别墅，没盖大楼，没搞布满喷泉、鲜花和七彩灯光的广场，却费九牛二虎之力把下水道修了。100年以后，全中国都看见了一个从来不被水淹的青岛。

实际上，青岛"不怕淹"的背后，大部分是中国人自己的功劳。新华社曾做过实地探访，得到的真相是，青岛下水道，"德国制造"的管网如今的占比不到千分之一。之所以极少发生严重的城市内涝，除了特殊的自然地理环境、温和的气候水文条件，更在于排水系统的日益完善。

城市排水管网系统建设方面，青岛的投入力度以及建设标准和密度，都在国内处于较高水平。青岛也引进了海绵城市建设。和郑州、深圳一样，青岛也在国家海绵城市建设试点行列，获得了中央财政补助资金12亿元。在规划中，到2025年，青岛50%的城市建成区要变身"海绵城市"。

⊙ "海绵城市"失灵了？

但海绵城市并不是万能的。2021年初，在某问答类社群上，一名郑州的地理博主回答了"郑州会发洪水吗？"这个问题："不会，现在河南许多河流水量相比10年前大大减少，芷江的一些河流已经切断了它们的流道，主渠已经废弃，又变成了农田。"

在中原大地，洪水是一个很遥远的词，网络上的这个问题也一度被看成是"杞人忧天"。但谁也没有料到，一天之内，不可能变成了现实。千里之外的洋面上，2021年第6号台风"烟花"，将太平洋的水汽源源不断送往中国北方。丰沛的水汽遇山成雨，郑州一夜成海。

2021年7月20日16时至17时，郑州一个小时的降雨量达到201.9毫米。很多人对这个数字没有概念，当时有媒体做了一个比喻：150座西湖的水，在1小时内全部倒进了郑州。7月17日到20日，郑州三天的过程降雨量达到617.1毫米，这几乎相当于郑州过去一年的雨量。

从气候学的角度来看，无论是小时降水还是日降水的概率，都是超千年一遇。"一场暴雨似乎打破了这个神话。"这是国外媒体在报道郑州暴雨新闻时，针对"郑州曾投入逾500亿人民币建设海绵城市"附上的评论。

5年前，郑州成为海绵城市建设试点城市，3年前当地提出投入534.8亿元用于海绵城市建设。但面对如今的特大暴雨，海绵城市似乎"失灵"了。围绕着"海绵城市"是否有用，一场中国"治水"能力的大讨论再次被掀起，但在陈前虎看来，这样的大雨面前，对"海绵城市"的质疑显得有些苛刻。

作为浙江工业大学海绵城市研究中心主任，陈前虎非常清楚，此次河南遭遇的大雨灾害极为罕见，不是海绵城市能解决的。郑州在2016年入选河南省海绵城市建设省级试点，当时，郑州对其城区的内涝防治设计重现期为 50 年一遇，其他规划区为 20 年一遇。换句话说，面对这种"千年一遇"的大雨，哪怕郑州的海绵城市完全建成也无济于事。

"海绵城市"并不是第一次遭到质疑。2016 年汛期，30 个海绵城市的试点城市中有 19 个城市出现内涝，有人因此认为海绵城市试点失败了。当时住建部官网就发文指出，海绵城市建设不会立竿见影、一蹴而就。

从技术层面来说，海绵城市解决的是中小雨的径流蓄滞问题，以促进城市地表径流的就地下渗和雨水可持续循环。陈前虎指出："海绵城市不解决暴雨（引起的内涝）问题，这是天灾不是人祸。"换句话说，海绵城市在设计之初，主要功能就不是"排水"，而是吸收雨水，改善污水。

中国水利学会减灾专业委员会特聘专家、华南理工大学水利工程系教授黄国如，把我国的海绵城市建设体系拆分为四个步骤：源头控制系统、管网建设、调蓄设施和水利防洪设施。

其中的第一步——源头控制系统，主要包括下凹式绿地、透水铺砖、绿色屋顶等，是狭义上的海绵城市。这套系统是为了净化水质，而不是为了解决内涝问题，只能缓解 2 年一遇或 5 年一遇的暴雨。

实际上，就算是四步全部完成，海绵城市也仅能应对 30 年、50 年甚至 100 年一遇的暴雨。我们不得不面对的一个事实是，在特大自然灾害面前，人类依然很渺小。但即使渺小，人类也一直在对抗着灾害前行。

⊙ 搭建一条数字黄河

与洪水的抗争贯穿了中国文明史。当印度洋的西南季风、太平洋的东南季风，与中国的地貌、水系一结合，洪水就成了常客。在世界范围内，印度恒河流域、中国长江流域、越南湄公河流域，同为当今全球洪水泛滥风险最高的地区。

以黄河为例，有记录的水灾就达 1500 多次，重要改道达 26 次之多。而长江流域仅有记录的水灾就达 200 多次。在中国古代，每一次大水灾都能让无数民众流离失所，大水灾带来的后果不亚于一场大型战争。哪怕到了近现代，洪水的威力依旧堪称恐怖。

国泰君安证券研究所曾对中国自 1998 年以来的 5 次大洪灾做过分析，研究显示，历次洪灾造成的直接经济损失占当年 GDP 的 3%以下，随着经济体量以及防汛能力的提升，到 2016 年，洪灾对全年的经济影响已不足 0.5%，因灾死亡人数也得到明显控制。

抗洪能力的提升，本质上是认知和技术的进步。2003 年，黄河水利科学研究院的一号科研楼里，成立了一支神秘的特殊小队，和以往以水利专家主导的部门不同，这支由年轻人组成的 16 人小组，出现了程序员和数学系高材生的身影。

在"以我为主，博采众长"的口号下，他们搭建出一条具有自主知识产权的数字黄河，黄河水利科学研究院的黄河超级计算中心机房里，治黄现代化所必需的黄土高原土壤侵蚀模型、水库调度模型、黄河下游河道水沙演进模型、河口模型等一系列数学模拟系统的建设正紧锣密鼓地推进着。

这条数字黄河，实现了黄河下游二维模型等空间大尺度模型的并行计算，通过黄河超级计算中心，为黄河流域中尺度数值天气预报和二维 / 三维水沙模型计算提供了高效能计算环境。当数字建构的大河在服务器里流淌着，人类再一次向黄河发起挑战。

⊙ 智慧化治水模式

黄河水利委员会提出，到 2020 年，要基本实现治黄水利工作信息化，基本实现水沙情势可感知、资源配置可模拟、工程运行可掌控、调度指挥可协同。简单来说，在虚拟空间塑造一条奔涌的大河只是开端，他们还要让这条大河"活"起来。

这不是一个小工程。作为数字黄河到智慧黄河重大蜕变的见证人，中国工程院院士、河南省时空大数据产业技术研究院院长王家耀，把这套系统称作"黄河的大脑"："参照人脑的机理，黄河大脑也有感知系统、存储系统和操作系统。"

这套系统将通过天空地海一体的智能感知传感器网络获取信息，感知黄河，资源池里存储管理着包括基础地理时空数据、各部门行业数据和科技咨询信息数据在内的时空大数据资源，通过时空大数据平台"动脑"、思考和决策。

在启动智慧黄河项目之初，第一个难关是人才。按照智慧黄河的建设需求，除了水利专业和信息技术专业的成员，团队还需要引进经济、化学、生态、生物等方面的人才。时任黄河水利委员会主任陈小江提出，团队需要什么样的人才，就要提供和培养什么样的人才，在引进新人才的时候，一定要通过和国内外的深度合作，调整现有人员的知识结构。

接入社会力量是解决人才问题的路径之一。在智慧黄河建设过程中，除了黄河水利委员会自身的专家团队，来自企业的技术支持也为这个意义深远的项目带来了推力。

在物联网、大数据、云计算、人工智能、互联网数据服务等领域，靠原有的团队重新造轮子，无疑浪费时间和人力成本，但在这些方面，科技企业已经具备了足够的经验积累，以及现成的技术框架，可以直接拿过来"为我所用"。

比如和黄河水利委员会达成合作的腾讯云，就带着大数据实时可视交互系统（Ray Data）数据实时渲染技术入场，实现云数据实时图形可视化、场景化以及实时交互，让相关工作人员更加方便地进行数据管理与使用。

除此之外，针对疫情期间的安全需要，腾讯还为黄河水利委员会开发了健康上报、远程考勤打卡等应用功能模块，并通过政务微信、视频会议等远程办公技术为黄河水利委员会构建出专用的协同办公系统。

截至 2021 年 6 月，智慧黄河信息平台基本框架已经建成，信息化管理系统已经覆盖黄河干流，距离驯服这条奔涌千万年的大河，人类又往前走了一步。

⊙ 技术进步是后盾

仅仅依靠现在的智慧水利系统要完全抵抗极端天气，还为时尚早。但对于现代化城市来说，智慧水利系统不可或缺。

这一点在很多国家都得到了验证。英国为了解决水资源短缺问题，鼓励在居民家中、社区和商业建筑设立雨水收集利用系统，时至今日，在伦敦地区年均 600 毫米降水量的情况下，每所房屋每年可回收 5.4 万升雨水。与此同时，大型设施和社区建立自身规模的雨水收集系统后，社区应对突发降水的能力有可能提升至 30 年一遇的水平。

而在水循环系统上堪称世界典范的巴黎，早在 1852 年，著名设计师奥斯曼就主持改造了基本沿用至今的水循环系统，避免了巴黎市在暴雨时的地表径流量大幅增加，缓解瞬时某一地域的排水压力，被视为海绵城市的早期雏形。

在亚洲，韩国首尔为提升土地自身的蓄水能力，建造了城市水循环改善系统。变化显而易见，1962 年首尔市的地表不透水率仅为 7.8%，而到了 2010 年，首尔市的地表不透水率已经高达 47.7%。

相比之下，国内的海绵城市建设起步晚，且处于早期发展阶段，现在的效用并不直观。但随着越来越多的中国城市变得和深圳、青岛一样，拥有完善的智慧水利系统，以及更加发达的排水网络，预防、对抗灾害的能力只会越来越强。技术进步是人类在变幻无常的自然伟力面前唯一可以依靠的后盾。

第四章

联结个体：让科技
急人所需

国家战略、科技发展、社会动员、产业升级……如果将这些比作社会发展的枝干，那么枝干上茂盛的树叶，则是我们每个个体。技术的发展到最后受惠的都应当是个体。

如何让科技助推每一个人，为更多个体带来幸福？对科技企业来说，不断升级和优化用户体验，是必达的使命，也是企业安身立命的根本。

面对海量的用户，互联网大厂研发的不同产品，正为不同的人群提供多样化的服务。社交沟通软件可以让基层员工直接触达决策层，在线文档为身处灾难的人汇聚希望，互联网课堂则为那些缺少竞争力的年轻人架起改变命运的立交桥。

一、打破隔阂，重塑社会、企业治理格局

赵家村的扶贫到了最危急的关头。村里空调坏了，各种求助解决不了。村民们种的蘑菇都要死了，扶贫生意眼看就黄了。赵玉甫心想：只有县领导能救命。问题在于他没有领导们的手机号码，也没有他们的微信。

一个农民村支书和县委的唯一交集，在手机那个企业微信群里，群里有整个县的党员干部，上至县委书记，下至基层党委，只是日常他从没想过在里面发言。

他鼓起勇气，打开企业微信找到那个庞大的群聊，反映了村里发生的情况。消息一发出，县委领导们还没回复，县电力局就在群里允诺马上去解决。短短半天时间，空调接上了电，变压器也顺利修好了。按河南省濮阳市清丰县马庄桥镇赵家村支书赵玉甫的盘算，这一次至少帮村民避免了近百万元的损失。

赵玉甫第一次意识到，他手机里这个叫企业微信的玩意儿这么厉害。在中国基层，政府管理和社会治理正在发生翻天覆地的变化。处远的"江湖"，千百年来第一次与"庙堂"如此亲近。

⊙ 农村互联网不止"砍一刀"

如何更好地让基层与上层产生互动，赵家村的支书赵玉甫通过蘑菇棚空调事件找到了答案，而找到答案的，不止赵玉甫。

2021年初，一场倒春寒袭击了陕西眉县。太白山脚下的这座县城，被称为猕猴桃之乡。过去，对当地的果农来说，倒春寒这种天灾几乎是致命的。由于信息滞后，果农们对虫灾、病灾、气象灾害预警不足，几乎是被"完虐"。

但这一年事情起了变化。早在倒春寒来临之前，眉县所有的村民都在微信上及时收到了消息：一条气象预警信息，经由每个村里的信息员，通过企业微信发到各个微信群。眉县村民第一次走在了天灾的

前面，避免了最大的损失。

人定胜天的背后，是陕西省农业农村厅的努力。在他们的推动下，陕西省搭建了一个"企业微信政务版大农圈平台"。到现在，陕西已有 8000 个村接入了这个平台。在这个平台上，每一个村都有自己的信息员，他们加上农民们的微信，随时帮助农民解决种植中遇到的各种问题。据说只有企业微信能够和农民们的微信互通，毕竟让农民专门安装使用一个办公软件，难于登天。

除了防灾害，信息员还可以在平台上查阅最新的农作知识，更可以帮农民找到销路。通过一个平台和这些信息员，陕西省农业农村厅成功地将 8000 多个村装进了同一个网络，触达了每一个角落。

一个个困境正在找到出口，除了遍及下沉市场的"砍一刀"拼多多，互联网技术正在悄悄重塑着这个国度几千年以来的基层治理格局。"好像是发生燃气泄漏了，群里的网格员和燃气工人快来看一看吧。"张莹第一时间就在群里看到了这条消息。她一边赶去现场，一边联系了群里的燃气公司。没过多久，工人就找到了泄漏点，关上了阀门。

像张莹这样的人，整个宜昌市有 1.1 万人，他们叫社区网格员，服务着 100 万居民。在湖北宜昌，居民遇到处理不了的事都会找社区网格员。小区井盖坏了、路灯不亮了、楼下餐馆油烟太大……都可以找他们。这 1.1 万名社区网格员通过搭建内部的企业微信触达每一位居民，在这个网格群里，居民们不用下载新的应用，直接用微信就能快速反映诉求。

社区共治，在湖北宜昌得到了全新实践。类似的场景在全国很多地方都出现了。在浙江义乌江东街道，鸡鸣山警务室的黄鹏飞成了一名手机达人：一年时间里，他的企业微信加了 4670 名辖区内的群众。他的成效是，2021 年第一季度，江东派出所的电信网络诈骗警情同比 2020 年下降 21%，纠纷类警情下降 32%。

除了网购"砍一刀"和刷短视频，无论是在乡村还是在城市，最小的分子正在被很多"平时并不关注"的互联网小工具重新解构。群众从来没有像今天这样轻易地通过一个微信群使唤"公仆"们。

⊙ 从基层治理移植到生意

2020年疫情最严重的时候，谭继娟收到了商场的闭店通知，但她并不担心自己的生意。谭继娟是大西洋天虹商场里的导购，和她一样，天虹商场里很多门店的导购都不太担心疫情的到来对生意的影响。

从2019年开始，天虹这家全国百货门店数量最多的零售企业，就实行了百货的数字化解决方案。在天虹商场里，每一任导购都可以通过企业微信添加顾客的微信，然后将顾客邀请入群，导购可以在线上进行会员、订单、售后的管理。

疫情期间，没人逛街，导购们照常通过企业微信发朋友圈，向顾客推荐合适的商品。超级线上销售们为导购们树立了榜样。天虹在企业微信上已经添加超过了300多万名顾客。正是这些线上顾客，让天虹快速地把经营场景从线下搬到了线上。疫情期间，天虹的线上销售额单日就突破了3000万元。

线上生意风潮也吹到了国外。世界第一大石油公司壳牌一直有一个疑惑：我们出产的石油，到底卖给谁了？在壳牌过往的运营体系里，都是渠道商帮忙卖油，总部从来不知道买油的人是谁，他们对线下用户数据的感知长年处在一个模糊的状态。这也意味着，他们根本不知道该向谁传播信息，根本无法提高门店配货效率，无法提升门店流量价值，决策资源的浪费极为普遍。

壳牌来到中国后，通过搭建定制化工具，通过CRS（Customer Relationship Service，客户关系服务）系统，将壳牌传统的渠道门店进行数字化管理，将客户的信息予以留存，破天荒地第一次知道谁买了我的石油。

天虹和壳牌只是一个缩影，他们背后有一个庞大的商业群体。

数据显示，目前超过 80% 的中国 500 强企业已开通企业微信，其中 81% 的零售百强企业在使用企业微信。这表面上是企业微信的成绩，实际上是中国商业数字化的胜利。一场史无前例的商业变革正在发生。

⊙ 消灭隔阂就是消灭企业病

从小农社会到改革开放，再到企业进化，中国社会治理和经济的进步可谓日新月异。直到 2018 年，金柳最大的烦恼还是公司太大了。他所在的中国交通建设集团（以下简称"中交建"），是建筑行业有名的"巨无霸"，旗下 70 多家子公司超过一半的子公司历史在 50 年以上，比总部"资历"还深。

16 万员工的体量，更是让管理体系变得无比庞杂。在这个庞大的企业里，光内部系统的账号和密码就有 48 套之多，且相互隔离。但就是这样一家企业，在下一个五年目标里，称自己的信息数字化水平要进入央企前十名。

央企、百年老店、基建"巨无霸"……每一个标签似乎都在嘲笑着他们的这个目标。一年之后，中交建就把所有跟生产相关的 500 多个数字化系统全部集成到企业微信里面。150 个国家的几十万员工被"塞"进了一个应用软件里。

举一个简单的例子，项目安全检查一直是中交建最为头疼的问题，哪怕每个项目都安装了摄像头，依旧需要经过漫长的层层上报。但在企业微信的帮助下，中交建的摄像头可以接入"交建通"，一有安全隐患，系统会立刻向主管领导和相关负责人推送消息，甚至精确到具体塔吊的具体零部件。

这样的事情同样发生在长安汽车。2017 年 5 月，当长安汽车决定把 10 万名员工拉进一个"群"，大家一度以为方案的提议者、长安汽车总裁助理胡朝晖"疯了"。要知道，要让这家员工数量近 10 万的企业完成这个转变，并不是一件容易的事。

第一天，长安汽车工厂的一名女工就通过企业微信给董事长写了一封邮件："能不能多设几个母婴室？"这封邮件很快就被截图发到了微信圈，工会第一时间去工厂做了调研，最终满足了女工们在车间也可以正儿八经喂奶的要求。

除了女工"质问"董事长，还有效率的提升。企业微信取代 OA（办公自动化）系统后，由于手机可以随时随地同步信息，如今长安汽车经销商上报问题的平均解决时长由以前的 2.13 日缩减到 0.13 日，效率提升了 1538%。

⊙ 关注企业里的每一个人

中交建和长安汽车的故事，不禁让人产生无限的联想，在"世界工厂"庞大的工业基本盘里，倘若所有的企业都来一次这样的升级换代，中国制造会往前迈进多大的一步？

更重要的是，在长安汽车工厂里，一个普通女工的呼声也能得到董事长的回应，这启发了我们：中国工厂车间里、流水线上的每一个人，都不应是螺丝钉式的工具，而是一个个活生生的、被尊重的个体。

改革开放后，中国的商业史上似乎没有多少人真正思考过这个问题。在发财要快的时代，极致的效率几乎成了企业唯一的追求。但他们都忽视了企业基本的组成单元是人，每一个活生生的人。把一群人组织起来，进而实现商业价值，这就是企业的本来面目。

管理人类，富士康曾经是产业链上的一个小巅峰。一名富士康工程师与媒体分享过一个细节："富士康对流水线的管理极其精细，小到工人完成每个步骤的时间，每天在车间要走的路，一个零件到另一个零件的距离。而内部等级众多，从员到师再到管理级，上下级分明。"

但是富士康曾经众多的"跳跃"宣示了管理的本质：还是要关注人的本质。既能让企业高效运转，又能最大限度了解员工的状态，进而让他们有尊严地工作。在互联网时代，无数的工具想要实现这一点，遗憾的是，它们似乎永远顾此失彼，难以两全。

让一个基层村支书找到县委书记，让一名燃气网格员更快找到漏气点业主，让派出所片警告诫辖区群众别上当转账，让长安车厂女工请求董事长多设置一个母婴室……简单又很难。从此，中国商业努力的方向又多了一个。

二、危情当前，一份文档创造救命奇迹

2021 年 7 月 20 日晚上 10 点，郑州经北六路交叉口往西约 400 米，一家酒店建筑在暴雨中看起来开始倾斜。建筑墙体出现裂缝时，酒店的 100 多名住客涌向了地下停车场等待救援。灌进停车场的水越来越多，很快就从膝盖淹没了半身，墙体上的裂缝也越来越大。

他们的求助信息通过微弱断续的信号发出，再被网友们汇总到一个腾讯文档。这份腾讯文档，此时就是"生死簿"。

⊙ 信息交流汇聚的中枢

20 日晚上，一个正在寻找父母的 15 岁小姑娘晴晴，正在网上反复查看不断更新的求助信息。最后她将目光集中在这份腾讯文档上。

文档上的信息来自网络中的志愿者。在不同的微信群里，这些志愿者将微博、朋友圈、知乎等网络平台中的求助信息汇总，依次核实后填写进文档中，提供给救援队作为开展救援的参考依据。

每一条救助信息都包含着提交者、提交时间、更新时间、所在区、地理位置、简要描述具体情况、紧急程度、高德地图具体位置、求救人员联系方式等详细内容，能够尽可能减少救援队寻找求助者的阻碍。

意识到自己也可以通过这种方式和眼前的灾难对抗，她决定做些什么。晴晴通过那个文档找到了志愿者群的二维码，开始通过互联网张罗与对接各种社会救助资源。

文档的编辑后台显示，直至 21 日早上 11 点多，文档已经更新了 170 余版，收集了 600 多条求助信息。有被困于网吧包间的年轻人，发布消息的人已经处于迷糊状态；有被堵在沟赵乡高速路口的人，没有粮食和水，车辆浸泡失灵，已经瘫倒在车顶；也有孕妇在家里羊水破了，120 急救没有足够的车派出。

这个腾讯文档，于 7 月 20 日 20 点 57 分，由一位网友创建。没有人知道作者是谁，这份文档建立在"微信＋小程序"的使用场景，使用起来简单方便，每个人都可以对其进行编辑、修改，但它具备了极强的可信度，让越来越多的人加入进来，并且可以快速更新并被协作利用。

⊙ 几十万人参与修改的文档

作为网络志愿者，晴晴主要负责对腾讯文档求助信息进行审核和对接，通过短信向求助人核实情况，问清楚所需要的物资及所在地点，并将求助人提供的信息按照格式迅速整合并发进自己所在的 8 个救援群。

午饭前后，晴晴已经成功救助了一位老人：对方 76 岁，被困在家里，因为缺少食物且出现发烧症状而求助，晴晴把他的信息发布到群里。很快，一位身处郑州的网友联系上她，表示自己与这位老人所在的小区相隔不过 3 公里，可以开车过去提供食物和药品。

40 分钟后，晴晴收到老人发来的感谢微信，15 岁的她兴奋地截图，发了一条朋友圈："我救人了，家人们！"开心很快被巨量的求助信息冲淡了，群里不停有人加入，不停有新的险情发生，随着信息量不断增加，重复、错误甚至虚假的求助信息开始出现。志愿者们再一次聚焦那份腾讯文档。

这是一个似乎有着某些不一样的特质，却又难以归纳的产品。在微信上，几十万人对这个文档进行编写与修改，这样的参与度以及产品的承压能力，是让人难以想象的。人们登录腾讯文档小程序时，都需要登录个人信息，但相比其他文档产品，腾讯文档有着腾讯的背书，本身是权威和可靠的。也就是说，这个文档参与门槛低、覆盖面广。

与此同时，虽然门槛低、参与人数多，但这个文档不会变成泛滥无用的垃圾信息聚集地。这种严谨可信让志愿者们一致决定，把核实确认过的信息汇总进去，作为主阵地，方便查阅和筛除无效信息。

这是晴晴第一次使用这类网络工具，她小心翼翼按要求填写各项信息，腾讯文档本身拥有的大量模板也给初次接触者带来了巨大的帮助。

这些求助信息，看起来路径清晰，有具体联系人，但由于道路被洪涝割裂，信号受到基建设施与供电的影响，大多时候都无法通联，因此救援难度一点也不低。她不知道自己写得那么细致有没有用，但她想，"万一呢"。

⊙ 奇迹发生了

随着求助者和救助者的信息越来越多，"阜外医院急需救援"的消息反复出现，晴晴往群里试探性地问了一句："有人能联系上阜外医院那边的被困人吗？"20 分钟后，有人在群里联系了她，并回复了一张截图：是其中一位被困者的联系方式。

她尝试拨打却无法接通。群里的前辈们忍不住提醒她，尽量发短信，不要打电话，整个郑州受灾区域信号强度都极差，另外，短信比电话更能节省对方手机电量。很快，郑州阜外医院，这个聚集着大量病人与家属的地点，成了旋涡的中心。

郑州市中牟县贾鲁河西岸的阜外路，在 20 日已经变成泽国。泽国中央是高耸的阜外华中心血管病医院建筑群。2014 年 3 月 5 日，阜外华中心血管病医院（以下简称"阜外医院"）建设项目被列为河南省重点建设项目，这家医院自 2017 年 12 月 16 日开诊以来，仅用

2 年时间就实现了心外科手术量 24.6% 的快速增长，增幅位居全国第一。

陪同父亲在阜外医院呼吸科看病的朱超，从未想到病房窗外那条看似柔美安静的小河，会突然变成咆哮汹涌的狂潮。2021 年 7 月 19 日 21 点 08 分，贾鲁河上游中牟站水位开始起涨，起涨流量 100 立方米 / 秒。河水还是漫上了河岸，阜外医院的地下两层很快被洪涛灌满，水面不断往上，淹没一楼后，逐渐向二楼逼近。

病患们的庇护所，在近 3 米深的大水包围下，成为与外隔绝的孤岛，食物、饮水都集中在一层的餐厅里，已被洪水吞噬。更紧要的是，由于断水断电，许多需要靠仪器维持生命的危重症病人陷入极端危险的境地。

意识到情况失控的时候，朱超拿起手机拨打了一切他能想到的求助电话，但信号中断，没有一通电话能够接通。和朱超父子一起被困在这里的，有近 2000 名病人及家属和 800 多位医护人员。情况越发危急，朱超安抚完父亲，一个人拿着手机在医院里四处狂奔，寻找可能接收到信号的地方。看着不断下降的手机电量，就像看着希望不断流失。

奇迹发生在还剩 30% 电量的时候，在住院楼五楼的角落，他的手机屏幕左上角又出现了信号标志。编辑好求助信息，加载近一分钟后，朱超按下信息发送按钮，他本来想刷新一次，确定消息是否顺利送出，却发现手机再次断开连接，只能再次跑动起来，寻找下一个奇迹。

晴晴抓住了那条求助信息："截至一个小时前，阜外医院依然处于完全停水停电的状态。洪水已经完全淹没医院地下室，地面积水也已经没过车顶，具体深度目测有两米左右。目前医院里至少有千余人受困，急需食物和饮用水，也需要配电设备。谢谢您！"

经历最开始的震惊与茫然后，越来越多的人开始通过网络求助，求助信息继续汇向那个腾讯文档，也开始有救援队、物资提供者在上面发布救援、运送物资的启事。

收到朱超的信息后，晴晴马上在 8 个群里转发这条短信和阜外医院的地址，反复询问是否有就近的援助队伍，寻找能够提供皮划艇的运输队，希望他们可以给阜外医院运输发电机。腾讯文档和群里，关于阜外医院的求助信息，一条条都得到了回应。很快，距离阜外医院十几公里外，一群年轻人开始着手搬运物资。

⊙ 互联网世界里的互助精神

文娜和袁海见是郑州本地餐饮企业"鲜炒居士"的员工，在网上看到物资告急的求助信息后，他们准备了 500 份食物和饮用水，打算运往阜外医院。

由于道路严重积水，物资运输得并不顺畅，多次改道后，下午 2 点左右，雨势渐停，运送物资的车队却不得不在近 3 米深的积水前停下脚步。

他们只能在网上发布信息，寻求运力支持，这条信息被传递到了晴晴所处的"郑心援郑州救援信息 1 群"内。此时的阜外医院，仍然是信息几乎隔绝的孤岛，最令文娜和袁海见感到难受的是，距离阜外医院只有 1.5 公里的距离，但因为积水，不通过皮筏艇根本无法将物资送过去，他们已经可以看见被困住的病人和家属们，却无计可施。

救援群里志愿者们努力和困在阜外医院的求助人取得联系，寻找着附近的运力资源和可能的运输渠道，信号断断续续，传递出阜外医院更多的需求和境况。19 点左右，依靠皮划艇，这批在路上等待近半天的水和食物，终于送到受困人员手上。

互联网产品提供的连接和效率，让这些文档里的求助信息，一条条对应上了支援力量。在此期间，晴晴反复刷新微博里有关阜外医院的词条，给每一位求助的网友发消息和短信，终于等来了 6 位被困者的回音。

朱超就是其中之一。一位志愿者把这条消息搬运到互助群里，马上就得到响应。有人提供物资来源，有人提供运输队联系方式，一股脑儿用短信把需求对接完，很快，物资提供方就给出了回应。

经过 2 天的不断配合，一整套高效的网络救援流程已经成型。散布在天南海北，靠网络参与救援的志愿者们，不断收集求助信息，归档进腾讯文档，发布到微博、社群里，尽可能为救援队提供资讯。

在巨量的信息洪流里，这份文档展现出了罕见的可信、真实——成千上万参与编辑的网友，都仔细核实、修订、更新着文档内的资讯，灾情面前，所有人都自发成为把关人。这是互助精神在互联网世界一次极致的呈现。

同样的对话，在这 2 天内无数次重复上演："核实了吗？""能联系上吗？""已经确认。"

三、技术改变命运，一堂线上职业教育课的力量

"史上最多毕业生"话题又一次爬上热搜之后，宋增本想起了几年前的自己。当时，他正在湖南工业大学学电气工程与自动化。在宋增本上大学那年，这是一门以超高就业率和就业满意度而出名的专业。

宋增本却无法不着急。疫情之后，各行各业先后"入冬"，就业市场低迷，等着进场的队伍却越排越长。公开报道里，2020 年高校毕业生达到 874 万人，与 2019 年同期相比多了 40 万人，创历史新高。

又一年毕业季，根据教育部统计，2022 年，高校毕业生预计 1067 万人。截至 2022 年 4 月，这支浩浩荡荡的毕业大军中仅有 23.61% 的人有了去处。

就业就像一个成长游戏，闯关成功的，开启人生新阶段；晋级失败的，被迫长时间滞留原地。幸运的是，宋增本最终凭借一件特殊装备成了闯关成功的那一批人。如今，他已经在上海一家外企工作了一

年多，年薪是同班同学的 2 倍以上。

⊙ 命运的重新分配

曾经让宋增本们忧心忡忡的"就业难"与"招工难"几乎同时发生。2021 年第一季度，人社部公布了全国招聘大于求职"最缺工"的 100 个职业排行。数据显示，这 100 个职业在全国的招聘需求人数达 166.5 万人，但求职人数只有 60.9 万人，缺口达 105.6 万人，首次突破百万关口。

这意味着用人需求行业与毕业生可以或意愿从事的行业不匹配。宋增本第一次意识到这种不匹配是在大四那年冬天，他突然频繁从身边人嘴里听到"嵌入式培训"这个词。留心打听后才知道，那是一个线下的职业教育培训机构做的培训，很多同学都打算在那边报班，学习嵌入式开发。

宋增本也有点心动。他曾经因为学校安排的实习而接触过嵌入式开发的课程，当时便对这门技术产生了不小的兴趣。不过，一个更重要的原因是——这几年，嵌入式开发正成为一门前景好、专业性强、就业范围广的新兴热门行业。

据权威统计机构统计，在所有软件开发类人才的需求里，嵌入式工程师的需求已经达到总量的 60%～80%，同时还在以每年 20% 的速率增长着。如果能够通过职业培训掌握这门技术，将来求职也能有更多的筹码和机会。

这几年，在整个外部产业都在进行结构性调整和数字化转型的当下，即便是像张飞跃这样拥有"211"研究生学历的，也选择了职业教育培训作为求职的"加分课"。他赶在 2022 年毕业前半年，"啃"完了一个编程培训班的基础课程。比起所谓的名校毕业生，很多高科技企业更青睐那些已有 1～2 年工作经验或者有实战项目经验的行业熟手。

随着产业升级对应用型人才需求量的提高，职业教育迅速形成了一个庞大的市场。腾讯在 2022 年初发布了一份《2022 年新职业教育洞察白皮书》，书里估算，全国整体职业教育行业存量学员体量已经达 3 个亿。

宋增本也明白这个道理，但他不得不考虑的是成本问题。如果跟同学们一样去线下培训机构报班，全套课程下来"光学费就要 13 000 元"，而且课时长达 4 个月，吃住要另外掏钱，实习和求职的进程也会被耽误。

他家境不好，父母很早就开始催促他尽快工作就业，帮家里分摊重担。这笔学费远超出他能承受的预算极限。他所面临的问题，也是线下职业教育行业一直存在的瓶颈。线下的物力和场地成本较高，这些培训班不得不将客单价定得非常高。

正当宋增本两头为难时，腾讯课堂易道云编程 C++ 课程的页面跳了出来。最先吸引到他的就是课程费用——只有线下培训机构的 1/3，再加上是线上课程，他随时随地都能学，不必再额外抽出 4 个月空闲的时间。

没犹豫多久他就报了名，进到班级群，里面很多是和他一样即将毕业或者刚毕业一两年的大学生，平时上课除了讲理论、做练习，大家私底下碰到难题时也会互相探讨请教，和线下学习的氛围几乎没有差别。

每天晚上花费 3 个小时，宋增本很快就上手了。但技能掌握和真正就业之间到底还隔着一道"offer"（录取通知）的门槛。学到后几个月，毕业时间越来越近，家里催促的声音也越来越急，焦虑重新冒了出来。"学完了这个真的能找到工作吗？"不止宋增本，编程班里很多同学的心里都悄悄冒出了问号。

作为编程班的带课老师秦柄桂倒是信心十足，他在华为、深信服等大厂干了几年，对行业的风吹草动了如指掌，他很看好 C++ 嵌入式开发的就业市场。过去，C++ 的确不如 Java 那么流行或者知名，但这几年，Java 的岗位需求在缩小，而 C++ 维持在相对稳定的状态。

对部分基础已经打好，又有迫切求职需求的学员，易飞云会开放第二阶段的课程：一对一求职辅导，包括模拟面试、薪资谈判等多方面的实用技能。通过这个环节，宋增本只花一个来月就收到了南京英锐创上海分公司的录取通知。

入职之后，他和同班其他从事对口行业的同学聊天，发现自己的工资竟然比对方的 2 倍还多——原来知识真的可以如此直观地改变"命运"。宋增本不知道的是，在线课堂蔓延而至的各个角落，和他一样，命运突然有了重新分配甚至快速跃迁的人不在少数。

⊙ 嵌到社会结构里去

过去几年，胡城一直循环着同一种生活。彼时，他还在一家化工厂操作气体分离的机器。那是厂里的高危工种，机器运行时，数据稍有偏差就会引发问题，严重时甚至可能引发爆炸。所以一直以来，胡城都像是化工厂里的另一台"精密而严谨"的机器，只要气体分离机开始运行，他就需要跟着连轴转好几天，昼夜不停。

后来亲戚介绍胡城进了通信行业，做光猫设备的黑盒测试。这份工作技术含量并不高，上班时经常有时间能够"摸鱼"，有同事便会在"摸鱼"时间里用手机听网课。起初他并没有在意，直到几个月后，那个同事成功"跳槽"，每个月的薪水涨了三千多元。

他突然意识到，更好的机会其实是有可能主动争取过来的。于是他仔细回顾了这些年在制造业和通信业的经历，他发现，和制造业的成熟不同，从 3G 到 4G 再到 5G，近些年通信行业的技术一直在迅速发展。产业升级的背后是对技术人才的迫切需要。

更直接的感受是，打开招聘软件就能看见招聘条件中每多要求一样技术，工资就会精准提高几千元。当每一段学习进度都精确对标收益时，"向钱看"让胡城有了史无前例的学习动力。

后来的故事和宋增本的差不多，胡城通过线上职业教育课程顺利成了一名 IT（信息技术）从业者。他今年已经 35 岁了，大龄、跨专业、网课培训"半路出家"……这些标签中每一样，乍一听似乎都是技术行业的招聘雷点，但现实真相是：对技术行业，只有技术掌握不充分，才是唯一的"死穴"。

没有大学学历的李英杰，曾经比胡城的"起点"还低。从小在县城长大，家里开着五金门窗铺子，不算有钱但也吃喝不愁。学生时代，李英杰很少意识到读书的重要，混完高中便进了铺子给父亲打下手。

但平平淡淡的生活很快就让李英杰感到无聊，铺子从早到晚得看着，但只有顾客上门时才会忙碌一点，其他时候只能枯坐着玩手机。百无聊赖之中，李英杰开始寻思，用这些时间来学点东西。

起初他想学 CAD 建模——顾客装门窗之前，时常会想看看效果图，但李家没有人会做，每次都得花钱托别人帮忙，如果他学着点，也能省下一笔开销。于是李英杰便淘了几本关于 CAD 制图的书回来。但书里的知识没那么好消化，再加上制图软件迭代比较快，有时候教材买对，示意图和实际操作界面误差很大。李英杰一路磕磕绊绊地"啃"书，始终没能真正上手。

腾讯课堂易道云编程的 C++ 编程课，就是他在网上找 CAD 教学视频课时，出现在他的视线里的。学费不贵，时间安排也灵活，李英杰索性报了名。在这之前，他从来没接触过计算机语言，也没有大学的数学基础，一上手便觉得颇为吃力。但好在课程可以反复学，也没有人催他的进度，靠一点一点地硬"啃"，最终还是让他摸清楚了基础框架。

对他来说，受益最大的就是课程里的实战项目。头几遍，老师会远程带着学生一步步操作，后来就让大家自己上手，"做完项目之后，整个开发流程就基本清楚了，换一个项目也能迅速上手"。

这也是职业教育备受重视的一个关键原因——高质量的职业教育必须跟企业的真实需求相匹配。后来李英杰离家前往深圳求职，靠着在课堂里学习积累的项目实战经验，他的简历一度比一些本科生的还抢手。

和传统教育体系中的老师不同，腾讯课堂中的老师大多不是从师范院校毕业，而是从互联网大厂中转行而来的"技术大牛"。在传统教育体系中，侧重锻炼学生在专业领域的基础运算能力，就像武术大师教弟子每日站桩一样，打好坚实基础，日后能领悟出什么样的招式，全凭徒弟的悟性造化。

而在腾讯课堂中，大厂技术岗出身的老师们，在教学时更喜欢直接教"实战招数"——经过一定时间的基础教学后，老师会花更多时间从实战项目、面试技巧、行业操标准等多个方面，系统培养学员的职业技能。

从理论上来说，这两种教育方式各有所长，但近些年随着产业技术迭代，许多行业迫切需要第二类应用型人才。比如李英杰所从事的汽车行业，车载高清屏从十多年前的"高端车限定"，变成了如今大部分汽车的标配功能，那么车企就需要市场扩招海量的 IT 技术人员。

传统制造业数字化转型的同时，也保留了一些传统的流水线思维模式。以胡城举例，他所在的公司，其实是大企业的外包公司，只负责项目中某一模块的软件测试工作，至于开发或者后续的软件应用工作，则由其他子公司来完成。

所以公司所需要的大量人才，正是那些既掌握了 IT 知识，职业技能又熟练，能直接带来产出的技术人员。这也符合长期研究产业工人和职业教育的学者许辉的观察："职业教育是嵌入一定的社会经济结构中的，它跟不同时期的增长模式和产业结构密切相关。"

⊙ 架起改变命运的立交桥

"很多穷人的孩子辍学并不都是因为没有钱念书，而是因为穷人面对的教育出路更窄，所以他们更愿意让孩子忘掉学校去打工补贴家用。"这是《贫穷的本质》一书在谈论教育陷阱时提出的观点，也是这几年声名渐起的职业教育时常被忽略的内核——普惠。

除了前面提到的学费门槛，传统时期职业教育培训受限于线下，存在着很强的地域性。

同时，职业教育品类分散，很多机构即使想跨区域发展也有心无力。融道投资创始合伙人张海燕曾在一次圆桌论坛上表示："职业种类大概分为 8 大类，1800 多个细分品类，整个赛道虽然容量巨大，但高度分散，每个品类的天花板都很明显。"

2018 年，国务院出台了一份《关于推行终身职业技能培训制度的意见》，就是意在解决职业教育长期以来存在的供给不足、层次偏低、缺少个性化和延伸性服务的问题。

互联网向来是这类地域壁垒问题最好的解决方案。过去几年，往线上转型一直是一些发展得比较好的职业教育机构希望做的尝试，但获客成本高、流量壁垒等问题让这些尝试几乎都以失败告终。直到腾讯课堂的探索给出了一个新方案。"我们给行业建立了一座'立交桥'，让赛道畅通起来，大家都跑起来。"

依托强大的技术优势，腾讯课堂一边建立起了一整套帮助全国各地职业教育机构线上迁移发展的方案，将所有的资源汇聚到一个平台上，另一边又凭借庞大的流量池和用户信誉背书，将高质量的教育资源通过互联网细密且无孔不入的水道渗透到千家万户。职业教育的"普惠"就这样做成了。

从一线城市到农村小镇，从高学历失业到高中辍学，腾讯课堂的核心竞争力便是通过线上教育降低成本与学习门槛，让教育资源普惠，人人都能有平等学习的机会。

教育资源普惠之后，便是如何推动行业的良性循环，往更高质量的服务品质上跑动。"职业教育行业线上发展有三个比较硬性的标准。第一个是流量体系，必须有强大的流量体系才能获得更多的用户。第二个是销转体系，稳健的销转才能让流量转化为真正的用户。第三是交付体系，即教学，高品质的课程才能让你越做越好，才能把用户和学员留住。"

针对第三点，腾讯课堂特别推出了"薪选·互联网课"标准体系化教程，入选"薪选"的教育机构，会面临腾讯内部 T12 级别专家的全面审核。易飞云还记得，当时易道云编程的课程被定为 T6 级，也就是完成全部课程后学员的技能水平便可以对标腾讯的 T6 专家。这在腾讯属于中级水平，算是技术骨干级别。

或许在过去职业教育一直承受着来大众主流价值体系的偏见和歧视。但随着产业升级与发展，我们终将在现实中看到在线职业教育为社会带来的真切普惠与巨大助力。

四、产业赋能基础科学，用 AI 寻找 22 颗脉冲星

"10 年之内，数字计算机将成为国际象棋世界冠军。"这是 1958 年第一代的 AI（人工智能）研究者艾伦·纽厄尔（Allen Newell）和赫伯特·西蒙（Herbert Simon）做出的预言。

1956 年 8 月 31 日，一批来自计算机、数学、信息学等领域的顶尖科学家齐聚美国东北部康涅狄格河河谷的达特茅斯学院，共同讨论"人工智能"的定义。这次达特茅斯会议足足持续了一个月，直接促成了日后的"人工智能革命"。AI 行业就此诞生。

在互联网尚未诞生的年代，第一代 AI 研究者，就已经畅想着 AI 革命会帮助人类解决数学、物理乃至日常生活中的诸多难题，将人类社会带向更美好的未来。但 AI 的发展并不像想象中的那么顺利，甚至有人将它与时髦却无用的炼金术相提并论。

第一次 AI 浪潮，由于受制于计算机运算能力而陷入低谷；第二次 AI 浪潮，AI 的发展反而远远落后于个人电脑的性能提升。AI 行业两度浮沉。

直到达特茅斯会议召开 40 年后，超级计算机"深蓝"才终于击败国际象棋世界冠军卡斯帕罗夫。又过了差不多 20 年，AlphaGo（阿尔法围棋）又击败赢得过 14 次世界冠军的围棋九段棋手李世石。AI

席卷棋盘，碾压人类的智力，却又点亮了人类的希望——从国际象棋到围棋，还有更大、更复杂的棋盘让 AI 驰骋吗？

⊙ 从脉冲星出击

腾讯优图实验室研究总监汪铖杰没有想到，自己和团队会跟天文学产生联系。过去多年优图实验室的技术广泛用于肢体动作识别、工业 AI 质检、人像分割及虚拟背景等。2020 年冬天，汪铖杰和同事们开了一次头脑风暴会，讨论除了常规工业领域的应用，AI 还能做哪些事情。

有同事说出了一个令在场大多数人感到陌生的词：FAST。FAST，全称是 Five-hundred-meter Aperture Spherical radio Telescope，即 500 米口径球面射电望远镜。这座望远镜坐落于贵州，是国家天文台的重要观测设备，外界一般称为"中国天眼"。自 2016 年正式投入运行以来，FAST 已经解锁了不少世界级的成就：观测到宇宙极端爆炸起源证据、发现了迄今为止唯一一例持续活跃的重复快速射电暴……

作为世界上灵敏度最高的望远镜，FAST 带回了海量的天文数据，如何处理这些数据一直是一个难题，仅脉冲星搜索这个项目的数据一周就约有 500TB，大约相当于 3000 万张信号图。

这个量级的数据，靠人工处理是不现实的。国家天文台助理研究员潘之辰博士曾对着电脑看脉冲星信号图，"是人的极限了，盯着屏幕，很使劲地看"，一天能看 1 万多张。按照这个速度判别脉冲星信号图，即使每天 24 小时不吃不喝不休息，也需要 1 年才能处理完。

如果有专门的 AI 技术来帮助天文科学家识别脉冲星信号，效率或许有质变。汪铖杰与实验室的研究员达成了共识：在选出来的 10 个项目中，FAST 排在第一位。国家天文台也盼望 AI 能带来不一样的东西。

"探星计划"来了，这一次等待 AI 的是宇宙。但开局便逢难题。训练 AI 优化需要用大数据"喂"，FAST 接收到的信号虽然是海量，但可用于学习的、真的脉冲星的量级也就在 100 个左右。样本太少，AI"吃不饱"，学不会。

优图实验室的探星团队采用了"半监督学习"方法，先用小样本训练 AI 模型，再让它去分类大量的未标注的数据，反过来利用得到的结果继续迭代优化，就像人脑的学习模式，举一反三。

噪声干扰是遇到的另一个难题。不同于以往做工业质检时收集到的较为干净的数据，只要锚定一个标准，即可做出判断。脉冲星信号本身就不是千篇一律的，FAST 收集到的海量数据中，不仅包含可以简单过滤的无效数据，还有宇宙发出的大量疑似脉冲星的各种噪声。

再有就是效率问题。AI 不仅需要能够筛选出脉冲星，速度还必须快。根据优图实验室的统计，想要找到一颗脉冲星，可能需要处理 3000 万到 1 亿张信号图，没有时间慢慢"欣赏"。

优图实验室此前在工业 AI 质检项目上的经验起了作用。"探星计划"是在数以亿计的图片中筛选出"正确"的答案——脉冲星，工业质检则是在良品率在 99% 以上的流水线上找到"错误"的缺陷品。信号图筛选和缺陷品检测的底层技术是相通的。

在多方努力下，AI 模型得以实现了多次迭代优化，最终达到质变。对比之前，图片数据处理速度提升了 120 倍以上。过去人工需要一年的时间才能做完的工作，AI 不到三天就能完成，数据处理的误报率也下降了 98%。

一年过后，"探星计划"交出了首份成绩单：腾讯优图实验室已用"云 +AI"帮助 FAST 新发现了 22 颗脉冲星，其中包含 7 颗高速自转的毫秒脉冲星，6 颗具有间歇辐射现象的年老脉冲星。"探星计划"的成功证明了 AI 用于基础科学这条路是可行的，AI 在宇宙这个棋盘上，又赢了。

⊙ 被太空训导的 AI

探星计划并不是产业力量与基础科学的第一次结合。1969 年 7

月 20 日，距离尼尔·阿姆斯特朗（Neil Armstrong）迈出"我的一小步"122 米的月球上空，登月舱内突然传来警报。警报显示，机载电脑可能即将停机，导致登月失败，阿姆斯特朗和登月团队必须在数秒钟内做出关键决定。

此时，38 万公里外的地球上，来自 IBM（国际商业机器公司）的工程师迅速向 NASA（美国国家航空航天局）反馈了他们的判断：机载电脑不会停机，登月可以继续。阿姆斯特朗就此迈出了"人类一大步"。

NASA 飞行指挥官吉恩·克兰兹（Gena Kranz）指出："如果没有 IBM 和他们所提供的系统，我们就无法登上月球。"在 20 世纪 60 年代，集成电路才刚刚出现，无论是最初的真空管计算机，还是后来的晶体管计算机，对于登月任务来说都算得上"庞然大物"。

计算机小型化成了登月的必然需求。当时的计算机巨头 IBM，派出了 4000 名工程师、研究员、科学家，编写了 500 万行代码，从软件到硬件上解决了这一难题。

在此之后，第一部大量生产的个人电脑 Datapoint 2200 出现，第一台商用笔记本电脑 IBM 5100 出现，人类社会迅速进入个人电脑时代。没有这次产业与基础科学相结合的尝试，很难说个人电脑的普及还要等多久。

在寻找脉冲星的过程中，优图实验室收获良多。AI 要准确判断数十亿计的海量图片数据，这倒逼工程师对 AI 性能做极致的优化。另外，在构建 AI 模型中涉及的无监督、异常检测、主动学习等技术，都来自对实践经验的改进。这些优化与积累最终成为可以复用的经验，又重新用于其他行业。当然，产业力量与基础科学可以做到的事情，不止天文，还有更多。

⊙ 能给人类生活带来什么？

2022 年 4 月开始，广东珠海金湾区的 18 个河涌上，多了一个个瞄准水面的摄像头。这些摄像头是目前正在落地的 AI 环保监管识别系统的重要组成部分。水面上的漂浮物，无论是塑料瓶、泡沫箱，还是树木残枝，系统都会自动识别并一一进行标注，并且可以实现 24 小时"自动值守"。

通过视频系统的 AI 算法，摄像头能主动识别水体颜色变化、异常活动等环境污染问题和隐患，还能自动生成证据链、视频、截图等证据信息。自上线以来，系统已经识别到 4049 次水污染风险因素，包括 3568 次漂浮物污染、474 次异常人员活动以及 7 次水质浑浊事件。

这是为了解决以往城市水体治理中的滞后性与被动性的一次尝试。"十四五"规划中，珠海的目标是地表水考核断面水质优良比例由 2019 年的 66.7% 上升为 100%。AI 的加入，带来了加速达成目标的可能。

用 AI 机器人辅助人工垃圾分类，以避免环卫工人受伤；用 AI 监测企业的废气、废水排放情况，以预见污染风险、跟踪隐患整改；使用智能交通灯，以缓解城市交通拥挤的难题……AI 可以让我们的生活变得更美好。

与此同时，AI 也开始在不同行业尝试落地。前面提到过工业质检 AI，知名显示屏生产商华星光电便利用这一技术开发出自动缺陷分类项目，AI 识别速度相比人工提升了 3～4 倍，还能昼夜不停地在生产线上随时发现残次面板，得以节省了 1000 万元的成本。

医学方面，中山大学附属第一医院、广东省妇幼保健院等全国 100 多家医院已经开始使用超声 AI 智能化系统。它可以在产前筛查中做出判断，避免严重出生缺陷儿的出生，保障孕妇健康和胎儿的正常发育。类似的 AI 医学影像分析、癌症筛查也在尝试克服疲劳对人工诊断的影响，提高准确率。

这和汪铖杰想看到的未来更接近了，"我们希望能够看到 AI 技术在各行各业里面的应用和落地能力，而且是能够实实在在地为某一个行业带来实质性的变化"。

如今"探星计划"的新目标，是开启对 M31 仙女座星云的射电信号处理，这也是天文界首次对该星系观测到的射电信号进行完整的处理和探测。除了对标甲骨文公司，优图视觉 AI 的新目标还有"农作物病虫害 AI 识别项目"，这又是一次新的跨界。

这很像对第一次工业革命精神的致敬——从生活与生产场景中提炼科学，最终反哺社会。马德堡半球实验证明了真空的存在，波义耳给出了波义耳定律，他的助手发明了蒸汽蒸煮器，瓦特改良了蒸汽机，尼古拉·卡诺又在前人的基础上让热力学成了现代科学的标志。AI 普适化过程中与人的结合、互动、突破，可能带来人类文明的又一次技术革命。

五、AI 算法加持，国产助听器走出天价围城

英国前首相丘吉尔是有名的硬汉，纳粹德国的轰炸机和导弹不曾让他屈服，但当听力障碍落在他身上时，他也像普通人一样，畏惧、逃避。

1944 年，私人医生发现丘吉尔听力出现问题。6 年后，他的听力障碍已经非常严重，他才愿意接受听力测试、验配助听器，但他仍然拒绝佩戴——哪怕在下议院开会时要吼着说话，哪怕在家庭聚餐时因听不见大家说什么而只能默默地蜷缩着坐在椅子上。

丘吉尔不是一个特例。不敢直面听力损失、不愿使用听力辅助设备的心态，一直普遍存在于听障群体里。他们害怕戴上助听器之后，会把"隐形的身体残疾"公之于众，被歧视或被怜悯。在助听器 200 多年的发展史里，大多数发明家、厂商的努力，都是为了消除这种"病耻感"。

在听力障碍逐渐被正视、污名化减轻的今天，另一个"老大难"问题又横亘在听障者的面前——用不起。动辄上万元的价格，使用

3～5年需更换的消费频率，让最需要助听器的一群人无法负担。而助听器"高价攻坚战"的战火也从20世纪一直烧到了今天。

⊙ 价格攻坚战

1996年，助听器迈入数字时代，从单纯地线性放大声音到能过滤噪音、补偿听力。技术上的重大突破也给行业注入了活力，2000年前后，听力行业快速洗牌，一连串收购催生了6家规模更大且日益全球化的公司，它们在全球听力保健市场占据了九成份额，被称为六巨头（现已合并为5家）。

听力损失发生率高的美国是助听器的主要市场。美国大约有4800万人患有听力损失。美国波士顿的提琴手贝蒂·豪克，因为听力障碍不得不放弃从事了40年、无比热爱的演奏事业，从乐团提前退休。负担不起助听器费用的她，在家人的资助下才得到了一台助听器。贝蒂豪克的家人为此付出了5000美元——这是助听器在美国的平均售价。

一方面，好的助听器研发成本和零部件成本的确不菲。另一方面，美国有着严格的法律规定：助听器不能直接出售，购买者须提供听力验配师6个月内的处方验配证明。这意味着验配师可以和制造商合作，一起把助听器价格维持在高位。

与此同时，消费电子厂商即使做出更便宜、功能接近助听器的耳机，也不能向听障人士出售。因此，有人将助听器验配看作美国医学界的骗局之一。在美国，70岁及以上有听障的成年人中，只有30%的人使用过助听器；20～69岁的群体中使用过助听器的人更少，只有16%。

自1993年以来，一直有倡导者呼吁美国食品与药品监管局（FDA）放松验配助听器的规定。2017年，美国国会通过了"非处方（OTC）助听器法案"，该法案要求FDA允许用户在没有处方的情况下使用助听器，允许助听器在柜台销售。目标是消除行业壁垒，引入低价竞争。

但制造商和诊所组成的联盟不可能轻易就范。美国语言听力协会（ASHA）听力学首席专家尼尔·迪萨诺的观点受到业界的支持：听障人士以非处方渠道获得助听器可能会有风险。"听力损失是一种疾病，"迪萨诺说，"训练有素的听力诊疗专家值得被重视，如果没有适当的检查，就无法知道听力损失是否由严重的潜在疾病（如肿瘤）引起。"

迪萨诺认为，国会不应该拿处方诊疗开刀，而应该从保险政策入手，让公共和商业保险覆盖助听器的验配，因为助听器验配不在医疗保险及许多商业保险项目的承保范围内。有公益组织调查发现，有40%的听障人士虽然有健康保险，但里面不包含助听器保险。

助听器制造商为了影响政策，同样不惜血本。在2016年的选举周期中，知名助听器厂商斯达克捐款13.7万美元；而在2022年的选举周期中，该厂商又捐了80.6万美元，在游说上花费了62.6万美元，目的是阻止FDA发布非处方助听器方案。

但巨头们没能阻止法案的通过。2022年8月，美国FDA宣布设立全新的OTC（非处方）助听器类别，并从2022年10月17日开始生效。这一政策下，听障人群重新聆听的渴望能否冲破现实的闸门？无数人翘首以待，但结果仍未可知。

⊙ 高价助听器在中国

如今的中国也有为数众多的听障老人在日益安静的世界里萎缩着、沉默着。中国助听器产业起步较晚，1960年天津助听器厂生产了中国第一台盒式助听器，这种助听器是把器件装在盒子里，由电池供电，体积较大，助听效果也不好。

改革开放后，国外知名助听器公司相继进入中国。它们在推广产品的同时，也与权威机构合作，展开听力科普。这些助听器厂商进入中国市场后，由于渠道成本、营销成本、品牌优势等原因，本就高昂的售价比国外还抬了一抬，某品牌同样型号的产品售价可能比在德国高出 30% ～ 50%。进口助听器便宜的要大几千元，贵的甚至能卖到八九万。

《中国听力健康现状及发展趋势》报告显示，中国 65 岁以上老年人群罹患听力障碍的人数目前已达 1.2 亿人，需要助听器干预的人数有 6300 万人，但实际佩戴助听器的人数不足 6.5%（410 万人）。

进口助听器能降噪、分频段增益，辅听效果好，价格却像一道栅栏横亘在很多老人面前。2021 年，人社部发表在求是网的一篇名为《进一步织密社会保障安全网》的文章，透露了人均养老金的信息。文章中提到，2012—2021 年，社会保障水平稳步提高，企业退休人员月人均养老金从 1686 元增长到 2987 元，城乡居民月人均养老金从 82 元增长到 179 元。

近 40 年，中国采矿业、基建业、重工业迅猛发展。许多工人每天长时间暴露于噪音环境中，逐渐患上了听力障碍。以矿工为例，下井是辛苦且危险的工作。三人一组，背着几十斤木棍，在地下三四百米处打洞，一人用风镐钻开煤层，一人架棚支护，一人落煤。密闭空间里噪音非常大，但当时的矿工能采取的防护措施有限，条件好点的矿会发耳塞和护耳器，但多数人只能塞两团棉花，几乎不能隔绝噪音。还有人连棉花也不塞，靠意志力忍受噪音。

一份关于职业病危害的调查显示，中国约有 3260 万接触噪声的劳动者，其中可能导致听力障碍的达 900 万人以上。职业性听力障碍已经成为继尘肺病之后的第二大职业病。

除了职业环境，年龄和疾病是造成听力障碍的另外两种因素。由于不易察觉、容易被忽视，年龄和疾病带来的听力损伤一点点展露出残酷性：因为听不清他人的说话声，就不愿主动交流，最终使认知能力退化，甚至可能诱发阿尔茨海默症。正如聋哑作家海伦·凯勒所说："如果让我选择恢复视力或听力，我希望自己能听见。因为看不见让我与物隔绝，听不见却让我与人隔绝。"

与人隔绝是可怕的。居住在韶关市董塘镇的邱辛娣，七八年前患上了淋巴癌，去市里的医院做了手术，化疗一个月后病情控制住了。但因为肿瘤太靠近右耳，手术后她的右耳几乎完全失聪。

听力严重下降让从前开朗爱笑的邱辛娣变得内向孤僻，不愿和人交流。因为听不见，邱辛娣的脾气变得很大，老伴刚开始很难接受，觉得她好像变了一个人，时间长了，就"只能慢慢习惯了，没办法"。

同在董塘镇的陈熊芳，年轻时靠卖猪肉为生，工作比较辛苦，导致神经性耳聋。因为耳朵不行、说话非常大声，有时候晚上会吓到老伴，时间长了，老伴也就不和他交流了。听不见成了压在他心头的一块大石，"听力问题真的可以毁掉一个人，甚至一个家庭"。

中国有无数的邱辛娣和陈熊芳。老人们自己买不起助听器，又怕给儿女家人添麻烦，不敢言说，也找不到解决办法，只能任由"听力障碍"这个看不见的妖怪在本来平静的生活里狼奔豕突。

⊙ 技术破局

中国的助听器产业比起美国、丹麦等国晚了 100 多年。但中国人口规模大、老龄化加快，助听器市场扩张很快。到 2020 年，中国助听器市场规模达到 58.21 亿元，7 年间增长了 152%；消费量也从 2013 年的 480.9 万个，增长到 2020 年的 1363.4 万个。

由于高端市场大部分被几家国际大厂占据，国内诸多中小企业经营的业务中，低端模拟助听器占据销量大头。A 股唯一一家助听器企业"锦好医疗"，2020 年模拟机营收有 1.36 亿元，占助听器总营收的 87.78%。

这也是买不起高价助听器的广大听障者的主要选择。儿媳给邱辛娣买过三副这样的助听器，1000 多元一副。这种助听器无须验配，即买即用，但不能像进口助听器那样能过滤噪音、补偿听力，而是放大所有的声音，不仅对解决听力问题无甚帮助，还损害了老人残余的听力。陈熊芳也收到过村委发放的类似助听器，因为"越用越聋"，也不再戴了。这种低价但也低端的模拟助听器，因为使用体验不佳，最终归宿都是被塞进抽屉积灰。

高端数字机"贵"不可及，低端模拟机体验不好——数千万听障老人正面对着这种两难局面，找不到出路。国内助听器企业自然也想打破僵局，但他们面临一个很大的问题：技术专利。全球助听器市场的专利池集中在一家名为"助听器制造商专利合作伙伴"（HIMPP）的公司。如果一家新公司想进入市场，很可能会侵犯其中某项专利，就不得不付出每年250万美元或相当于年利润1%的专利使用费。

准入门槛高、资金压力大，且核心技术受制于人，难以获得真正的长足发展。近些年来，国内企业也在努力缩小和巨头之间的技术差距，但目标并不容易实现。助听器核心的竞争力是降噪，即过滤环境噪音、增强语音，这是助听器不会"越戴越聋"的关键。

噪音种类众多，不同环境下人们对噪音有不同的理解。就像音乐声，在工作环境中是噪音，在音乐厅中却不是。如何识别不同的声学场景，予以不同的处理，让用户体验处于最佳状态，就是一个不得不克服的技术难关。此外，助听器通常一戴就是9～10个小时，这就要求功耗低、计算复杂度低，但又要尽可能压制噪音，让语音失真降至最低。如何做到"既要还要"，这又是一大难题。

长期的技术积累、多元的人才储备、充足的科研投入都是不可或缺的。两年前，腾讯会议天籁实验室的工程师们就关注到了这一问题：他们采集过上千小时的语音噪声数据，利用天籁AI算法和深度学习，能消除300多种噪声。而这一技术不正是国产助听器所欠缺的吗？如果将它迁移复用到助听器上，是否能解听障人群的燃眉之急？

研究改进后，他们将国产助听器在复杂场景下语音的清晰度和可懂度提升了85%，也和国内助听器企业合作，把万元进口助听器才具备的高性能塞进了千元国产助听器里。

助听器使用的另一门槛——验配，因验配师少、水平参差不齐的现状短时间内无法改变，天籁实验室的工程师们为助听器配套了验配应用软件，只需在手机上操作，就能调到适合自己的听力增益区间。使用过程中，内置算法会实时检测麦克风输入信号，判断当前声学场景，一旦场景发生变化，会立刻切换声音处理逻辑，这时使用体验会大大提升，也能减少验配次数。

价格和技术这两大难关一次性被攻破。认知和验配上的短板也用听力筛查、科普和康复的小程序和验配应用软件补齐了。

2022 年 4 月，这种 AI 技术加持的助听器被送到了韶关 500 位听障老人的手中，邱辛娣、陈熊芳都在这次捐助名单中。多年听障生活，就像行走在黑黢黢的隧道里，孤独、寂静、漫长，这次他们重新拥有了"听清"的权利。

看不见的力量：腾讯产业新布局

第五章

突破封锁：大国博弈背后的助推剂

大国博弈，近几年来愈加激烈，未来几年也将无可避免。在这场可能关系到民族命运，甚至影响未来世界秩序的角力中，各国都在向着科技制高点发起冲击。

全球竞争中，越来越多的中国科技企业选择将自身发展与国家战略、国际科技发展趋势融合在一起。

过去数年，从具备极强战略高度的芯片研发到残酷的专利之争，中国企业已经在用自己的方式释放国际影响力。而当疫情来袭时，无论是特效药的研发，还是以人工智能（AI）技术辅助疫苗研制，中国企业呈现出的效率、技术支撑、连接能力，已经不输国际顶尖对手。

一、打破垄断，助力国产芯片自救

2020 年底，中芯国际经历了一场内乱。曾带领 2000 多位工程师，用 3 年时间一举完成从 28 纳米到 7 纳米共 5 个世代技术开发的中芯国际首席执行官兼执行董事梁孟松，因公司邀请蒋尚义重回中芯国际担任副董事长而辞职。

要知道，就算马拉松式加班，一般公司要攻克 5 个世代的技术开发，至少需要 10 年时间。"技术支柱"这一走，2020 年中才在 A 股和港股同时上市，引发一轮芯片行业投资热潮的中芯国际，立刻在港交所临时停牌。一年之内，大起大落不断的中芯国际，只是中国芯片行业的一个缩影。

彼时，西方发达国家的芯片设计和制造生产因为疫情几乎被冰封，让中国芯片行业的投融资一片火热。但同时，技术上的不足也让中国芯片陷入困境，智能手机、电脑等芯片早已被扼住喉咙，就连汽车工业也陷入芯片危机。

中国芯片行业亟须破局。不为人知的是，在中国，除了一些芯片巨头，还有着无数虽不太知名，却在自主研发方面取得划时代突破的初创企业。了解这些不知名的芯片公司在做的事，更能让我们知道芯片行业将走向何方。

⊙ 芯片紧缺，中国汽车停产

2020 年 12 月，是这一年汽车行业冲刺销量的最后一个月。上汽大众工厂的员工却忽然接到放假通知，包括宝来、速腾等生产线的员工。

那几天，大众的几个工厂在流传着"没零件"的消息。12 月 4 日，一篇名为《南北大众今起停产！"缺芯"将影响百万产能！》的报道出现，让整个汽车行业"炸开了锅"，恐慌情绪快速蔓延。

报道的内容似乎有些耸人听闻："由于芯片供应不足，上汽大众从 12 月 4 日开始停产，一汽大众从 12 月初起也将进入停产状态。"这条消息很快得到大众汽车的证实：芯片供应紧张，一些汽车的生产面临中断风险。

大众这次短缺的芯片，主要是控制电子稳定程序系统（ESP）和电子控制单元（ECU）两大模块。对于中高端车型而言，这两大模块是保障安全、提升性能的关键所在。一旦缺失，纵使是大众这样的汽车界"扛把子"，也不得不紧急刹车，连 2021 年第一季度的生产计划都要跟着调整。

欧洲第二大汽车零部件制造商，也是大众汽车顶级供应商之一的德国大陆集团称，尽管芯片生产商已通过扩大产能来应对近期激增的需求，但扩充的产能需要 6 ～ 9 个月才能实现，因此汽车业芯片短缺可能持续到 2021 年。

严峻的境况早已传导到全行业。东风本田采购部部长龚剑表示，芯片供应紧张是事实，东风本田也受到了影响。长安汽车采购中心总经理闵龙透露，情况有点严重。奇瑞汽车副总经理张国忠更是难掩焦虑："确实紧张。"

这件事造成的影响难以估量。以国内 15% 的汽车产能受影响来估算，意味着仅 12 月，国内就可能有近 40 万辆汽车的生产受到影响。到 2021 年终，这个数据恐怕会突破 600 万。

在汽车业这轮停产潮的背后，是一个残酷的现实：虽然我国是第一大汽车生产国，但很多核心部件基本靠进口，特别是汽车产业链的芯片，严重依赖外部供应链，自给力不足 10%。

一颗不可控制的"外国芯"，始终是中国汽车行业上的悬顶之剑。更严重的是，占据全球汽车芯片市场半壁江山的恩智浦、德州仪器、英飞凌、瑞萨和意法半导体等芯片厂商，随时会因疫情影响而停工停产。而中国只能被动受制于这些国外厂商的生产条件，这多少显得有些悲凉。

芯片，也就是集成电路，是半导体原件的统称。在硅基的信息科技时代，芯片早已融入整个社会工业体系中，成为新型工业的基础设施，更是所有智能工业产品的命脉，包括汽车、家电、网络信号基站，甚至玩具等。汽车行业的遭遇折射出中国芯片产业的落后局面。

⊙ 极难突破的"沙子"产业

为什么一个 14 亿人口的国家，会被一枚比指甲盖还小的芯片难倒？这个问题的答案，关系到整个中国的芯片产业。这背后，不仅有企业之间利益的争夺，也有国家之间的利益角逐，小小芯片上，承载的不只是一台手机的灵魂，也不只是一家企业的生财之道，还承担着一个国家的科技是否还有机会继续发展的终极问题。

简单点来说，造芯片是一出"沙子变形记"，要先从一堆沙子中提纯出单晶硅圆，然后使用光刻机在晶圆上刻蚀电路，再将晶圆切割为小块芯片，最后将芯片封装，此时一枚商用芯片就完成了。

实际的工序肯定要比这复杂得多，因为制造芯片的每一步，都要用到原材料。比如对应的硅晶圆、光刻板、光掩模板、特殊气体等。更重要的是，每一个材料还对应了一个产业，涉及的相应设备有光刻机、单晶炉、氧化炉、刻蚀机、检测设备等几十种中高端设备。而这几十种设备中，每个设备又包含一个产业。比如光刻机，一台先进的光刻机有 5 万多个零件。

所以，芯片的制造不是一朝一夕就能完成的。正是因为芯片产业如此复杂，没有哪个国家拥有完整独立且高尖端的产业链，设计、制造、封装、测试等环节掌握在不同国家不同企业的手中。

在全球半导体巨头中，英特尔和三星是少数涵盖全产业链的企业，既可以设计芯片，也可以生产制造芯片；高通、英伟达、苹果等则主攻芯片设计，生产制造交由台积电等代工厂完成。而台积电在芯片制造领域拥有全球 50% 的市场份额，且技术领先其他厂商两代甚至三代。

中国芯片落后的现状，导致今天只能"看人脸色"。根据官方的统计数据，中国芯片进口的花费已经超过石油，过去 10 年，累计耗资高达 10 万亿元。2019 年，中国进口芯片就耗费 3055 亿美元，这么大的进口量，还被人牵着鼻子走。很多人习惯性叹息：先忍几年吧，谁怪我们"一穷二白"、起步晚呢。事实上，中国在芯片相关的诸多领域起步并不晚。在半导体晶体管和集成电路起步阶段，中国距美国只有 5 年左右的差距。

⊙ 我们为什么落后

1949 年一个阴沉的清晨，在南京下关港口，张锡纶登上了开往中国台湾高雄的轮船。他是著名的炼钢专家，抗战时期他和妻子主持的第二十一兵工厂生产了中国 90% 的重机枪。张锡纶离开大陆时，带走了 200 多名年轻的冶金学徒，在台湾开始建立高雄六○兵工厂。跟着他以及 200 多名冶金学徒一起离开大陆的，还有他刚满一岁的儿子张汝京。

张家离开大陆去往台湾之时，贵州山村里，一个叫任正非的小孩刚刚 4 岁。对于两个年幼的孩子而言，他们无法理解这个世界正在往哪去，但是命运的分野将他们带往不同的世界，也早已埋好一条隐秘的线。

1956 年，完成社会主义改造的新中国，根据国外发展电子元件的情况，提出"向科学进军"的口号，将研究半导体科学列为国家四大紧急措施之一。中国的半导体产业能够紧追美国，得益于一批回到新中国的半导体人才。

那段时间，中国科学院应用物理研究所请留学归来的半导体专家黄昆、吴锡九、黄敞、林兰英、王守武、成众志等讲授半导体相关理论，在北京大学开办了半导体物理专业，培养出新中国第一批半导体专业人才，包括后来的中芯国际董事长王阳元等。

另外，作为制造芯片核心装备的光刻机，中国一开始也是走在前面的。1965 年，中国便研制出 65 型接触式光刻机。那时候，在后来称霸光刻机界的荷兰 ASML 公司还没成立。然而，起步不久，因为历史原因，半导体的研究几乎陷入停滞。与此同时，国外则在加速狂奔。

1974 年，石油危机后的第二年，日本政府就批准了"VLSI（超大规模集成电路）计划"，并在 1976 年联合日立、NEC、富士通、三菱、东芝五大公司筹集 720 亿日元（2.36 亿美元）设立"VLSI 技术研究所"，开启了"举国模式"的大追赶。几乎同时，韩国的三星也在韩国政府的支持下开始涉足半导体产业。

1977 年，29 岁的张汝京，分别从纽约州立大学和南卫理公会大学获得了工程科学硕士与电子工程博士学位后，入职美国半导体巨头德州仪器。在德州仪器，张汝京花了 20 年时间，在全世界建了 9 座工厂，平均 2.2 年就建成一座厂，这样的"大手笔"，让张汝京被称为"建厂狂魔"。这些工厂坐落在美国、日本、新加坡、意大利以及中国台湾等地，但没有中国大陆。

时间一晃到了 1978 年，中国大陆开始改革开放，成立了"电子计算机和大规模集成电路领导小组"，准备在半导体行业大干一场。1985 年，中兴半导体在深圳成立。1988 年，上海无线电十四厂与美国贝尔电话合资成立贝岭微电子公司，建设中国大陆第一条 4 英寸晶圆生产线。

然而，早在 1975 年，中国台湾地区的"工研院"便向美国购买了 3 英寸晶圆生产线，1977 年即建成投产。1982 年，日本成为全球最大的 DRAM 生产国。3 年后，日本的 NEC 已经登上全球半导体厂商榜首，把行业龙头英特尔打得毫无还手之力——关了 7 个厂，裁员 7200 人。

其他国家凭借此前的技术积累，早就跑在了前面，并且在市场上厮杀正酣。中国却处于起步阶段。中国芯片历史上遇到的拦路虎不止是技术。就在改革开放准备大干一场时，中国面临一个很现实的问题——穷。

芯片是一个以"烧钱"著称的行业，1966—2000年，中国大陆对半导体产业的投资金额约为200亿元。对当时的中国来说，这不是一笔小数目，在全球来看却很不起眼。2000年，中国台湾地区一年的投资金额就达到109亿美元（折合当时903亿元）。但1990年，中国的财政收入仅为3082亿元。

同时，由于芯片是一个很复杂的行业，投入大、见效慢，但对当时的中国企业来说，赚快钱更容易。1984年成立的联想就是代表。当时，联想的创始人之一倪光南，坚持在技术上走自主研发道路，包括汉卡芯片。但面对残酷的市场竞争，资金实力并不雄厚的联想面临着"技工贸"还是"贸工技"路线的选择，一个是以技术研发为先，一个是以市场贸易为先。

最终，联想选择了后者。联想的选择是当时国内一部分企业的代表性做法。20世纪90年代，中国进一步打开国门，大幅度降低关税，中国研发的芯片在竞争中见了真章。涌入的进口芯片，让门内的芯片企业几乎全军覆没，纷纷改革转制或破产重组。

此时，恰逢全球化浪潮逐渐达到巅峰，全球化分工越来越明显。那个时候的中国，为了在全球做买卖赚钱，还在为加入WTO而努力。但芯片行业的"战争"早已腥风血雨。

⊙ 中国芯片，在夹缝中生存

还在美国德州仪器的时候，父亲张锡纶问张汝京："你什么时候去大陆建厂？"1997年，这个问题依稀有了答案。

彼时，张汝京在中国台湾创立了世大半导体，短时间内实现了量产和盈利。当时，他已经做好了在大陆建设芯片工厂的详细计划：世大第一厂和第二厂建在台湾，第三厂到第十厂全部放在大陆。

这时的华为，面临着将市场从农村拓展到城市的问题，但一进城就发现城里的市场已被跨国公司瓜分。本土科技企业与国际大型科技公司的"厮杀"，是电子行业崛起或消亡的主旋律。这在世大身上也不例外。

2000 年 1 月，还没等到前往大陆建厂，台积电便以 51 亿美元将世大半导体收购了。凶猛而来的世大，对台积电来说是一个极大的威胁。收购完成后，张汝京却带着 300 余名工程师出走，来到上海创立中芯国际，开启了大陆半导体代工新时代。

2000 年 8 月 24 日，中芯国际在浦东张江正式打下第一根桩，仅过了一年零一个月，到 2001 年 9 月 25 日，就开始投片试产。到 2003 年，中芯国际已经冲到了全球第四大代工厂的位置。随之而来的，则是巨头们见缝插针的围堵。

2003 年 8 月，中芯国际正准备在香港上市。这个关键时刻，台积电出手了——在美国加州起诉中芯国际，理由是中芯国际的员工盗取台积电的商业机密，要求赔偿 10 亿美元。此时的中芯国际年收入仅有 3.6 亿美元。在美国制裁华为的 16 年前，这是大陆半导体行业最惨烈的一战。

经过两年漫长的诉讼期，中芯国际选择和解，赔偿 1.75 亿美元，还签了一个"第三方托管账户"，将中芯国际 0.13 微米或更先进的技术资料存在里面，而台积电可以自由查看。

这之后的十多年里，中国芯片长期在西方技术封锁的夹缝中生存，缺乏自主研发能力。

西方国家一直有一个针对出口管制的制度安排。1949 年，西方国家在巴黎成立了巴黎统筹委员会，在 1996 年又演变出台了瓦森纳协定。该协定包含军用、民用两份控制清单，目的是限制向相关国家出口敏感的产品和技术，中国就属于被限制的对象。

以光刻机为例，ASML 的 EUV 光刻机已投入 7 纳米工艺，而国内最先进的量产水平是 90 纳米。之所以差距惊人，原因之一就是中国买不到高水平的镜头和光源，这是光刻机的核心部件，而国内缺乏相关的技术。

这种封锁时至今日仍然是中国企业无法突破的屏障。2020 年 1

月，华为在海外遭遇围追堵截，在美国的影响下，世界最大的半导体创造企业台积电不再给华为提供芯片，中芯国际因此获得华为海思14纳米工艺的订单，华为海思也成为中芯国际的最大客户。此时的中芯国际，刚刚突破14纳米芯片工艺，实现量产。

2020年5月16日，制裁升级。美国商务部工业与安全局突然宣布，将全面限制华为购买和采用美国软件和技术生产的半导体，包括美国以外被列入管制清单的生产设备，在为华为和海思生产代工前都要获得美国的允许。

核心技术没有掌握在自己手上，在技术封锁面前只能节节溃败。没有芯片自主研发设计和制造生产能力，长期依赖进口，正在限制着整个国家的工业发展。要走的路很长，但我们不能停下。

⊙ 乱象和争辩

2003年2月26日，在上海市新闻办公室举行的"汉芯一号"发布会上，由多位院士和"863计划"专项小组负责人组成的专家组，围着一块硬币大小的芯片啧啧称奇。

老专家们给出的鉴定意见是："汉芯一号"属于国内首创，达到国际先进水平，是中国芯片发展史上重要的里程碑。

对于这个"伟大创举"的报道铺天盖地，"汉芯一号"创始人、长江学者、上海交通大学微电子学院前院长陈进也一路高歌猛进，除了在学校里升职加薪，还成为上海硅知识产权交易中心首席执行官、上海汉芯科技有限公司总裁，眼看成为中国工程院院士指日可待，可谓名利双收。凭一己之力，仅用两年时间就让中国芯片超英赶美，就连英特尔的工程师都感慨"快得不可思议"。

事出反常，必有妖。2006年1月，有神秘人物在清华大学水木清华BBS上指责"汉芯一号"弄虚作假，经过一个月的调查，这场骗局终于被揭穿——"汉芯一号"是国外买回的摩托罗拉DSP56800系列芯片，只不过陈进找了给"汉芯"实验室装修的民工，让对方将表面原有标志用砂纸磨掉，然后加上"汉芯"标志。这件事导致很长一段时间里自主研发芯片被当成笑话，直到美国的封锁来到了门口。

2018 年 4 月 16 日，美国以中兴违反美国限制，向伊朗出售美国技术的条款，全面禁止美国公司向中兴通讯销售包括芯片在内的美国元器件和软件，时间长达 7 年之久。眼看大厦将倾，中兴通讯赶紧宣布公司股票停牌。

已经退休的 76 岁创始人侯为贵临危受命，出山救火；在深圳总部召开的新闻发布会上，中兴通讯董事长殷一民满脸愁容地说："美国的制裁可能使公司立即进入休克状态。对公司全体员工、遍布全球的运营商客户、终端消费者和股东的利益都会造成直接损害。"

看上去抗风险能力很差的中兴通讯，当时其实已经是全球第四、中国第二大通信设备制造商，累计申请专利 6 万件，连续多年稳居全球前三甲。

没有得天独厚的资源，也没有弯道超车的机遇，中兴之所以能把一个个欧美通信巨头甩到身后，靠的是非凡的毅力和稳扎稳打的技术。索马里、埃塞俄比亚……这些偏远地区的市场，哪一个不是蜕了几层皮才拿下来的。对于即将到来的 5G 时代，中兴正准备乘胜追击。而这时候美国的一纸禁令无异于釜底抽薪。

中兴的三大主营业务——基站、光通信和手机——无一不需要芯片的支撑。尤其是中兴的通信基站业务，占到了其业务总额的近 6 成。一台基站但凡有一枚芯片被禁运，整台基站就无法交付。久而久之，公司业务自然陷入瘫痪。

大力发展芯片技术又一次被提上议事日程。中兴事件过去一个星期，在清华大学产业发展与环境治理研究中心主办的 2018 学术年会上，针对中国是否应该大力发展芯片技术的问题，出现了激烈的争辩。

著名经济学家吴敬琏的声音最为强硬，在他看来，自主造芯要付出很大的沉没成本，难度大、成本高、进展慢，"不够经济实惠"，国家不惜一切代价发展芯片产业，是极为危险的。参照当前发达国家在芯片的技术水平与发展阶段，中国再去投入做芯片，就像一场马拉松，别人跑到了 30 多公里，而我们才在起点附近热着身。要追上跑在前边的选手，我们不仅要速度翻倍，还得想办法抄各种捷径。

搞芯片，怎么看都是赢面小之又小的赌博。整个赛道上还充斥着各种喧哗与骚动。

◉ 中国初创芯片公司的悄然突破

骗子大行其道，真干事的人却默默无闻。早在陈进满世界招摇撞骗的时候，华为悄悄把原来的集成电路设计中心注册成实体公司海思半导体有限公司，提供海思芯片对外销售及服务。14 年后，当整个中国芯片行业遭到"断芯"危机后，这家公司才被外界知晓。

芯片是一个典型的人才、技术和资本密集型行业。华为海思团队从 2004 年就走上了自主研发之路，但也是最近几年才能拿出麒麟芯片这样勉强能够追赶高通的产品。每一款自研芯片诞生的背后，是战略、资金、技术、管理和人才等诸多因素形成合力的结果。

自主研发芯片有两个难点：一是前期试验阶段投入的资金和时间成本非常高昂。芯片从设计到加工中间走过的工序差不多有 3000 ~ 5000 道，而且一次耗费的时间差不多就是一年；二是芯片对精度的要求极高，试验阶段排错难度大。芯片看上去体积非常小，却分布着数亿个晶体管。仅仅是对这上亿个晶体管排查差错，都是难以想象的工作难度。

以麒麟 980 为例，海思前负责人艾伟透露，这款芯片的研发周期长达 3 年，投入资金超过 3 亿美元，共有 1000 多位高级半导体专家参与，进行了超过 5000 次的工程验证才最终量产成功。

无奈的是，行动者总是被哗众取宠的演讲者遮盖。到了 2020 年，打着"芯片"骗补的企业仍层出不穷，各地芯片项目相继烂尾。事实上，在这些企业轰轰烈烈圈地造势骗补的时候，中国其他科技企业也没有闲着。

在中国最具实力的几家互联网科技企业中，自主造芯声势最为浩大的莫过于阿里巴巴。最初，阿里巴巴在芯片领域中广泛投资。阿里巴巴的芯片投资版图不断扩大，相继投资了寒武纪、Barefoot Networks、深鉴科技、耐能、翱捷科技、恒玄科技等众多芯片公司。最后，阿里亲自下场造"芯"。

在中兴遭到制裁的 5 个月后，2018 年 9 月的云栖大会上，马云宣布成立平头哥半导体公司。平头哥半导体公司由阿里此前收购的中天微公司和达摩院自研芯片业务整合而成。

平头哥，是非洲蜜獾的别称，性格倔强凶悍，皮糙肉厚，抗毒能力强，把毒蛇当辣条吃，连狮子、花豹都怕它三分。这是马云特地为芯片公司取的名字。平头哥半导体公司成立一年后，2019 年 9 月，其第一颗自研人工智能芯片含光 800 正式问世。

让人们预料不到的是，其实百度才是 BAT[①] 中最早"造芯"的公司，而且进展神速。从 2011 年起，百度就开始基于 FPGA 研发人工智能加速器。2017 年 3 月，百度与 ARM、紫光展锐和汉枫电子共同发布 DuerOS 智慧芯片；2018 年 7 月，百度在人工智能开发者大会上正式推出了自研的首款云端人工智能芯片——百度昆仑芯片；2020 年，百度宣布昆仑芯片已经量产百万枚。

腾讯也不例外，投资了燧原科技这家初创芯片企业。中兴被制裁之前的一个月，2018 年 3 月，燧原科技在上海注册成立，在种子轮之后对外公布了三轮融资，Pre-A 轮融资 3.4 亿元，由腾讯领投；A 轮融资 3 亿元，腾讯继续跟投。

不过，和阿里、百度不同，腾讯投资的是一家独立公司。燧原的一名投资人认为，独立正是燧原的优势。不并购、不控制，这种独立性意味着摆脱了束缚与干预，让整个项目的研发速度比其他芯片公司

---

① 百度、阿里巴巴、腾讯 3 家互联网公司的简称。

都要快。

果然，燧原科技一年就成功流片^①。2020 年，燧原科技第一款人工智能训练芯片"邃思 DTU"获评"中国芯•年度重大创新突破产品"。这也是该奖项自设立 3 年来第一枚获奖的人工智能芯片。

⊙ 商业大佬的选择

芯片是一个十分复杂的体系，包括中央处理器（CPU）、图像处理器（GPU）、张量处理器（TPU）、深度学习处理器（DPU）、神经网络处理器（NPU）、大脑处理器（BPU）等。

一般而言，芯片的类别可以分为传统芯片和人工智能芯片。传统芯片通常是指传统的 CPU、GPU 这些处理器。传统芯片的算法比较简单，也被应用于一些简单的场景。比如华为的麒麟芯片就是整合了CPU、GPU、NPU 等处理器的组合体。阿里平头哥的首枚芯片则是一款 NPU，跟我们常说的海思麒麟芯片是两个截然不同的产品。

应用面广泛的人工智能是未来的趋势。要实现人工智能，就需要算力更强大，擅长智能算法、深度学习的人工智能芯片，嵌入式神经网络处理器（NPU）正好满足这点。虽然传统的 CPU 和 GPU 也能用来执行人工智能算法，但是速度慢、性能低，无法实际商用。而NPU 是最适合人工智能芯片的架构。其实无论是人工智能芯片还是物联网芯片，通常都是"定制化"的，需要结合具体的应用场景去设计。这也正是阿里、腾讯、百度、寒武纪这些芯片新秀最擅长的方向。

最近几年，芯片企业的研发速度突飞猛进，一年流片、快速量产的初创芯片企业不在少数。归根究底，是这些芯片公司背后的支撑力量更丰富了。

中芯国际作为国内为数不多的芯片制造商，背后站着的是华登国

---

① 流片，指像流水线一样通过一系列工艺步骤制造芯片。

际创始人陈立武。华登国际投出了美团等互联网"独角兽"企业，但陈立武更偏爱半导体公司，号称"投资 500 多家企业，110 家成功上市，30 年来专注半导体投资"。

半导体赛道，重资产、重科技、重人力、回报周期长、来钱慢，同行都不看好陈立武的坚持，都觉得他"疯了"。2002 年前后，他一举投出包括中芯国际、安凯科技、智芯科技在内的诸多"不知名"公司。

经过 20 年的漫长等待，中芯国际的很多投资方都退出了董事席位，陈立武是唯一自始至终站在中芯国际身后的投资方，而在他身旁，无数的后来者正在入局。

回到 2018 年，被制裁的中兴到了生死攸关之际。当时，很多自由派经济学家的论调依旧是反对中国企业自研芯片。而任正非、马化腾、董明珠、雷军这些商业大佬，作为中国芯片的坚定拥护者，没少被看客讽刺。

早在华为"2012 诺亚方舟实验室"专家座谈会上，任正非就意识到核心技术自主创新的重要性："我们做操作系统，做高端芯片，主要是让别人允许我们用，而不是断了我们的粮食。断了我们粮食的时候，备份系统要能用得上。"

此后，华为每年的研发费用节节攀升。2017 年，华为全年收入超 6000 亿元，而研发费用就占了约 900 亿元，高居中国第一、全球第六，超过全球市值第一的苹果公司。所以目睹中兴遭此大劫，华为高层才有底气向外界放话：美国市场已不再是华为全球战略的一部分，华为对美国市场不再感兴趣。

在这场没有硝烟的战争中，冲上风口浪尖的阿里，抛出 1000 亿元用于研发自主人工智能芯片。在首届数字中国建设峰会上，一向低调的马化腾也表了态："中国摆脱核心技术受制于人的需求，越来越迫切，只有科技这块'骨头'足够硬，我们才有机会站起来，与国际巨头平等对话。"

⊙ 让资本望而却步的芯片行业

腾讯投资的燧原科技，第一款芯片邃思芯片也是人工智能芯片，在落地过程中腾讯的技术团队与燧原一起度过了前期艰难的研发过程，而腾讯丰富的应用场景数据也让邃思芯片研发的速度加速。

成立之初，燧原需要找到一个合适的合作伙伴，不仅能够帮助燧原做出硬件，还要帮助燧原在多个应用场景实现落地。但是，这种合作又不能限制住燧原和其他企业的业务往来，腾讯是唯一符合燧原需求的投资方。

说是投资，实际操作上更接近协作的关系。燧原与腾讯最后达成的投资协议是投资排他、业务不排他，双方在业务上是自由的，如果燧原的产品质量不过硬，腾讯没有义务买燧原的产品，燧原也可以找别的互联网公司进行业务合作。燧原创始人赵立东后来回过头看，感慨当初与腾讯合作这个选择"是完全正确的"。

自 20 世纪 80 年代以来，一大批企业将"贸工技"奉为指导思想。由于布局底层技术短期内难有业绩上的回报，很多企业会将底层技术的研发束之高阁，而是采取"拿来主义"，站在巨人肩上进行应用创新。

然而事实证明，放弃自主研发，等于将主动权拱手让人。一招不慎从巨人肩头摔下，不死也落个半身不遂。

马化腾这些搞企业的，之所以跟经济学家的观点不一致，就在于他们会站在这个社会实际应用的角度出发，且看透了中国必须自主研发芯片的必要性和趋势，所以他们能够顶着舆论压力去做一些他们认为有价值的事情。

尤其是经历过从无到有，从空白到繁盛的大型互联网公司，他们更耐得住寂寞、看得到更远处的可能性。一时的舆论不代表什么，顶着压力前行，才能为中国的芯片行业争取一些空间。

芯片行业需要重资投入，通过资本对企业的长期扶持和产业效应的刺激，可以大大加速芯片全产业链的发展。换句话说，产业竞争的背后也是资本的竞争。中国的企业要冲击已经被西方国家牢牢掌控的芯片市场，资本就是他们最好的弹药库。

但是更多资本力量的介入只是让他们无后顾之忧，并不能直接助力企业解决芯片研发过程中的各种难题。由于沉重的前期研发成本，绝大部分的芯片企业在取得一定市场规模之前，都赚不了钱。这也直接导致了不少资本望而却步。即使背景强大如中国科学院嫡系子弟、芯片行业的"独角兽"企业寒武纪，2017—2019 年分别亏损 3.81 亿元、0.41 亿元和 11.79 亿元。

⊙ 为什么是互联网公司？

芯片企业要营利，就要有成熟稳定的产品，并且这个产品一定要有广阔的市场前景，如此才能为芯片企业带来稳定的营利。如果没有清晰的落地应用场景和商业模式，再先进的芯片技术也无用武之地，背景再强大的芯片企业也很难持续生存下去。

英特尔的芯片称霸 PC（个人计算机）时代，是因为与微软的 winter 联盟，英特尔的芯片让微软拥有了成熟的 PC 电脑和 Windows 操作系统，而微软的用户生态又反过来支撑了英特尔的研发迭代。

ARM 能够打破英特尔和微软的霸权，靠的就是授权给全世界的公司这个"奇招"。苹果、高通、联发科、海思麒麟芯片都来自 ARM 的授权。这让 ARM 的芯片称霸移动互联网时代。

这几年扎堆进入芯片行业的互联网企业，刚好为中国的芯片制造者补上了短板——利用自身的云数据、云计算能力这些优势，引领整个中国芯片行业加快研发进度，加快应用场景落地，增加中国抢占未来人工智能芯片话语权的可能。

为什么最近这些芯片初创公司跟最初的华为海思这些"前辈"相比，芯片研发的进展如此神速？为什么华为需要十几年，而阿里、腾讯、百度这些企业只需要一年就成功流片、量产？区别就在于，有互联网企业支持的初创公司掌握着互联网和科技发展至今所积累沉淀的大量应用场景数据。

这是中国所有芯片研发公司的"地利"，也是阿里、百度作为互联网企业能够快速"切入"芯片产业，并且能在一年内快速做出第一颗芯片的原因。不仅是阿里、百度，谷歌、亚马逊等互联网公司都在借助自有业务支撑自研芯片的研发和商业化。

当然，华为海思此前十几年的投入研发并非证明华为的研发能力不够强劲。恰恰相反，正是因为华为、中芯这些前辈把前面的荆棘路走通了，后来者经过的速度就会越来越快，越来越省力，这条路也会越走越宽。说到底，这是一个厚积薄发的必然过程。

而华为也正向这些互联网企业学习。后来华为发展消费者业务，做起了手机和电脑这些智能终端，着手建立"华为云"生态，甚至"分拆"荣耀，都是为了给海思芯片的研发迭代提供丰富的应用场景。这一切都是为了加快芯片应用的落地。

⊙ 芯片背后的国家

在这些企业、资本的身后，还有一股最为坚实的推动力。2014年9月24日，由财政部做大股东、联合15家国资背景企业的国家大基金成立，投资初期项目覆盖了芯片全产业链，包含设计、晶圆、封测、装备、材料等。截至2018年，国家大基金的规模从初期的1200亿元上升到将近2000亿元。2019年7月，重点投资芯片的国家大基金第二期来了，募集规模2000亿元左右，能撬动投资6000亿元左右。

芯片产业的发展历史已经证明，一个高效发展的科研产业，离不开全球产业链的联动，特别是在芯片产业。由于芯片投资期限普遍较长，这些投资至少能够帮助企业在比较长的一段时间内减缓资金压力，使企业专注于芯片业务。

国家对于芯片的坚定投入，目的是破解当前国内芯片行业面临的生态掣肘难题。背水一战，才能真正毕其功于一役。

随着国内各界大力发展芯片的决心不断增强，2020 年，国家大基金开始筹备新一期投资，继续承接一期的芯片产业链，并将侧重芯片设备与材料领域的投资。国家大基金对中国芯走自主研发道路的坚定支持，资本市场看在眼里。这也让一级市场对芯片行业有信心，吸引更多资本倾注于芯片行业。

专业投资人、互联网公司、政府基金相互借力，人和、地利、天时齐备。中国的芯片反击战已经打响，不管技术封锁的寒冰是否退却，步伐都不会停下来。

二、专利规则下，中国企业的进击

专利制度，一面天使，一面魔鬼。有人把专利制度视为守护发明、鼓励创新的摇篮，实验室里默默无闻的"小透明"，可以凭借一项划时代的专利，成为叱咤风云的商业大亨。当然也有人视专利制度为排挤对手、压制创新的"大棒"，借助现代社会庞杂繁密的法律体系，企业可以通过一纸专利诉状，文明而又野蛮地终结一场商战。专利制度是现代商业文明的"核武器"，不在乎数量的多寡，只需哪怕一件，就足以改变战局。

2013 年，诺基亚以 72 亿美元的低价卖掉了手机业务。从千亿市值的北欧王者，到微软旗下一个鸡肋部门，诺基亚只用了两年时间。

"巨人倒下的时候，身体还是暖的。"马化腾这句话后来被人一再引用，"诺基亚"三个字早已消失在消费者的视野中，即便手机业务由 HMD 公司复活，销量也是以砸核桃的功能机为主。在主流商业叙事中，诺基亚成了彻头彻尾的、行将就木的失败者。

然而国人不会知道，今天的诺基亚仍是手机厂商最头疼的对手。不需要推出性价比神机，也不需要把店开到家门口，它只需要一种武器——专利。

2014—2018 年，三星每年需要向诺基亚支付专利许可费 2.18 亿欧元；2017 年，仅起诉苹果在显示器、芯片以及软件等方面侵犯了诺基亚的 32 项专利权，诺基亚就从苹果身上获得 20 亿美元的赔偿；2021 年 7 月，诺基亚在英、法、印度等多个国家对 OPPO 发起专利侵权诉讼。

如果采用诺基亚的 5G 专利方案，OPPO 每售出一台手机将要支付 3 欧元的专利费。手握专利大棒的诺基亚，2019 年净销售额达到了 233 亿欧元，与爱立信、华为依然并列为三大电信设备巨头。

回顾往事，专利本身就是半部商业史，而对于中国公司而言，这场赌命的较量已经从青铜迈入了王者段位。

⊙ VCD 之觞

1992 年，时任安徽观代集团总经理的姜万勐，在美国一场展会上留意到了 C-CUBE 公司展示的 MPEG 解压缩技术。他很快意识到，这项技术可以将图像和声音存储在光盘里，制造出物美价廉的视频播放设备。

姜万勐很快和 C-CUBE 公司的董事长孙燕生接洽，两人决定成立万燕公司，随后开发了世界上第一台 VCD 影碟机。在那个市面上只有镭射影碟机的年代，VCD 的出现，犹如 2011 年的小米之于三星、HTC 之流，在价格上的冲击是颠覆性的。1993 年，安徽现代电视技术研究所的 VCD 可行性报告甚至这样描述：这是 20 世纪末消费类电子领域里，中国可能领先的唯一机会。

但万燕的辉煌并没有持续太久，其斥资 1600 万美元研发出 VCD 后，首批上市的机器几乎被国内外家电公司抢购一空，高额的研发和营销成本必须均摊在后续的机器上，这使得万燕的 VCD 早期售价高达 5000 元，而由于缺少专利意识，竞争对手在简单研发后很快上线了自家的 VCD。

短短两年时间，蓝海化身为红海，最多时国内有 1000 家企业在生产 VCD。中国式"内卷"在 30 年前和今天似乎没有什么不同，依然是"价格战+广告战"。电视台和明星代言日进斗金，而 VCD 很快被卖到了几百元，先驱万燕甚至没能走进新世纪，便在 1997 年被美菱集团重组，但仍然没有企业在意专利。

更熟悉商业规则的日本企业缓过神来，东芝和索尼研制出了性能更优越的 DVD，并开始申请专利，很快走在了行业的前列。

DVD 时代，日立、松下、JVC、三菱、东芝、时代华纳组成了"6C 联盟"，沦为代工厂的国内企业，每生产一台 DVD，利润是 200元，却要上缴 20 美元专利费给"6C 联盟"。这笔高达 7 成的专利税，每年净赚 15 亿美元，让日美企业赚得盆满钵满。

直到迅雷、旋风快车、百度云盘、电视盒子的兴起，国人对 DVD 乃至光驱的依赖才逐渐消失，但坐上发展快车的中国企业，开始遇到更多的"专利麻烦"。

⊙ 华为的领悟

2003 年 1 月 24 日，也就是农历腊月二十二，中国人已经开始放松紧绷的神经，盼望着一周后的春节假期。

那天，一份多达 77 页的诉状，被思科递上了美国得克萨斯州联邦法院，指控华为非法侵犯思科知识产权，包括非法抄袭、盗用源代码和商业机密、不正当竞争等 21 项罪名。对彼时的思科来说，这是一场志在必得的战役。这家 1984 年成立的公司已经称霸全球通信领域多年，一度成为全球市值最高的公司。

2002 年，华为子公司在亚特兰大通信产品展亮相，宣告正式进军北美市场。思科首席执行官约翰·钱伯斯发现同等性能的产品，华为的价格居然能低 20% 甚至 50%。

很快，一个名为"Beat HUAWEI"的秘密小组在思科内部成立。钱伯斯决定发挥本土作战的优势，将价格战升维至专利战，佐以 1.5亿美元展开公关战，誓要把华为一举踢出北美市场。这波"春节攻势"，思科在前期舆论中取得了压倒性优势。

重压之下，华为不得不停止销售被质疑的路由器 Quidway，并将争议代码送去检验。转折点出现在开庭前，华为找到了思科的老对手3COM 公司，双方火速成立了合资子公司，并由 3COM 的首席执行官在法庭上提供了对华为有利的证词，这才让案件得以进入持久战，并最终以思科停止诉讼告终。

经此一役，华为彻底认识到专利的威力。2004 年 10 月，官司结束不到 3 个月，华为成立海思公司，做自研核心器件，哪怕只是"备胎"。拿出每年 10% 的销售额作为研发经费，也被早早写入"华为基本法"。2019 年，世界知识产权组织（WIPO）发布的数据显示，华为的专利申请量高达 5405 件，位居全球第一，超过印度、澳大利亚、新加坡等 7 个国家的申请总和。

华为是"越努力，越幸运"的代表，但并不是所有的公司都能这样走出来。

⊙ "专利流氓"的无差别攻击

仅是 2010 年前 8 个月，联想、中兴、华为、斯达康四大企业在美国被告的专利案件就达到 26 件。这些案件绝大多数发难自"专利流氓"（Patent Troll）。他们手握数十亿美元资金，在美国成立众多科技、专利公司，主要针对中国、日本企业发起专利战。

2013 年，"专利流氓"Blue Spike 盯上了小米，起诉 MI1、MI2、MI3 等产品侵犯其美国专利，两年后又进一步起诉小米大量产品侵犯其专利 8、930、719——这是这家公司在 2015 年初得到授权的专利。

初出茅庐的小米怎么也没料到，来到海外的第一战，不是来自友商，而是"专利流氓"的无差别攻击。像 Blue Spike 这样的"专利流氓"，还有一些别名："专利蟑螂""专利鲨鱼""专利海盗"。它们本身并不制造专利产品或者提供专利服务，而是从其他公司、研究机构或个人发明者手上购买专利的所有权或使用权，然后专门通过专利诉讼赚取巨额利润。

经过高人指点，小米聘请了 Fenwick（泛伟律师事务所）迎战，最终获得了胜利，但代价是每小时高达数百美元的律师费。有人估算，请 Fenwick 打官司，每单至少百万美元起。

随后在 2014 年，小米还在印度被爱立信起诉侵犯专利后禁售，为此小米付出了"每台手机向法院预缴 100 印度卢比"的代价，获得了临时解禁。

对比之下，小狗电器就没那么幸运了。作为吸尘器霸主戴森在国内的主要竞争对手，2017 年，小狗电器向 IPO（首次公开募股）发起冲击，希望获得更多的资金支持。就在这时，戴森发起外观专利侵权诉讼，要求小狗电器停止生产 D-535 "手持 / 杆式无线真空吸尘器"并索赔 100 万元。这引发了监管层和媒体的关注，最终导致小狗电器不得不延缓上市计划。

商务部的调查显示，仅 2002 年，我国有 71% 的出口企业遭遇了国外技术型贸易壁垒的限制，有 39% 的出口产品因此受到影响，经济损失达 170 亿美元。

⊙ 你可以不用，但你不能没有

西方世界的专利游戏规则，可以简单概括为：先抢地盘，再收保护费。2002 年，美国专利商标局发布了《21 世纪专利战略发展纲要》。2003 年，日本成立"日本知识产权战略会议"，时任日本首相小泉纯一郎亲自挂帅。

在国内，很多企业看重短期效益，专门组建知识产权的管理机构寥寥无几，更不用说像华为这样砸钱养"备胎"的企业。"这个专利申请下来有什么用？"如果回答不上来，你的工作饱和度和专业能力可能面临老板的质疑。

许多专利在发明之初，就连申请人都不能定义其价值。海蒂·拉玛早在 20 世纪 40 年代就申请了跳频技术的专利，并送给美国政府支援第二次世界大战，但军方科学家反应冷淡。直到后来高通以此起家，研发出了 CDMA 无线数字通信系统，人们才缓过神来，尊称她为 CDMA 之母。此时距离她发明这项专利已经过去了整整半个世纪。

正是因为天才级的专利可遇不可求，新一代的企业才要提倡极客精神，鼓励人才尽可能多地将发明创造专利化。

6 月 28 日，"腾讯获推荐婚恋对象专利授权"的新闻冲上了热搜，有网友解读为腾讯即将进入婚恋交友市场，更多的人则怒批腾讯没有把资源用对地方。鲜有人留意到，这个专利的申请日期是 2016 年，甚至申请人已经离职了，腾讯仍坚持将这个看似滑稽的专利申请下去。

实际上，腾讯几乎每天都有专利公开，绝大多数专利的画风，比你在微博热搜上看到的要"硬核"得多。诸如"一种用于多比特量子反馈控制的量子测控系统""双向转发检测 BFD 会话的建立方法、处理方法以及相关设备"这样拗口难懂又让人不明觉厉的发明，注定是要劝退"吃瓜"群众的。

腾讯内部对发明创造的重视是自上而下的，包括马化腾在内的腾讯总办（最高决策层）有 6 人申请过专利。其中高级副总裁张小龙作为第一发明人，申请专利 73 件，已有 59 件获得授权，授权专利比例高达 80.8%，且全部为发明类型，包括微信公众号、微信支付、摇一摇、扫一扫等技术，微信支付在体验上能达到极简水准，让人们忘记了从前在线支付有多么烦琐。背后正是诸多专利带来的技术和产品保障。现在腾讯员工申请一个专利可获得数千元的奖励，全公司有 6000 个第一发明人，几乎每 10 个腾讯员工就有 1 个发明人。

查询国家知识产权局网站发现，蓝字计划第一个专利申请人正是马化腾，他于 2001 年 3 月 26 日递交了名为"单窗口多页浏览装置"的专利。在此之后，他在即时通信、浏览器、语音通话等领域都申请过专利。

如今不敲代码好多年的小马哥，当年去见客户和演示产品都是用

"工程师"的职称，而他的搭档兼总经理是另一位创始人陈一丹。原因是小马哥更懂技术，但如果用总经理的名号来演示产品，未免有点奇怪。

虽然腾讯在业内以"产品黄埔军校"出名，但庞大的用户数量的背后，是技术在默默提供着支撑。仅在人工智能领域，截至 2020 年 9 月，腾讯人工智能中国专利申请超过 5600 件，授权超过 1200 件，人工智能领域腾讯的中国专利申请总量位于国内互联网公司第一。

为什么核武器对于一个国家的和平发展意义重大？因为核威慑能让国家在对外时获得平等交流的起点。你可以不用，但你不能没有。万燕等一众 VCD 厂商就是前车之鉴。

2018 年，谷歌宣布与腾讯达成专利交叉授权许可协议。虽然没有披露具体的细则内容，但可以想见，如果腾讯没有全球互联网公司排名第二多的专利申请数（43 000 件以上），排名第一且不需要考虑中国市场的谷歌，是不会给这个面子的。

只有持续去发明、创造，企业才能为业务发展争取空间，形成正循环。2021 年 6 月 24 日，国家知识产权局将腾讯科技（深圳）有限公司发明的"支持百万方超大规模视频会议的全新设计方案技术"评为中国专利金奖。这项专利是云技术的底层基础性专利，疫情期间，正是基于这项技术，腾讯会议实现 8 天扩容超过 10 万台云主机，顶住了海外产品 Zoom 的攻势。

另一个领域的蓬勃发展同样和专利数量交相辉映：截至 2020 年 12 月 31 日，全球动力电池领域按照专利数量排列的前十个申请人中，中国已占据半数以上。宁德时代、比亚迪等企业赫然在列。

企查查大数据研究院发布的《新能源汽车专利 20 强企业榜单》显示，在发明专利数量上，比亚迪、长安汽车、北汽新能源分列前三，数量分别为 4368 件、1261 件、934 件。就在 10 年前，中国在纯电动汽车领域的核心专利申请仅有 4 件。同一时期，国外来华发明专利申请有 767 件，基本上被日本、美国和韩国占据。

⊙ 贝尔实验室的遗憾

1474 年，威尼斯颁布了第一部具有近代特征的专利法。1790 年，美国颁布了自己的第一部专利法。此后，专利制度开始在全球普及。

时至今日，世界工业的核心格局依然是：美国专利，中国制造。世界最大的工厂体系在中国，但产品的知识产权大量在美国。以苹果手机为例，苹果公司形成专利，但手机的制造是在中国的富士康完成的。

工业世界里核心的东西不是技术，而是标准。往深处追溯，美国之所以拥有首屈一指的专利标准，还在于大量人才的投入。提到人才，你很难绕过贝尔实验室。

这个成立于 1925 年的实验室，堪称人类历史上最成功的私人实验室。在建立之初，贝尔实验室便致力于数学、物理学、材料科学、计算机编程、电信技术等方面的基础研究。巅峰时候，贝尔实验室网罗了上万名顶尖的科学家，手握各项先进技术的专利，走在全球科技的前沿。

在贝尔实验室，这些科学家几乎没有任何外在的压力，他们需要做的就是：选择自己喜欢和擅长的方向进行研究，不论多久，无论成败。充裕的研发资金和宽松自由的研发氛围，让贝尔实验室结出了最惊艳的硕果。这里诞生了 11 位诺贝尔物理学奖得主、4 位图灵奖得主和 16 位美国最高科学技术奖得主。

射电天文学、晶体管、现代通信理论、宇宙微波背景辐射、UNIX 系统和 C 语言、C++ 语言……毫不夸张地说，贝尔实验室几乎撑起了现代科技的半边天。也正是在这个过程中，贝尔实验室产生了3 万多项专利，平均每天获得 1 项专利。

可惜的是，1984 年美国司法部盯上了 AT&T（贝尔实验室母公司），多次对其提起反垄断诉讼。AT&T 被拆分，华尔街资本开始介入贝尔实验室，过去那种自由宽松的氛围一扫而空，取而代之的是所谓"规范化"的业绩考核,大量科技工作者从研发部门调到了业务部门,贝尔实验室开始走向衰落。

正如任正非所说,资本是最没有温度的动物,是最没有耐心的魔兽。华为设立天才少年计划高薪养人,腾讯设立诸多独立的前沿实验室,某种程度上都是追随贝尔实验室的脚步,为科研创新留出空间。

自由、不功利的环境,是创造力最好的土壤,也是专利最好的孵化器。如何在激烈的外部竞争和耐心的科研投入中取得平衡,考验着每一家中国企业的智慧。贝尔实验室星芒散尽,而专利——这场现代社会最文明又最残酷的制度,还在继续。

三、拒绝"卡脖子",支持青年科学家

2021年12月8日,我国首个自主研发的抗新冠病毒抗体药物,正式被中国药监局批准上市。这是人类与新冠疫情缠斗近两年后,一个积极的信号。

研发团队带头人,是清华大学医学院教授张林琦。事实上,早在2020年1月10日,新型冠状病毒序列公布当天,张林琦和他的团队就开始了疫苗研发。

而中国对于冠状病毒研发的起点则更早,2003年SARS爆发后,在国内,就有包括张林琦、王新泉、向烨等学者在内的多个团队,一直潜心从事冠状病毒研究工作。

虽然,随着新冠病毒的演变,疫情管控后期至今,针对新冠治疗的"特效药"并非此药物。但17年磨一剑,这为中国阻击新冠,提供了基础科研支持。

鲜为人知的是,这场科研攻坚战,首先要解决的就是科研资金问题。2020年1月27日,武汉封城第5天,在第一时间启动实验室紧急研发的张林琦在朋友圈咨询,谁愿意支持关于新冠疫苗药物研发的项目?他发出邀请的第四天,就收到了回应——1月31日,腾讯基金会向清华教育基金会捐出的 500 万到账，用于支持他的工作。

区区 500 万，在高昂的特效药研发成本中看似沧海一粟，为何清华及张林琦团队却在致信中称为"及时春雨"。这背后还有无数不曾为人所知的科研攻关故事。

⊙ 大厂押注基础科研

疫情发生 3 年多来，在疫苗、药物研发赛道上，中国军团表现不俗。

2018 年 1 月 31 日，国务院印发《国务院关于全面加强基础科学研究的若干意见》，提出与建设世界科技强国的要求相比，我国基础科学研究短板依然突出，数学等基础学科仍是最薄弱的环节，重大原创性成果缺乏，基础研究投入不足、结构不合理，顶尖人才和团队匮乏，评价激励制度亟待完善，企业重视不够，全社会支持基础研究的环境需要进一步优化。政策号召下，中国的科技巨头们开始疯狂往科研领域撒钱，推动国内基础科学研究快速前进。

2020 年欧盟工业研发投入记分牌（2020 EU Industrial Research and Development Scoreboard）显示，2020 年度中国共有 624 家公司入选，仅次于美国（775 家公司）。在入选的中国企业中，华为、阿里巴巴和腾讯等企业进入全球前五十，华为更是以 167 亿欧元的研发投入，跻身全球第三。这些企业的研发经费中有很大一部分投入到了昔日的科研冷门领域——基础科学。

基础科学，指以自然现象和物质运动形式为研究对象，探索自然界发展规律的科学。根据联合国教科文组织公布的学科分类目录，基础科学被分成 7 大类：数学、物理学、化学、生物学、天文学、地球科学、逻辑学 7 门基础学科及其分支学科、边缘学科。

首位获得"基础物理学突破奖"的中国科学家、中国科学院院士、中国科学院高能物理所所长王贻芳认为，中国基础科学研究还有很长的路要走。

以高能物理为例，在集中力量办大事的政策指导下，国内产生了北京正负电子对撞机，大亚湾中微子实验、江门中微子实验等成绩也达到了国际平均水平。但基础科学的研究能力依然薄弱，"我们只是某个项目在国际上取得了领先的地位，但若要说整个高能物理，从规模和人员上，我们跟国际上还有相当差距"。

2018年的江苏省两会上，中国科学院苏州医工所所长唐玉国指出，要加强基础科学研究，除了需要改革科技投入制度，建立健全基础研究科研人员的长效支持机制，以及改革考评制度，给科研人员营造宽松稳定的科研环境，也应该重视经费问题，"基础研究经费投入不足，科技经费资助比例有待优化"。说到底，科学研究离不开钱。

基础科学领域缺乏关注和经费，很大程度上来自偏见和误解。王贻芳就听到过不少奇谈怪论，有人说："既然基础科学的研究成果是公开的，那让别人（外国）去做，我们拿来行不行？"也有人说："让中央政府去做，我们地方政府和企业只做直接、立刻、有用的研究行不行？"答案是不行。

基础科学研究指的是研究，不是书本和课堂知识的学习，不可能绕过研究便能掌握知识和方法。而且基础科学研究只有第一没有第二，要求人们必须用前人没有用过的方法和技术做前人没有做过的事情。在王贻芳看来，目前中国面临的一个问题就是侧重直接能产出价值的研究，忽略了基础科学研究可以帮助人们知其所以然，从而解决关键的技术问题。

这种长期性的忽视导致基础科学研究在科研资源上的匮乏——中国的研发经费占GDP的2.4%，基本达到中等发达国家水平。但其中基础研究经费只占研发经费的6%，跟发达国家（15%～20%）相比有较大差距。2020年，我国基础研究经费为1467亿元，约为美国的1/5。

事情正在起变化。"十四五"规划明确要求"基础研究经费投入占研发经费投入比重提高到8%以上"，还针对基础研究经费来源单一等问题，提出重点"加大基础研究财政投入力度、优化支出结构，对企业投入基础研究实行税收优惠，鼓励社会以捐赠和建立基金等方式多渠道投入，形成持续稳定投入机制"。

而在《中华人民共和国科学技术进步法（修订草案）》中，新增了"基础研究""区域科技创新""国际科学技术合作"三章，并强调"建立基础研究稳定知识投入机制，提高基础研究经费在全社会研究开发经费总额中的比例"。自此企业们涌入基础科学的赛道上，投资的闸口轰然开启。

⊙ 商业公司的科学命脉

2018年10月23日深夜，马化腾在知乎上提了一个问题："未来十年，哪些基础科学突破会影响互联网科技产业？产业互联网和消费互联网融合创新，会带来哪些改变？"

这不是马化腾第一次提起基础科学这个议题。就在他发问的前几个月，中兴事件轰动全球，马化腾在未来论坛·深圳峰会上忧心忡忡地说："最近的中兴事件，更加让大家清醒地意识到：移动支付再先进，没有手机终端，没有芯片和操作系统，竞争起来的话，你的实力也不够，而在基础科学上整个中国其实基础还是非常薄弱。"

直白来说，缺乏基础科学科研能力，中国的科技界再繁花似锦，也难免外强中干。一方面，中国的互联网、移动支付等应用发展迅猛且走在世界前列，另一方面，发达国家在芯片、人工智能、量子计算等基础科学领域遥遥领先。

中国科学院的研究表明，中国基础研究在规模上有了跨越式发展，学术影响力的发展速度也远超同类国家，但依然需要转方式、调结构、提质量。整体来看，近年来中国SCI论文数量体现出来的科研规模实现快速增长，但是学术影响力发展相对滞后，中国学术成果较少受到科技强国的关注，学科结构表现出偏振特征，重要成果产出能力仍有较大的进步空间。

要解决这些问题，最直观的方式，就是往基础科学领域投钱。清华大学丘成桐数学科学中心主任丘成桐指出，实际上，基础科学需要的投入并不大，只是需要做好长期规划。要知道，如今国际上的科研大国，几乎都是一边发展经济，一边重视基础科学研究打拼出来的。

比如美国，19世纪美国的兴起先以经济为主，铁路开发以后，海运等行业大发展，美国国力迅速提升，随即开始重资投入基础科学，哈佛大学、芝加哥大学、普林斯顿大学、耶鲁大学等美国知名学府都以大力发展基础科学为重点。到20世纪初期，发展基础科学已经成为美国知名大学的共识，也对美国基础教育、社会文化乃至企业经营等方面起到了重要作用。

1953—1973年，世界总共500种技术革新项目中，265种由美国完成。1940年以后，黑白电视机、半导体收音机、电子计算机、磁带录像机、数控机床、电子复印机、激光、集成电路、太阳能电池、通信卫星、微处理机等主要技术革新项目，大部分出自美国人之手。强大的基础科研能力使美国具备了技术垄断的基础，而技术垄断又带来了经济上的强大。

2021年欧盟工业研发投入记分牌（2021 EU Industrial Research and Development Scoreboard）榜单中，排在华为前面的是Alphabet这家美国企业，虽然入榜的企业总数在不断拉近，但榜单前十名里，总共占据六席的美国依然遥遥领先。这些在科研、基础科研领域砸钱最狠的企业，也是世界范围内最赚钱的企业。

好消息是，差距正在不断缩小。2019年，随着"卡脖子"一词高频出现，国内政府、企业都开始进一步加大研发投入力度。时任科技部基础研究司司长叶玉江在一次会议上提出，未来我国将逐步建立以学术贡献和创新价值为核心的评价导向，支持广大科研人员勇闯创新"无人区"。而在民间，科技企业们早已经做出了各自的布局。

⊙ 根基事关民族命运

"如果有人拧熄了灯塔，我们怎么航行？"在复旦大学、上海交通大学、东南大学、南京大学的座谈会上，任正非一次又一次问出了这句话。制裁加码、芯片断供、剥离荣耀，看似困局不断，但在任正非的眼里，华为能不能活下来不是个问题，能不能持续领先才是值得考虑的事情。

华为的底气，来自强大的科研实力。数据显示，截至 2020 年底，华为已参与全球 3000 多个创新项目实践，与运营商、合作伙伴一起在制造、钢铁、煤炭、港口等 20 多个行业签署了 1000 多个 5G 商业项目合同。压力重重的这一年，华为依然拿出了 1418.9 亿元的研发费用，占全年收入的 15.9%，比 2019 年上升了 0.6 个百分点。

被"卡脖子"3 年后，任正非签发了文章《刘亚东：我提出"卡脖子"问题 3 年了，许多人还不明白，除了那些核心技术，我们还缺什么》，这篇被发送给所有华为员工的文章，尖锐指出了"卡脖子"问题的实质——我们的基础科学大幅落后于西方国家。

正是意识到了这一点，在不断加大研发投入的同时，任正非还接二连三地访问了上海交通大学、复旦大学、东南大学、南京大学、北京大学、中国科学院和清华大学等科研院所，提到"国内顶尖大学不要过度关注眼前工程与应用技术方面的困难，要专注在基础科学研究突破上，'向上捅破天，向下扎下根'"。

不止华为一家，国内的科技企业在不约而同地向着基础科学的战场输送力量。2012 年，腾讯设立腾讯优图实验室，随后成立腾讯 AI Lab、微信 AI、未来网络实验室、量子实验室。其中，量子实验室针对量子科学研究与应用，是腾讯基础科学研究的代表。从 2013 年开始，腾讯每年举办科学 WE 大会，关注未来如何用科技改变人类生活，探索关系人类命运的重要科学问题。

针对"卡脖子"困境，2019 年腾讯推出了"科学探索奖"，宣布拿出 10 亿资金，通过设立奖项的方式，每年选出 50 位青年科学家，为每位获奖者提供连续 5 年、每年 60 万元，总共 300 万元的支持，鼓励青年科研人才探索科研"无人区"。

同样是 2013 年，百度成立百度深度学习研究院，下设深度学习实验室、大数据实验室、硅谷人工智能实验室、商业智能实验室、机器人与自动驾驶实验室，聚焦人工智能方向，尝试将人工智能技术从实验室转化为应用，加速商业化落地。

阿里巴巴则在 2017 年动手建设达摩院，立足基础科学、创新性技术和应用技术的开发，设置机器智能、数据计算、机器人、金融科技、X 实验室的"4+X"架构。截至 2021 年 6 月，达摩院在人工智能、自动驾驶、芯片、5G、量子计算等领域设立了 14 个实验室，并陆续孵化出平头哥、小蛮驴两家科技公司，在全球 8 个城市设有研发机构，拥有 10 多位 IEEE Fellow（国际电气与电子工程师学会会士）级别的科学家以及 30 余位知名高校教授。

就连"外卖巨头"美团也拿出了打一场"硬仗"的决心。2020年第四季度，美团宣布出现亏损，并警告未来还将继续亏损——创始人王兴增加了物流网络和供应链能力方面的支出，还筹集了 100 亿美元用于发展无人驾驶送货车和机器人等先进解决方案。

"十四五"规划提出的指导建议中，立下了在 2035 年"关键核心技术实现重大突破，进入创新型国家前列"的目标，实现这个目标的重点，在于人工智能、量子信息、集成电路、生命健康、脑科学等前沿领域。政策指挥下，国内大厂正争先恐后大把投入资金、人力夯实着这些领域的科研基础。

⊙ 向基础科研投入、投入、再投入

2020 年 4 月，科技部等国家六部委印发《新形势下加强基础研究若干重点举措》，这份文件明确提出，要"支持企业和新型研发机构加强基础研究"，"支持企业承担国家科研项目"。

中国科学院科技战略咨询研究院研究员眭纪刚对这份文件做出了解读，企业应该多关注应用基础研究，应用基础研究既能扩展科学认识的边界，又能开拓新的技术轨道，其位置介于纯基础研究和纯应用研究之间的"巴斯德象限"。

目前，国内部分科技企业已经接近或处于行业技术的前沿，但特殊的国际形势下，靠"市场换技术"实现产业升级的阻力越来越大，前沿技术背后的原理，是中国企业更应该去探索的领域。

在这一点上，国内企业可以做的还有很多。企业自身研发经费结构上，主要创新型国家企业基础研究支出占其研发支出总额的比例超过6%，其中2017年美国企业达到6.6%，日本企业达到8.3%，而2016年国内企业基础研究经费投入占全国基础研究总支出的比重仅为3.2%。

为了调动企业的科研积极性，"十四五"规划将"提升企业技术创新能力"写到了纸面上。政策号召下，科技企业集中发力，一个新的研发格局逐渐成型——创新型领军企业正在成为国家基础科学研究体系的"第三极"。

将创新型领军企业特别是民营企业引入国家基础研究的科研体系，既能够促进基础研究管理体制机制改革，提高基础科学研发效率，也能够为企业带来强大的技术创新能力，而技术创新能力正是现代企业在市场中获胜的核心竞争力。

美国智库阿斯彭研究所（Aspen Institute）的研究报告显示，从2000年起，中国研发支出快速稳定增长，按照规划，到2025年中国研发经费投入总量将达到37 582亿元，基础研究经费投入可以达到2800亿元左右。与此同时，美国在科学创新方面的投资严重不足，近年的研发支出占GDP比例处于过去60年来的最低水平。

面临对美国来说严峻的形势，在记者会上，美国总统拜登忧心忡忡地说："我们将进行真正的投资，中国的科研投入已远远超过我们……环顾世界，我们正处在第四次工业革命的巨大影响之中。"

而在海这边，社会各界早已行动起来，向着基础科研投入、投入、再投入。政府、学界、企业拧成一股绳，牵引着中国的科研人才们往知识海洋的更深处走去。"穷则独善其身，达则兼济天下"这个朴素的道理，华为、阿里、腾讯等中国科技企业显然都懂。

四、用 AI 推动变革，打赢疫苗争夺战

疫情发生以来，AI 技术和医疗的关系愈发紧密，无论是药物创新、临床研究还是疫苗研发等领域，人工智能不断展现出更多的应用价值，推动着整个医药行业发生革命性的剧变。困扰中国多年的药物研发问题，也在 AI 技术的推动下，迎来了未曾有过的破局。

⊙ 疫苗的生死战场

疫情发生后，疫苗被看作拯救人类世界的曙光。然而，新冠疫苗还未正式上市，"疫苗争夺战"便已经打响。

疫情初期，全球有超过 110 亿剂疫苗被抢订，其中，近 80 亿剂疫苗已被各国或经济体认购，还有 39 亿剂疫苗被预留或仍处谈判阶段。据不完全统计，截至 2020 年 12 月 23 日，全球已被认购的 80 亿剂疫苗中，过半被发达国家收入囊中，总量高达 41.3 亿剂。这些国家的疫苗预购量均在 3 亿剂以上，仅占世界人口 14% 的富裕国家购买了 53% 最有希望的疫苗。

有些国家抢购的疫苗远远超出正常需求，大有凭借"钞能力"垄断疫苗市场的意味：加拿大的人口不足 4000 万人，却订购了 3.5 亿剂新冠病毒疫苗。除此之外，日本、澳大利亚等国的预订量也都足够全国接种近 10 剂，超出正常需求近 4 倍。

在这种超出正常需求、广撒网的抢购下，富裕国家的疫苗接种率超高。截至 2022 年 4 月，疫苗接种率最高的 4 个国家，依次是以色列、英国、智利和美国，至少接种了一剂疫苗的人口比例，以色列是

61.5%，英国是 47%，美国是 35.6%，智利是 38.5%。

富裕国家的超额订购也意味着世界上其他国家的人需要等待更长时间才能等到疫苗，全球疫苗分配严重不公。

世界卫生组织、全球疫苗免疫联盟和流行病预防创新联盟，协调成立了新冠疫苗保障机制（Covax），希望能让 90 多个非洲、亚洲和拉丁美洲的中低收入国家在 2021 年底获得 20 亿剂疫苗，遏制疫苗分配不公问题。但路透社分析，出于资金缺乏、基础设施和供应链不完善以及合同复杂等原因，Covax 可能沦为一纸空谈。

联合国贸发会议发布的《2021 年最不发达国家报告》显示，全球 46 个最不发达国家的新冠疫苗接种率较低，仅有 2% 的人口接种了疫苗；形成鲜明对比的是，发达国家的接种率为 41%。

世界卫生组织总干事谭德塞尖锐地指出，目前世界范围内存在疫苗分配不均的问题。截至 2022 年 8 月底，全球累积接种疫苗已经超过 125 亿剂，而在某个穷国，全国只有 25 剂疫苗可打。被碾压的贫穷国家尚可以仰着头等待救济，而不穷不富的中等国家只能"赌命"。

比如没有足够的资金参与疫苗争夺战，又"不够穷"，没有资格从国际组织获得优惠价格疫苗的南非，这里的居民要想早点拿到疫苗，只能去做疫苗的"试验品"，为大公司生产的疫苗做试验。这是全球医疗体系尤其是药物研发体系固化以后结出的必然之果。

生命健康质量的改善提升，是全人类的根本需求之一。而上升到国家层面，接种新冠疫苗，实现群体免疫，不再是一个简单的健康需求，也有经济意义和社会意义。疫情期间，新冠疫苗已成为一种战略物资。谁有了足够抵抗新冠病毒传播的疫苗，谁先控制住疫情，谁就能获得战略性的利益。

⊙ 当疫苗成为"政治筹码"

贫富国家在疫苗争夺结果上的分化，像是发达国家和疫苗公司的一场"合谋"。这个问题，在辉瑞新冠疫苗身上体现得淋漓尽致。

2020年11月，辉瑞宣布其新冠疫苗有效性超过90%，全球各股票市场指数借此利好消息疯狂上涨。其后，莫德纳公司、阿斯利康等公司相继宣布其新冠疫苗有效性达到90%或者95%，发达国家开始疯狂抢购这几家公司的疫苗。

以辉瑞来看，英国在2020年12月初向辉瑞预订了4000万剂疫苗，足够为2000万人接种疫苗；美国政府也不甘落后，向辉瑞公司下了1亿剂疫苗的初始订单，还计划再购买5亿剂；欧盟向辉瑞预订了2亿剂疫苗，还预留1亿剂可供加购……

截至2022年7月20日，这款疫苗的全球份额已经达到63%，超过36亿剂疫苗已经分发到180个国家和地区。当时莫德纳公司的所有疫苗以及辉瑞公司96%的疫苗都被富国订购。

疫苗争夺战的背后，不仅是国力的比拼，还有医药产业链地位和国家综合科技实力的比拼。那时候，疫苗研发销售主要掌握在发达国家的五大制药巨头手中，而新冠疫苗市场，在当时需大于供的悬殊差别下，还处于卖方市场阶段。

在这种早已固化的疫苗供给格局中，中国的疫苗则是一个破局的异数。截至2022年4月15日，中国已有5款新冠疫苗获附条件批准上市，2款新冠疫苗获得紧急使用授权，3款新冠疫苗被世界卫生组织纳入紧急使用清单。

中国疫苗除满足本国需求，还供应许多国家，极大地缓解了国际疫苗的紧张态势。2022年2月28日，时任外交部发言人汪文斌在例行记者会上介绍，中方已向120多个国家供应超过21亿剂新冠疫苗。全球使用的新冠疫苗，有一半是中国制造。除了成品出口，中国疫苗企业还通过原液出口、技术许可等方式，让中国疫苗在更多国家落地。

疫苗的研发水平体现了一个国家的综合科技力量。从研发周期来看，此次中国新冠疫苗的研发速度和产能不仅超越了国内其他疫苗研发所需的 5～18 年的周期，也跑赢了许多技术能力更强的发达国家。

中国能较快遏制住疫情发展，除了政府的决策、医护人员的奉献、广大公益力量的参与等肉眼可见的原因，AI 技术的助力也必不可少，AI 技术是防疫战中一个坚实的后盾。

⊙ 与病毒的战争

全球新冠疫苗的分配权虽然掌握在发达国家手中，但全球各国、各个研究院、各个生物医药公司对新冠疫苗的研发，都得益于中国科研团队分享的早期研究数据。早在 2020 年 1 月 12 日，中国便向世界卫生组织提交了新冠病毒的基因序列信息，并发布至全球流感共享数据库。

全球的新冠疫苗研发由此按下"开始"键。中国共享的信息为全球开发检测试剂、研制疫苗、药物研究、药物筛选、疫苗研发、病毒溯源等疫情防控工作赢得了宝贵时间。

获取基因序列信息，是生物医药科研领域工作的第一步。1953年，美国生物学家詹姆斯·沃森和英国生物学家弗朗西斯·克里克发现 DNA 双螺旋结构，开启分子生物学时代。随之，遗传学、生物学以及分子病理学的研究，从细胞层面深入到分子层次，许多长期未被认识的疾病病因、发病机制等因为这个突破而逐渐清晰。此后，以生物靶点为目标的研发理念开始流行，直到现在这种方法依然是现代医药研究工作的基础。

解决了病毒基因这第一步，接下来，就是针对病毒原理靶向研发医药或者疫苗。新冠病毒不会等人类的疫苗准备好再传播、进化、变异，它每一分每一秒都在掠夺生命。

2020 年 3 月，中美同时宣布疫苗进入临床试验阶段；2020 年 8 月，俄罗斯的"卫星 V"成为世上第一款正式注册的新冠疫苗。到了 2020 年底，中国和美国的疫苗相继上市并开始注射。从全球来看，中、美、英、俄等国家的疫苗研发基本在 2020 年 11 月、12 月完成，也就是研发周期最长不过 11 个月，超越了大流行情境中 12 ～ 18 个月的疫苗研发周期。

原本，无论是全球还是中国，疫苗的研发周期一般要更长时间。并且全球医疗医药体系早已形成了难以打破的利益格局。为什么此次新冠疫苗研发周期被大幅缩短？中国的疫苗也能破窗而出？

回顾疫苗研发过程，我们发现，和腾讯觅影的"AI+CT"系统的应用帮助医生缩短 CT 检查时间一样，AI 技术在疫苗研发上的应用，是新冠疫苗能够在短短一年内完成病毒基因序列获取到上市的关键。

新冠疫情发生后，众多的中国医药公司、科技公司、科研团队，无论是我们熟悉的 HBAT（华为、腾讯、阿里、百度），还是寂寂无名的初创公司，都在用它们最拿手的科技助力新冠疫情的防控。

2020 年 1 月 20 日，总部在深圳的一家名为晶泰科技的医药科创公司迅速成立研究小组，调集云端的巨大算力，对病毒感染宿主机理提供分子层面的研究。一周后，其官方公众号发布了研究的相关数据和结论。晶泰科技通过药物模拟算法，从 2900 个已批准上市药物与 10 000 个中药分子中找到 183 个有潜在抑制新冠病毒 3CLpro 和 PLpro 靶点的药物，又经过高精度筛选，用分子动力学方法精确模拟计算药物化合物与病毒靶点间的亲和力，将这一列表缩小到 38 个药物。

除此之外，晶泰科技还预测验证了病毒较大的人际传播的可能性，以及病毒及其突变对传染性和致病性的影响。报告全文、数据算法、模型结构等资料被免费共享的当天晚上，下载量就超过 1000 次。

支撑这些科技公司完成复杂计算和研究的，是来自腾讯这些云计算能力最强大的互联网科技公司所开放的算力支持。从技术上看，晶泰科技所做的预测似乎不复杂，但这一系列预测，需要完成大量高精度的计算，所耗费的计算资源超乎想象，还要有天量的相关的场景数据作支撑。

如果一台电脑（1 张 GPU 卡），一天完成 8 ～ 10 个分子的计算模拟,那么晶泰科技的这个研究,至少几十天才能完成一次筛选。而晶泰科技在腾讯云计算的支撑下,把时间从一个多月缩短到了一周。

⊙ 前所未有的 AI 技术

疫苗、新药的研发和上市需要大量的数据分析、文献筛选和超算工作做支撑。谁来提供算力支撑?疫情发生后,中国的多个超算中心协助中国疾控中心研发新冠病毒疫苗,科研人员利用超算快速推进靶点探寻、新药筛选、先导物及试验优化、药理毒理等多项研究工作。但国家的超算中心再强大,资源有限,无法支撑中国众多医学实验室、院校科研团队以及医药科创公司针对新冠疫苗的研发运算需求。

在疫情最严峻的时刻,2020 年 1 月底,腾讯、阿里、百度几乎同一时间宣布,向科研机构免费提供 AI 算力。

腾讯向中山大学药学院的罗海彬教授团队等多个科研团队提供免费的运超算能力、运算集群支持以及基础的云计算能力。同时,腾讯成立应急工作小组,助力疫苗研发和新药筛查。

阿里云宣布在疫情期间向全球公共科研机构免费开放一切 AI 算力,百度研究院宣布向各研究机构免费开放线性时间算法 LinearFold 以及世界上现有最快的 RNA 结构预测网站,以提升新型冠状病毒 RNA 空间结构预测速度。

不只是算力支持,这些公司此前在互联网医疗的布局和在抗疫中所积累的场景数据、行业经验等,对科研团队也大有裨益。腾讯觅影在抗疫中援助各个医疗团队的应急专用 CT 装备中的 AI 技术模块,也被部署到腾讯云上,不仅能持续帮助更多抗疫前线的医生和患者,也为疫苗研发提供了宝贵的场景数据资料。

除了晶泰科技,还有众多的医疗科技公司、院校科研团队在借用这些互联网公司提供的云计算来支撑新冠疫苗和药物的研发。有了互联网科技公司的超强算力赋能,疫苗研发的进程被推上了快车道。

北京生命科学研究所、清华大学生物医学交叉研究院黄牛教授的实验室，在推进基于新型冠状病毒靶标结构的化合物虚拟筛选工作中，针对新型冠状病毒的多个靶点，通过腾讯云秒级交付的海量高性能计算、存储资源，快速计算筛选数亿级别的化合物数据库，结合实验验证，来寻找新型结构类型的先导化合物，为下一步新药研发工作提供依据。

原科学技术部部长万钢也十分看重 AI 在疫苗和药物研发中的应用，"在大数据支撑下，人工智能算法创新使用的整序列、整基因组的 RNA 结构预测更为精准。此外，算力共享、分布式的计算，为疫苗和特效药物研发的数据分析、功效匹配、文件筛选等提供了有效支撑"。

科技公司的及时行动为病毒预警和防治以及药物开发提供了基础研究和数据开源支持，通过云计算节省下来的研发时间，使药物和疫苗研发的进程大大提前。实际上，中国是新冠疫情中最早利用 AI 技术对新冠病毒、疫苗研发、药物研发进行探索的国家，这也给全球抗疫提供了一个重要的可能路径。

后来，全球的科学家争相研究可能的新冠病毒治疗方法和疫苗，研究密度和速度是人类历史上前所未有的，而他们几乎都选择使用 AI 技术推进研发。

2020 年 5 月，英国 AI 医疗领域的独角兽 BenevolentAI 发表论文表示：通过靶向内吞，AI 发现了 4 种潜在的药物通过抑制 AAK1 蛋白而抑制病毒内吞；美国西北大学的一份研究报告称，AI 工具可以帮助研究团体和决策者更快地决定如何"把钱花在刀刃上"。

⊙ "专利是我们的了"

AI 技术的使用不仅有助于挽救生命，其还与临床研究相结合，减少重复劳动与时间消耗，提升研发效率，大幅缩短研发周期。除此之外，算法的迭代及算力的突破，还能有效解决疫苗和药物成本高、研究不力而出错等难题——降低整个人类的试错成本。

AI 技术不仅是抗疫中最坚实的后盾，也在公共卫生领域守护社会。2020 年 7 月 15 日，腾讯携手钟南山团队共同成立大数据及人工智能联合实验室，在流行病筛查、AI 医学影像、流行病疫情预测预警方面重点合作。

这个实验室利用 AI 预测 COVID-19 患者病情发展至危重概率的研究成果，被发布在国际顶级期刊《自然》（*Nature*）子刊《自然通讯》（*Nature Communications*）上，该研究成果可分别预测 5 天、10 天和 30 天内病情危重的概率，有助于为病人进行早期分诊进而进行针对性治疗。

除了疫苗研发、医学影像检查，人工智能算力还在构建疫情发展模型、精确配置各类物资、分析各临床治疗方案、寻找最佳诊疗路径等方面起到了不容忽视的作用。

从 2020 年的抗疫中不难发现，当互联网科技公司衍生的技术力量应用于医药研发领域，不仅能够突破研发成本高、周期长等问题，更能够打破过去疫苗被国际生物医药巨头掌控的局面。这次中国的新冠疫苗不仅在研发速度上超越了许多发达国家，更是在全球有了一定的影响。2020 年 5 月 22 日，国际学术期刊《柳叶刀》发表全球首个重组腺病毒 5 型载体新冠疫苗 I 期临床试验结果，论文通讯作者是中国工程院院士陈薇。这是世界上首个新冠疫苗的人体临床数据。

陈薇院士在一个访谈中激动落泪："专利是我们的了，再也不需要看任何人的脸色了！"只有行业人士才能体会个中的辛酸，才能理解一位工程院院士为何落泪。

长期以来，无论是疫苗还是医药领域，大多数专利掌握在发达国家手中，因此疫苗和医药市场被高度垄断。一直以来中国患者不得不承受缺少专利产品所带来的贵价药、高价进口疫苗等问题，由此也带来了中国医药、疫苗行业长年累月的乱象。落后，就要挨打。

⊙ 《我不是药神》的"元凶"

DNA 双螺旋结构被发现后，经过 40 年的技术积累，分子生物学、药理学、药代动力学等相关学科的进步和基础研究工作，为 20 世纪 70 年代到 90 年代的药物创新爆发奠定了基础。靶向研究、药物筛选和合成，这两个药物研发临床前研究阶段最大的难关基本被攻克，到了 20 世纪 90 年代，全球化学医药发展迅猛，人类迎来药物研发的"黄金阶段"。

《我不是药神》里的"神药"格列卫就是在这个阶段研发出来的。这个阶段所诞生的创新药物很多都跟格列卫一样，药效好，提高了病人的生存率。因此，即使昂贵，创新药在全球依然有广阔的市场。在专利制度的保护下，创新药迎来"黄金销售期"，也诞生了辉瑞、诺华等全球医药巨头。

这些依靠创新药崛起的全球医药巨头几乎都来自西方发达国家，直到今天，中国还没有进入世界药物创新队伍的前列。其实，在 20 世纪 70 年代世界医药研发创新的大潮中，中国的原创新药也曾昙花一现。

2016 年前后，首都医科大学校长饶毅发表了《我国今天的新药创新超过 20 世纪 70 年代了吗？》一文审视中国的创新药发展现状。文中提到，1971 年，屠呦呦和其同事从药青蒿分离获得的青蒿素分子，成为新一代抗疟药物，其原创性和实用性为中国近代第一。此后中国再无创新度、原创度高的新药享誉全球。饶毅由此认为，我国今天的新药创新并没有超过 20 世纪 70 年代，因为已上市、被广为宣传的药物的创新程度并未明显超过我国当时的水平。

除了屠呦呦的青蒿素，中国再没有全球闻名的创新药。

错失医药创新浪潮，医药创新水平长期落后于发达国家，这给全社会带来了切肤之痛。国运、大国博弈、科技实力、国际产业地位……这些宏大的词从来都不是空中楼阁，而是时时刻刻真切地影响着个体的命运。

高药价之痛让许多中国患者无法承受。格列卫从 2001 年引入中国，23 500 元一盒的价格让很多患者感到绝望。而在美国一盒格列卫的价格为 13 600 元，在澳大利亚格列卫的售价在 10 000 元左右，在日本这盒药的售价为 16 000 元。

不仅是《我不是药神》里"4 万元一瓶"的格列卫，多年来几乎所有的创新药进入中国后，定价普遍比其他国家要高。创新药需要收回成本并且取得利润的理由是能被普遍接受和理解的，但同样的药物，在中国的售价比其他国家高 2 倍，这将压垮更多的家庭和生命。

⊙ **原研药的"特权"**

对病人来说，比穷更可怕的，是明明药就在眼前却无法使用的绝望。在创新药上的落后，决定了我们在国际谈判中不得不对这些国际医药巨头公司"卑躬屈膝"。

20 多年前，在 2000 年的世贸谈判中，国外制药巨头借口中国已有药企生产仿制药，认为利益受到损害，而要"特权"。中国为了鼓励外企把创新药带入中国，只能允许那些已经过了专利保护期的药在中国有单独定价的特权。这些药在中国被称为"原研药"。

中国给欧美药企的原研药"特权"，某种程度上来说，延长了医药龙头在中国创新药市场的垄断时间，使其在更长时间内拥有定价自由。有了定价自由，这些医药巨头在中国市场制定了比在其他国家高的售价。这也造成原研药与国产仿制药价格有了巨大的差价，价格相差几倍甚至十几倍，最终抑制了中国仿制药的发展。

抑制了中国生产高质量的仿制药，这就是创新药落后给中国社会带来又一个切肤之痛。很多人想不明白，为什么国产仿制药的价格低这么多却还是竞争不过高价的原研药。原因很简单，作为药品，价格是其次的，最重要的是有效。

制约国内仿制药发展的主要因素，不在于药品的研发、生产技术和监管政策等方面，而是药企没有足够的动力去做高质量的仿制药。这与中国过去的医疗行业乱象脱不开关系。

中国政府曾经几十次尝试与这些国际医药巨头谈判，希望能降低原研药的售价，但遭到这些巨头的集体抵制。这些国际医药巨头还不断挑战中国的法律底线，2013 年葛兰素史克行贿中国医护人员事件就曾引发广泛关注。

要彻底摆脱《我不是药神》中那种用药贵的困境以及这种被国际医药巨头按着打的局面，归根结底，还是要发展中国自己的创新药。

⊙ 被资本青睐的人工智能技术制药

怎样改变中国创新药落后的局面？其实，中国的医药科研人员已经找到了可能正确的答案。抗疫过程中，AI 技术在医学影像、疫苗研发等细分领域爆发出来的能量，并非偶然。背后是医疗医药行业正迎来新的技术浪潮——AI 技术正成为底层技术，深刻改变医药工业。

2020 年 12 月 28 日，达摩院发布 2021 年十大科技趋势。他们预测量子计算、基础材料、生物医疗等领域的一系列重大科技突破纷至沓来。其中一个科技趋势就是，AI 将提升药物及疫苗研发效率。同时，"AI 发现药物分子"被《麻省理工科技评论》评选为 2020 年"全球十大突破性技术"之一。对 AI 推动疫苗和药物研究的预测，是基于大量现实生活中已经发生的真实案例，基于 AI 技术对传统医药研发制药工业带来冲击的现实。

2019 年，美国国家过敏和传染病研究所曾资助"配体搜索算法"项目开发了一种新型疫苗，这被认为是世界上首款由 AI 设计出的药物。负责人尼古拉彼得罗夫斯基说："这代表了一个新时代的开始，人工智能将在药物发现和设计中扮演越来越重要的角色。"

用 AI 程序设计药物，也许听起来太超前了，有点像科幻片的情节。在中国也有一家类似的 AI 加持、以计算驱动创新的药物研发科技公司，就是在抗疫中快速做出反应的晶泰科技。

晶泰科技基于前沿计算物理、量子化学、人工智能与云计算技术，为全球创新药企提供智能化药物研发服务。迄今为止，晶泰科技已成功为来自美国、中国、日本以及欧洲的 40 余家先锋药企提供了药物研发服务。

晶泰科技最初诞生在麻省理工学院一个连窗户都没有的小办公室里，2015 年 9 月，创始团队回国在深圳设立总部。3 个月后，晶泰科技获得腾讯 2400 万元的 A 轮领投。2017 年，获峰瑞资本和真格基金跟投。仅在 A 轮，晶泰科技融资就高达 3200 万元，一举成为当时 AI 医药研发领域总融资金额最高的公司之一。

趁着 AI 的东风，以及 AI 在医疗医药行业渐露头角，不少投资机构和科技巨头纷纷布局 AI 新药研发领域。2018 年初，晶泰科技完成约 1500 万美元的 B 轮融资，由红杉中国领投，谷歌跟投，A 轮投资方腾讯继续在本轮追加投资。就在晶泰科技完成 B 轮融资的 2018 年 5 月，晶泰科技与国际医药巨头辉瑞制药签订战略研发合作协议，共同推动小分子药物的创新。

2020 年，晶泰科技又以 3.188 亿美元的 C 轮融资，刷新全球 AI 药物研发领域融资额的最高纪录。这次进场的风投机构多达数十个，有不少来自海外的投资机构跟投，腾讯、红杉中国、国寿股权投资、SIG 海纳亚洲等早期股东继续追加投资。红杉资本全球执行合伙人沈南鹏在 B 轮领投时是这样说的："晶泰科技的技术创新，针对药物研发中高度依赖实验试错所带来的痛点与瓶颈提供了独特的解决方案。"

⊙ AI，撕破医药利益链

实验试错成本，这是一个国际医药巨头都头痛不已的问题。研发时间长、高投入、高风险、回报慢等问题一直困扰着制药企业。最新数据估算，一款新药成功上市平均需要花费 14 年时间。更糟糕的是，新药研发成本让药企越来越难以负担。10 年前，成功上市一款新药的成本为 11.88 亿美元，2017 年成本增加到 20 亿美元，而现在已经涨到了 26 亿美元。

然而，传统医药创新研发的投资回报一直都很低，回报率只有个位数。如 2017 年，即便是全球排名前十二位的生物制药巨头，在研发上的投资回报率也仅有 3.2%。巨头尚且如此，其他中小药企在传统研发方式下的研发投资回报率更低得不可想象。

AI 技术制药给这种日渐固化的模式带来了巨大的冲击。除了辉瑞，还有罗氏、赛诺菲、默沙东这些国际医药巨头纷纷开始跟创新企业进行合作，探索用 AI 技术助力药物创新研发。

借助 AI 制药技术，中国的制药行业也终于有机会打破几十年来的垄断格局。创新工场也宣布进军医疗领域。李开复认为，医改后，随着中国医疗行业大数据逐步到位，结合 AI 的新药研发技术等开始出现并成为可能。而以 HBAT 为代表的科技互联网巨头，在 2020 年对互联网医疗的布局也开始升级，集体将目光瞄准 AI 新药研发领域。

2020 年 9 月，百度牵头发起的"百图生科"生命科学平台公司正式成立，将用 AI 技术加速新药和诊断产品的研发；阿里巴巴方面，阿里云与全球健康药物研发中心（GHDDI）合作，开发 AI 药物研发和大数据平台；华为也在 2020 年 8 月上线了医疗智能体，同时还针对医药企业的信息化升级推出医药云解决方案，以"合规＋医药 AI"为基础，贯穿从医药研发到配送的全流程。

腾讯于 2020 年 7 月推出首个 AI 驱动药物研发平台"云深智药（iDrug）"，向科研人员全面开放。目前云深智药平台已与多家药企展开合作，将 AI 模型应用到实际药物研发项目中，其中包括筛选抗新冠病毒药物的相关研究。此外，腾讯三度投资了晶泰科技后，又于 2019 年参与领投太美医疗科技。太美医疗科技是一家国内领先的医药行业 SaaS 服务提供商，主要产品涵盖临床研究、药物警戒等领域。

互联网科技公司纷纷进军"AI＋医药"领域，不仅是因为这些科技公司认识到 AI 在药物研发上的积极作用，更因为这些科技公司在云计算上有着天然的技术优势，而他们的入场更有可能推动 AI 制药行业打破僵局，突破中国在医药工业上的瓶颈。

有了这些互联网科技公司的加入，互联网科技被无缝嫁接应用到实业中。例如，晶泰科技多次被腾讯追加投资的同时，也开放了自身的云计算能力支持，更多像晶泰科技这样的科研团队依靠腾讯云的超算能力进行药物研发创新。

⊙ 中国的创新药还会远吗？

在那篇《我国今天的新药创新超过 20 世纪 70 年代了吗？》的文章中，饶毅还指出了一个趋势，随着我国医药人才增加，研究和研发条件、投资环境改善，正在默默推进研发的药物中也许会有创新程度很高的工作。饶毅写这篇文章大约是在 2016 年，现在曾经设想的"创新程度很高"的可能性，因为科研人才的涌现、科技力量的加持正在快速实现中。

无独有偶，腾讯公司创始人马化腾于 2018 年 10 月 23 日在知乎问答平台上实名向网友提问："未来十年，哪些基础科学突破会影响互联网科技产业？产业互联网和消费互联网融合创新，会带来哪些改变？"

4 年多过去了，共有 3300 多位网友回答了马化腾，其中排序最高的正是饶毅的回答。饶毅回答马化腾，他认为人工智能（AI）和自然智能（NI）是未来 10 年基础科学的突破口之一，他说："计算机与生物之间可能已经有几个突破口：脑科学对人工智能的影响，虽然有限，但也出现过深度学习这样的例子；计算机对于基因分析的影响很大，对于精准医学的影响也会越来越大，同理还有成像技术，涉及生物医学的面很广（从高分辨率单分子光学成像，到人体核磁共振成像），前景广泛。"

马化腾对饶毅的回答做了评论，他直言："计算机和生物的交叉学科是一个突破口，但目前的类脑研究方法让我觉得还很遥远。"

马化腾认为很多事情"很遥远"并非妄自菲薄，以国内医药行业为例，整体上并没有那么乐观，比如超 9 成的药企依旧从事各种被质疑的仿制药的生产。由于各种原因，进入 AI 制药领域的企业寥寥无几。我们看到的也只有敢于变革的互联网科技企业、头部药企以及一些新锐的医药科创企业。

AI 技术用于新药研发，对于普通人来说意味着什么？药物研发的成本降低了，医药企业再没有理由以"研发成本"来高价销售药品，患者就更有可能获得性价比高且安全易得的救命药。现在我们所抱怨的"4 万元一瓶的续命药还不一定买得到"的问题，将随着中国 AI 技术在医药研发上的成熟，随着医药工业的变革，而慢慢得到解决。那时候，再不需要谁是"药神"。

第六章

帮扶弱者：对抗贫穷、衰老和疾病

社会发展过程中，因形势、制度、个体命运、突发事件等，总会不断出现大量弱者。而弱者并不具备良好的社会资源，不少个体还需要更多资源的倾斜。但总体而言，帮扶弱者，需要对抗的不外乎贫穷、衰老与疾病。

从推进远程银行，结构性改变农民的贫穷，到成立专门的团队解决被数字时代抛弃的老人难题，再到助力视障人士无障碍通行，具有强烈社会责任感的中国企业慢慢找到了一条对的方法：通过技术上的针对性帮扶，让这些需要得到特殊关怀的群体，被社会看到和理解。

一、成立客服团队，帮助老人解决数字化难题

"小姑娘，你今年多大？结婚了没有？" 20来岁的晓慧坐在工位上，听着电话那头陌生的嗓音，手足无措。这通电话开始于十几分钟前，一开始，交流的内容还算普通——被子女留在老家的独居老人，网购以后遇到了麻烦，申请退款，查找不到退款明细，所以打了客服电话求助。

晓慧就是那个接线员，在这个专门针对老人成立的客服团队里，她每天都会接到几十通类似的来电。但这次和以往有些不同，在晓慧的指导下解决完问题后，老人依然不愿意挂断电话，反而开始聊起了家常。

这位哈尔滨农村里60多岁的陌生老太太，一股脑儿向素昧平生的小姑娘倾吐着心里的烦恼，她说自己的儿子37岁了，在大城市里混得不错，就是很少回家，平常自己遇到些什么麻烦，也不敢给儿子打电话，怕儿子骂她。

"我要是生个你这样的女孩就好了。"面对老人突如其来的热情，晓慧突然想起了自己的父母，她短暂放下了工作，开始安慰对方的情绪，约定好再在微信支付上遇到什么操作困难，就拨打95017专线以后，老人才依依不舍挂断了电话。

在这片不大的办公区域里，坐着50多个专门面对老人的客服，他们每天至少要接到3000名老人打进的求助电话。老人们的困惑大同小异：看不清说明、不知道怎么开关服务、不会发红包、不会转账……

年轻人司空见惯的生活常态，是这些老人融入时代必须翻越的高山。在中国，拥有同样困境却束手无策的老人，至少还有近2亿人。智能终端适老化程度的不足，让老人们陷入和时代格格不入的困局，而子女们的缺位以及老人害怕给子女添麻烦的特殊心态，让这种困局长久不被看见、不被重视。

⊙ 新时代的"数字难民"

四川自贡的李永富，已经苦恼了半个月。更换地址、变更身份证以后，微信支付的认证需要重新完成，但他总卡在上传身份证和公安证明这一步。

李永富今年 73 岁，只有小学文凭。文化程度不高，跟土地打了一辈子交道，现代科技对他来说太过晦涩。他手里的这部智能机还是儿子淘汰下来的，手机屏幕已经有了明显的碎痕，像素不高，拍出的照片灰蒙蒙的。

有了智能手机以后，他感受到了时代的红利，可以开视频聊天看看在外省定居的儿子和孙女，还能刷刷小视频打发时间。更重要的是，有了智能手机和收付款的二维码，出去卖菜时方便许多，不会再手忙脚乱地找错零钱。

但要更换身份证的时候，他才惊觉自己对这项"高科技"的陌生。周围的其他留守老人都没用过这项服务，也帮不上忙，给儿子打电话寻求远程指导，儿子说不了两句就开始不耐烦起来。

又一次无效沟通后，看怎么也教不会，急着去开会的儿子发给他一个电话号码："打这个电话，那边的客服肯定能帮你解决。"李永富拨通了这个电话。电话那头的正是晓慧，听到李永富焦急的自贡方言，晓慧一边安抚他，让他不要着急，一边叫来四川同事小王，用方言处理李永富的需要。

这个 50 多人的特殊客服团队，从建立之初就考虑到许多老人不会使用普通话的实际情况，虽然人数不多，但足以覆盖四川话、东北话、湖北话、湖南话、陕西话，甚至潮汕话等国内主要的方言类别。

通过简单的交流，小王很快明白了李永富遇到的问题，他开始一步步指引李永富进行操作。和普通客服不同，老人在求助时，会有某种"担心造成麻烦"的畏缩心态。最早开始尝试针对老人提供专门客服的时候，晓慧就在回访时发现，很多老人的问题并没有解决，只是担心占用客服时间，所以在似懂非懂的时候就主动挂断了电话。

基于此，这个新成立的特殊部门，对流程提出了新的要求：用老人能够理解的语言，帮助老人手把手解决问题，直到确定老人的诉求完成了，才能算顺利结束工作。

小王操着一口流畅的四川话，让李永富进入微信支付页面，点进钱包，进入身份信息，在填写完联系方式后，很快到了李永富反复卡住的照片上传环节，"它这里有两个框框，一个是身份证正面的框框，一个是反面的。你点一下，然后选择你的身份证照片，再点一下就弄好了"。

李永富在上传的时候选错了照片，又一次失败了，这让他的情绪激动起来。面对这段小插曲，小王让他不要着急，并且引导着电话那头的老人点击传错的照片，选择删除，再上传正确的照片。完成这系列操作，电话那头，李永富和老伴明显舒了一口气。

⊙ 被遗忘的两亿人

根据中国互联网络信息中心发布的第 47 次《中国互联网络发展状况统计报告》，截至 2020 年 12 月，我国已有近 2.6 亿 50 岁以上的"银发网民"。另一份统计数据则显示，中国 50 岁及以上网民群体占比由 2020 年 3 月的 16.9% 提升至 2020 年 12 月的 26.3%，互联网正在进一步向中老年群体渗透。

越来越大的用户基数，意味着移动终端所提供的服务需要更多考虑老年群体的适应性问题。这也是微信支付成立老人客服的动因，比起年轻人，老人需要的帮助更急切也更细致。

帮李永富完成基本身份资料变更后，小王没有挂断电话。他继续用简单的语言，远程帮助李永富关闭涉及身份变更的自动扣费服务。15 分钟后，李永富终于把苦恼了近半个月的微信支付问题彻底解决，挂电话前小王最后提醒了一句，后续如果要开通什么服务，不会操作也可以打电话过来问。

类似李永富一样的老年人，在这个客服中心每天会遇到 3000 多位。不会用手机、看不懂操作提示、无法理解交互语言，是他们面对的共同难题，老年用户逐渐沦为万物互联时代的"数字难民"。因不熟悉智能手机，在日常生活中一部分老年人几乎寸步难行。

这样的例子并不鲜见：2020 年 10 月，安徽宿州一名 58 岁的男子因不会网上购票，到人工窗口连续 5 次买票失败，回不了家，急得大哭，下跪磕头。2020 年 11 月，湖北宜昌一位老人冒雨用现金交医保被拒的视频在网上流传，工作人员称不收现金，老人要么找亲戚帮忙，要么自己在手机上支付。

面对迅猛发展的技术和学习的艰难，许多老人都茫然无措。做了半年老年客服的晓慧深有同感：当前智能手机所使用的人机交互语对老年人来说是一套完全陌生的语言体系，年轻人觉得司空见惯的操作，在老年人看来无异于学习一门外语。

⊙ 被看见的老年用户

越来越多的人加入"网骗"大军，有网友开玩笑：就连电信诈骗的套路三巨头都变成了骗老人、"杀猪盘"、冒充警察。除了使用困难，安全问题也成为许多老年人面临的潜在威胁。以微信支付为例，因其直接与用户的资产相关联，诈骗现象屡见不鲜。

《中老年人上网状况及风险网络调查报告》显示，近年来，一方面有三成中老年人每天上网超过 3 小时，近一成中老年人每天上网 6 小时以上；另一方面，中国的电信网络诈骗每年以 20%～30% 的速度快速增长，尤其是通过网络实施的诈骗案件持续攀升。

中国社会科学院社会学研究所与腾讯社会研究中心联合课题组曾有研究表明：如果将受骗广泛定义为诈取钱财、欺骗感情、传播谣言、虚假宣传等多方面，表示在互联网上当受骗过（或者疑似上当受骗过）的中老年人占比高达 67.3%。其被骗的主要渠道是朋友圈（69.1%）、微信群（58.5%）以及微信好友（45.6%）。受骗的信息类型主要是免费领红包（60.3%）、赠送手机流量（52.3%）和优惠打折团购商品（48.6%）。

在面对新科技的时候，老年群体的步伐注定是缓慢的。因此，如何搀扶他们一把，帮助他们适应智能化生活，不仅是摆在每一家科技巨头面前的问题，更是整个老龄化社会面临的困境。适老化改造迫在眉睫。

2021年2月，以政府为主导，国家层面推动"互联网应用适老化及无障碍改造专项行动"等政策措施，提出要让老年人能无障碍共享信息化成果。国家发改委、工信部、国家卫健委、中国人民银行等多部委正式着手研究适老化问题。工信部于2020年12月宣布，将进行为期一年的"互联网应用适老化及无障碍改造专项行动"，首批推动115家网站、43个App进行适老化及无障碍改造。微信、淘宝、京东、支付宝、滴滴出行、叮当快药等App位列首批改造名单。

实际上，早在国家正式提出政策要求之前，腾讯在2018年就启动了微信支付终端针对老年用户的适老化项目。腾讯研究院发布的一份报告中有这样的阐述："公益组织和相关方，利用数字化技术和工具，创新公益服务模式，提升公益组织的运营效率，重塑公益事业价值链和协作网络，以更好地解决社会问题，创造社会价值。"

为此，腾讯再次启动战略升级，提出"可持续社会价值创新"战略，并宣布将为此首期投入500亿元，设立"可持续社会价值事业部"，推动战略落地。这也意味着，这500亿元将被用于乡村振兴、碳中和、养老科技和公益数字化等领域的公益化探索。其中代表之一就包括微信支付客户端的适老化改造项目。

这也是腾讯自2018年"930变革"提出"扎根消费互联网，拥抱产业互联网"战略后再迈进的坚实一步——通过科技与产品的创新、业务与服务的升级，创造出新的社会价值，落实科技向善革命。

在2020年8月的一次市场调研中，微信支付老年客服小组发现，当前的智能产品在面向老年用户的时候确实有许多缺口存在，这也成了他们急切要解决的问题，"微信支付放到今天的社会其实扮演着一个基础设施的功能，让它能够被弱势群体老年用户使用，也是我们成立团队的初心"。

当项目调研进行到 2021 年 2 月的时候，晓慧所在的部门已经实现了老年求助电话优先接入。在后面的设计中，微信支付正摸索新的方向，尝试让支付终端变得更易于老年人使用。

产品应当服务于人，因此，好的科技产品应该具有良好的包容性，能够让每一个诸如老人、残障等特殊用户的需求得以触达，这也是产品更迭的应尽之责。

《我国中老年人互联网生活研究报告》显示，2018 年 75.8% 的中老年人会上网看新闻资讯，超过半数的中老年人（56.6%）可以自己搜索，还有近半数的中老年人（45.9%）会关注浏览微信公众号中的文章。庞大数据的背面，是许多老年人为复杂的信息和操作所阻碍。

这份报告还指出，只有四成中老年人会在网上缴纳手机费，三成左右的中老年人会网上购物、手机导航，1/4 左右的中老年人会用打车软件或缴纳水、电、煤气等生活费用，而会网上挂号、订火车票机票、订宾馆等便利服务的中老年人所占比例较低。

"很多方面的内容都没有做到很好的适老化改造，"家中有四位老人的 IT 青年吴思宇谈到这个问题，"对于手机，老年人能改变的似乎只有放大、缩小的文字显示，别无其他。"但深入具体的操作层面，放大字体远远不够。

这也是晓慧团队试图解决的问题。"我们需要上线一个针对老年人使用的关怀版本的支付终端，这样即使脱离了人工服务，他们也能顺利地操作，这才是我们的目的。"

二、聚集互联网力量，给肿瘤患者精准匹配医疗资源

800 米长的"肿瘤街"，是希望与绝望撕扯的地方。这条街原本叫"嘉桐街"，因为紧挨着湖南省肿瘤医院的西墙根，常年有癌症病

人在这条街上流动、租住而得名。

这条街看起来也有些像癌症病人，带着一些破败。半空中是错综复杂的线路，水泥路面常年积着尘土。路两边各堆了一排深灰色的居民楼，临街的一面门洞大开，宽敞的雨棚盖住半条巷子，门楣上悬着五颜六色的招牌，卖果品的、贩百货的、做快餐的、开旅馆的……

当然，最多的还是兜售各类假发和义乳的，几十个顶着假发的塑料模特排列在橱柜里，不由地吸引着路人的目光。

⊙ 肿瘤街上的小店

人流穿梭其间，与店家熟稔地打招呼、讨价还价，和寻常闹市无异。唯一的区别是客人们手上通常都会拎一个装 CT（电子计算机断层扫描）片的袋子，或者胳肢窝里夹一本病历，再不就是腰上挂着尿袋。因为物价便宜，很多等待床位的癌症病人和负责陪护的家属，都要依靠着这条街托起脆弱的生活。

事实上，只从地图上看，你很难想象这样的地段会留存着一条老街。它西接湖南师范大学医学院，南临咸嘉湖景区和沿湖而建的高档住宅，北面则是国际名牌一应俱全的商业广场和外墙闪闪发亮的写字楼。英姐的啊英便利店就开在"肿瘤街"的中段。她 50 余岁，罹患双癌。

2022 年 2 月底，国家癌症中心发布了最新的中国癌症报告：《2016 年中国癌症发病率和死亡率》（癌症数据统计通常会延迟 3 ～ 5 年）。这份报告共收录了 487 个癌症登记处的数据，覆盖了 3.8 亿人，占到了中国总人口的 27.6%。报告提供了一个结论：在中国，每分钟有超过 8 个人被诊断为癌症，每分钟有超过 5 个人因癌症去世。

而英姐为了帮助肿瘤病人，以一己之力支撑了 8 年。3 年前，她孤身一人闯入肿瘤街，支起这间十几平方米的杂货铺，给肿瘤街带来了不一样的东西。病人们来来往往，从英姐的便利店获得物质帮助，也从她那里汲取力量和勇气。

年复一年，啊英便利店成了"肿瘤街"上的精神支柱：只要英姐还在，生活就还有光亮。只是，癌症病人的生命比常人更为脆弱，要让她的"光"可以持续，只是人的接力，还远远不够。因此技术的加入很重要。

◉ 开在肿瘤街上的杂货店

8年前，42岁的英姐在肿瘤医院筛查出乳腺癌，做了一次切除手术，右胸只剩下一个碗大的伤疤。术后不到10天，复查，又诊断出宫颈癌，这一次她没再动刀，化疗也只坚持了5次，便决定"自生自灭"。幸运的是，迄今为止的8年多癌细胞没再扩散。

因为这场小奇迹，认识的病友都喜欢来找她讨教经验。英姐也热心，自身体恢复后，就开始帮认识的外地病友做一些挂号、拿药、取报告等跑腿的活儿。那时她还在附近的一家医药公司当保洁，常要请假才能出来，有时候队伍排得长，开个药得花一两天的工夫，后来她就干脆辞职，来"肿瘤街"上租了两个门面，做点小生意，往医院跑也方便。

英姐没钱，当初做手术花光了半辈子的积蓄，还找家里人借了一笔，后来做化疗，又借了一笔，之后要买药、生活、照顾孩子，负债林林总总得有七八万元。为了开这个店，好不容易减轻一点的债务再次加重。但她不后悔，在病房里的那段至暗时刻——身患双癌，丈夫要离婚，小儿子当时只有15岁——都是病友支撑着她度过的。

包括这家店，最开始开的是麻将室。病友们常年困在医院里，没有什么娱乐活动，电子产品又费神，便会来她这搓几把。主要还是为了凑在一起聊天、散心。但因为病友们大多精神状况不好，碰上和常人做对家很容易吃亏。英姐觉得这样不好，就把麻将室关了——成本都没能收回来。

最后还是一个病友拉了她一把，提议她开杂货铺，又借给她1万块钱进货，才一点一点把这个店盘活。如今轮到她来支撑他们了。英姐的杂货铺由此成了癌症病人们的向导中心，癌症病人们寻求帮助、获得指引、交流集散，都将此当作据点。

当下很多人关注癌症病人都只留意到了如何治疗。事实上，生病后的琐碎日常或许更磨人。尤其是当下，带癌生存已经不再是一件难以实现的事，如何让患者带癌生存得更久、生活得更好，反而变得迫在眉睫。

她驻守在杂货店里，闲暇时就会把自己收集的一些保养信息和病友们分享。"肿瘤街"上来来往往的大多是病人，英姐看到他们手腕上戴着住院环——病友们管那玩意儿叫"金手环"，因为"比金子还费钱"——就会主动打招呼，询问一下病情，再介绍一下自己生病的经历，叮嘱几句，一来二去便成了朋友。

熟悉的病友都说，英姐看起来一点都不像癌症病人，乐观、热情、脸上常年挂着三分笑，精神头十足。因此大家都爱往英姐这里跑，一起嘻嘻哈哈吵吵闹闹几句，仿佛从来没生过病一样。而对英姐来说，最开心的事莫过于每年一度见到病友们来复查——癌症比其他病症复杂，必须坚持每年复查，以及时发现癌细胞是否扩散。"那些不再来的……就是再也见不到了。"

⊙ "反正都是死路一条"

英姐曾经觉得自己也是随时可能"不见"的。她来长沙第二年，同时打着两份工，白天帮别人煮饭，晚上去快餐店上班。那段时间，她总觉得疲倦犯困，但也没多想，直到有一回上晚班，几个同事凑在一起闲聊，提起如果乳房里常年有硬块，可能是乳腺癌的征兆。

英姐想到了自己，她的右胸确实有两个小硬块，但不痛也不痒。她去做检查的那天是 2013 年 10 月 12 日，一个人跑上跑下挂号、排队、拍片，检查结果当天就出来了：乳腺癌，恶性的，必须做手术切除。

英姐第一反应是不相信，脑子里轰隆隆的，下意识问了医生一句："能治好吗？"医生说："只能尽可能延长生命。"她继续追问："那要多少钱？"医生说："10万元。"从医院出来之后英姐打电话给丈夫，那时他们已经分居很长一段时间了，电话那头听到她被诊断为癌症后，只说了一句："你明天又不会死。"

英姐崩溃了，挂掉电话后在公交车上号啕大哭。但哭完还是得面对，第二天她又去湖南省妇幼保健院挂号做检查，那儿的人更多，排了两三天队才拍上片，结果一样——最后一丝侥幸破灭了。

她重新回到湖南省肿瘤医院，掏空了这些年打工攒下来的所有积蓄，准备手术。还算顺利，只是过程中医生提了一嘴，说她经期似乎不太对，建议再做一次腹部检查。英姐听话地去做了检查，在手术结束后的第10天，报告结果显示：宫颈癌。英姐当时"感觉天都要塌了"。

英姐的母亲打电话给她，哭得说不出话来，听说她不想治了之后，哭得更凶了。哥哥抢过电话，劝她一定要坚持，如果钱不够他可以先借给她，但最终英姐还是没有选择再做手术——身体吃不消，钱也不够，医生给出的方案是先做6次化疗和4次放疗看看。

迄今为止，化疗依然是治疗肿瘤的标准疗法，但化疗是一场无差别攻击，含有毒性的药物会无差别攻击人体的每一个细胞。每一次化疗，英姐都会疼得在病床上打滚，汗像雨水一样从每一寸皮肤渗透出来，胃里像有一把铲子在搅，每一次搅动就有苦水往嗓子眼里冒，整张病床都被吐脏了。

化疗做到第3次，只陪她去过一次医院的丈夫正式提出了离婚。没了看护，再做化疗就只能自己去排队，有时为了一个号，英姐凌晨5点就得从病床上爬起来去等。

当时她的身体已经极度虚弱，维持站立都艰难，而面前的队伍还不知道什么时候才能排到自己，冷汗一次又一次湿透里衣，耳边哭声、呻吟声、说话声都像被洪水隔绝在另一个世界，只有四肢百骸的刺痛越来越清晰。

第 5 次化疗结束后，英姐决定放弃后续的疗程。"担心自己还没病死，先被排队累死了"，"反正都是死路一条，还不如回去等死，把钱省下来，留给小孩算了"。

英姐有一个病友叫王霞，肺癌晚期，每次住院都有丈夫陪，有时候实在有事走开两天，又会立马赶回来。王霞做了两次化疗之后头发掉光了，对着镜子直哭，丈夫就安慰她，说大不了我陪你一起剃光头。英姐做化疗的时候也掉头发，她是顶着光头去办的离婚证。

因为不想继续治疗，又没有能力工作，为了省点钱，英姐回了农村，一边吃药，一边自己摸索着靠运动和食疗做复健。当时离家不远的地方新修了一架桥，宽敞干净，视野又好，每天早上英姐就到桥上散步，然后做一些体操运动。

因为动过刀子，损伤到了筋腱，她的手臂无法彻底伸展，做起体操来也怪模怪样的。村里有老人看见会私底下议论，猜测她可能因为生病受刺激，"发疯了"。

这些不被理解的时刻，英姐都咬着牙撑了过来。她的经验是，想要让肿瘤病人活得更长、活得更好，就得让他主动掌握自己的疾病信息，掌握自己的病情变化，去做一些积极的尝试，哪怕是无用功，也能给身体带来积极的暗示。事实也证明，英姐的想法是对的。她的身体慢慢好转，接下来 8 年癌症只复发过那一次。2014 年，她重新回到长沙，打工供养小儿子上学。

英姐说这些的时候，歪着头，一个辫子垂在肩膀上，眼睛一眨一眨的，到底没哭。甚至在提到未来打算时，除了把啊英便利店一直开下去，看着小儿子进大学，买个小房子，还希望有机会再结一次婚，"也没别的意思，就是希望大家看到我们癌症病人也能像正常人一样结婚、生活"。了解英姐过往的人，都讶异于她的乐观。他们不知道，其实英姐也想过很多次死。

⊙ 啊英的报恩

第一次被诊断出宫颈癌的时候，她心想：早知道有两个癌，第一次手术的钱就不该掏，直接死了算了。

《柳叶刀》杂志在 2016 年发布过一项实证研究，在中国，6 种常见癌症的人均年治疗费用为 6.8 万元，而当年中国居民人均年可支配收入仅为 2.4 万元。英姐虽然没读过什么书，但也清楚地知道，得癌之后每一年的命都是用钱换来的。

为治这个病，她东拆西借了很久，几乎所有联系得上的人都被她找过一次。原本在念书的大儿子也辍学了，出来摆地摊赚钱。英姐起初不同意，但儿子强硬地表示："打死也不去了。"母亲治病都没钱，他没法再心安理得地借钱读书。即便如此，也只堪堪凑够了 5 次化疗费，后来放弃治疗的另一原因就是不敢再借了，怕拖累孩子一辈子。

有一件事英姐觉得自己可能会记一辈子。在做完第 4 次化疗的时候，有一位来复查的病友路过，看到她痛得在床上不停挣扎，悄悄走过来在她枕头边上放了 500 块钱，英姐至今也不知道那位病友的名字，也没再见过他。

后来开了啊英便利店，8 块钱的面粉她卖给病友只要 6 块钱，200 块钱的煎药炉子只收 70 块钱，"帮他们能够省一点算一点"。

帮忙跑腿也是这个原因，她的大多数病友不在长沙住，来一次医院车费就不菲。赶上排队的话，还得在医院外住下。"肿瘤街"上的家庭旅馆就是这么发展起来的。哪怕再节省，一天一个人也要百来块钱。如果英姐帮忙跑一趟，就能省不少钱，病人也不用折腾。

不过以前代办这些手续很麻烦，需要病友提前把病历本之类的资料寄过来，老厚一沓，有时候哪份资料寄忘了，白跑一趟不说，还得重新挂号排队。好在现在方便多了。2019 年，湖南省开始推广使用"电子健康卡"就诊，肿瘤医院是最先开始试点的医院之一，用小小的二维码就可以挂号、检查、缴费、查报告等，英姐陪病友看病办手续时能够省去很多跑腿流程，只需要在微信上调出这个二维码就行。

通过医院小程序，线上挂号、排队、预约等功能也省去了很多琐碎的手续和排队的时间，病友再约化疗也不需要像阿英一样拖着虚弱的身子排队——还不知道当天能不能排到，排不到只好第二天再来。现在预约界面都会显示时间段，病人只需要在那个时间段前往医院即可。

除了帮忙做点力所能及的体力活，英姐还会把很多时间花在陪病友们聊天、散心上。她比谁都清楚，精神支撑对癌症病人的重要性。

英姐第二次产生强烈的想死的念头是在化疗期间，难以承受的剧痛让她一次次哭着冲医生大喊："我不怕死，让我死吧，不想再这么痛苦了。"是病友和医生的一次次鼓励将她拉出了深渊。因为身体动过太多次手术，英姐的身体已经虚弱得连管都插不了，主刀医生便耐心地跟她解释，鼓励她进食。那时病房里还有一个年轻的实习医生，见她心情不好就抱来吉他弹琴给她听。

病友们把她拉进一个微信群，英姐在里面认识了一个乳腺癌晚期的病友，医生判定她只有最后 3 个月，但她最终活了 6 年；还有一个肝癌晚期，检查出来时也只剩 6 个月，但她坚持了 8 年。

不知不觉，英姐也已经撑过了第 8 年，她总是笑着，努力把自己活成病友们的新标杆。熟悉英姐的人都说，她现在看起来比生病前还要好。但也有无能为力的时候。英姐曾经有一个乳腺癌早期的病友，病情不算严重，但心里一直郁结着，待在家里不肯出门。英姐知道的时候，她的精神状态已经变得很差，癌细胞也发生了转移。后来尽管英姐把人接来店里住了一周，但也没能使其好转，没过多久那位病友就过世了。"如果我早点知道就好了"，英姐反复说着，仿佛是自己做错了事。

一个人的精力终究是有限的，更何况癌症病人。病人的心理健康应当有更专业、更实时的关注与引导手段。针对这一点，腾讯在湖南肿瘤医院上线了 AI 自助咨询，除解答肿瘤患者的日常疾病问题，如果患者在心理压力评测中对 AI 机器人表达了厌世的情绪，引擎还会提供相关的健康建议，并推荐心理门诊医生。如果 AI 自动咨询能够得以推广，或许能够帮助更多病人建立起积极的心态，同时也能减轻家属的压力。

还有英姐期望的早期筛查。数据显示，2020 年确诊癌症的患者数达 1930 万人，1000 万人死于癌症。实际上，很多癌症只要早期发现并非不治之症。世界卫生组织提出，全球大约 1/3 的癌症可以预防，1/3 的癌症可以通过早期发现得到根治，1/3 的癌症可以运用医疗措施延长生命、减轻痛苦。

但在中国，几类高发癌症尤其是早期症状不明显的肺癌、肝癌等癌种，临床确诊时往往已是中晚期，癌细胞已经发生转移并扩散到身体其他部位。

为了改变这一现状，腾讯开始研发"肿瘤专科精准预约"，帮助重症患者精准匹配到相关疾病专家，也可以引导检查不全或病种不符的患者找到合适的医生和科室，期望帮助患者达到早预防、早发现、早诊断、早治疗的效果。

有段时间，"肿瘤街"传出可能要拆迁的消息，英姐忧心忡忡，担心小店没了病友们就少了一个据点，再帮病友们跑腿也没那么方便了。但现在除了复诊、拿药这种非得亲自跑不可的事，她很少再进医院，而是教病友如何用手机操作，甚至视频电话远程指导。病友们仍然时不时给英姐打电话，聊得更多的是身体近况和家长里短，不再为看病麻烦而苦恼。她只需要好好地、快乐地活下去就好。

三、搭建"远程银行"，将普惠金融精确到最后一米

罗兴安已经很久没有见到过客人了。2021 年 10 月 15 日，老挝再度宣布延长疫情管控期，涉疫地区的餐厅、夜市等场所继续关停，与此同时，封闭国境。4 月的泼水节之后，老挝迎来第二波严重的新

冠疫情，老挝首都和多个省市先后封控，罗兴安店里的生意随之降至冰点。

他是福建人，原本在老家的一间工厂里承包食堂，但厂子效益不好，疫情前就时常停工，收入很不稳定。疫情发生之后，村里一些宴席之类的散单也停了，每个月五六千元的收入要应付3个孩子的开支，捉襟见肘。

为了寻找机会，2020年秋天，通过一位老乡的牵线，他揣着30万元本钱来到老挝波乔，开了这家名为"黄记酸辣粉"的中餐厅。波乔位于老挝西北部的金三角地区，紧邻泰国和缅甸，是边贸和农业大省。很多湖南人和广西人在这里经营五金店或香蕉种植园，就连罗兴安的小店，房东也是东北人。

因为华人聚集，"黄记"很快就做起了声色，除开罗兴安自己掌勺，还另外雇了1名厨师和4名服务员。但城里封控后，5个人的工资就成了不小的负担，再加上店面租金，前几个月的盈利又一股脑儿赔了进去。

从4月到11月，"黄记"正常营业的日子屈指可数，面临着疫情始终不见好转的迹象，交房租和发工资的日子却从不会缺席。同一道选择题像钟摆一样，一直在罗兴安眼前晃来晃去：到底要不要保住这家店？

想坚持，钱袋子已经见底，但真放弃的话，30万元的前期投入就会全部"打水漂"。这笔钱很大一部分是他找亲戚朋友凑的，如果按之前在国内的收入，再算上利息，得不吃不喝四五年才能还清。

⊙ 救命的朋友圈

罗兴安没有想到，最后救了"黄记"的是朋友圈里的一条信息。几年前，因为老家新盖的房子装修差钱，他找到组织部与农信社联合派驻在村里的金融助理，贷了一笔5万元的款。那条"救命的朋友圈"就是金融助理发的。对方说，农信社最近上线了"远程银行"，只要是户籍或者长期经营地在本地的老客户，就可以通过视频连线的方式进行远程贷款面签。

过去，出于安全考虑，银行办理贷款业务的一个硬性标准，是本人必须携带身份证亲自前往营业厅进行认证和面签，如果是抵押贷的话，客户经理还得亲自上门核查抵押物。罗兴安也熟悉这套流程。现在金融助理告诉他，搭建了"远程银行"之后，借助腾讯云的实时音视频能力，已经可以线上办理贷款面签手续了。

那会儿，老挝依然处在封国阶段。罗兴安抱着试试的心态，通过小程序向农信社申请了5万元的小额经营贷。流程意外地简单，他先是按照指引填报了需求和资料授权，很快就接到从国内拨过来的视频通话，客户经理跟他一一确认相关信息和经营状况，并指导他在手机屏幕上完成了电子合同签约。

几天后，5万元真的到账了。靠着这笔钱，"黄记"熬过了最艰难的2个月。尔后，老挝宣布重开国门，绿区内的饭店、酒吧、俱乐部、KTV等其他娱乐场所恢复开放，罗兴安的生活也重新忙碌起来。

几乎是同一时间，1万多公里外的戴志明也在尝试使用手机里的"远程银行"给一笔10万元借款办理续贷面签业务。

和罗兴安一样，戴志明在津巴布韦经营的也是一家小店，主要售卖钩机配件等五金产品，这也是他在国内的时候一直从事的老本行。2019年，他听朋友介绍说这边有很多中国人在从事矿物开采，对工程配件的需求很高，他便动了来这边开店的心思。过去一直共同经营生意的妻子则留在国内，负责进货发货。

唯一的顾虑是货款。钩机配件是消耗品，一次性出货量大，又存得住，可以大量囤货，但供货商通常要求现金交易，因此在国内时戴志明往往会先找银行借一笔钱来垫付。等货卖出去了，再把钱还给银行，然后续贷下一笔。但出境之后，他不确定银行是否还愿意借钱给他。

戴志明原本在镇里的农信社办理过一张三年期的普惠卡，他的家人和户籍依然在本地，资金也是用作在国内采购原材料。出于对老客户的了解和信任，农信社通过了他出境后续贷的申请，只要他能保证在还款时间按时回来还上就行。

然而仅仅半年后，疫情就蔓延到了全球，津巴布韦封了又解，机票一度涨到十几万元一张，国内的防疫政策也在不断变化，随时都可能出现意外情况。

戴志明也不放心将店托付给别人，这边"治安不好，平时店里要雇三四个本地保镖，才能保证顺利经营"。一直纠结到 2020 年 11 月，也就是他们那笔贷款到期的两个月前，"远程银行"正式上线，事情才出现了转机。

罗兴安和戴志明的故事不是个例，过去一年多龙岩农信的"远程银行"已经通过线上远程办理了 7.5 亿元的贷款，涉及 4500 多笔业务，其中有 50 多户定位在海外。其实，为境外客户办理贷款面签，在两年前是根本无法想象的事。

⊙ 侨乡的困境

福建是出了名的"八山一水一分田"。农业时代，少田就意味着穷困，为了填饱肚子，很多人会选择外出谋生，所以福建人对"闽"的解读是"关在门里只是虫，走出来才能成为龙"。

这条法则在龙岩同样适用。位于闽西南的武夷山区，和粤赣两省交界的地级市龙岩，最成功一次"破圈"大概是因为今日头条的张一鸣和美团的王兴都出自龙岩。

其实还有几个冷知识：中国股民手机里打开率前三的社交投资网站"雪球"的创始人方三文，奥运冠军、被粉丝称作羽界四大天王之一的林丹，在蹦床上拿下首金的何雯娜，全是龙岩人。

而走出去的龙岩人也不止这些知名的人士。以 2020 年为例，龙岩全市人户分离人口，即不在户籍所在地生活的人口为 88.49 万人，比 2010 年增加 24.94 万人，增长 39.2%，占全市常住人口比重达 32.5%。

如何让这些外出的人更便捷地享受金融服务，一直是本地银行颇为头疼的事。尤其是对那些刚刚踏出家门，尚未在外地站稳脚跟的龙岩年轻人来说。

根据金融资金监管的"三靠"原则，即经营业务靠本地、户籍靠本地或长期经营地靠银行的用户才能向当地银行申请贷款。这意味着，没有落户又没有房屋等固定资产的话，想在外地办理贷款几乎不可能。所以很多外出乡贤有贷款需求时，都不得不返乡办理面签。每年国庆、中秋、春节假期都是农信网点的客流高峰期。

但依然有覆盖不到的时候，比如龙岩辖下的上杭，是出了名的建筑之乡，从这里走出去很多知名的建筑公司。他们大多是从一个小小的施工队干起，初期几乎没有什么身家，好不容易熬成包工头了，中了标怕业主不信任，常常腰间挂个假的豪车钥匙以示意"不用担心，我有资金能包下这工程"。

农信社根植于当地多年，对他们个人、家庭和公司经营都了如指掌，靠这些信用背书，帮他们把贷款批了下来，让他们在外面无资金顾虑，踏踏实实把工程干下去。

久而久之，农信社在当地的建筑业就聚集了一大批老客户。2021年，上杭农商行专门成立了建筑业专营服务中心（简称"建筑支行"），就是专门为他们服务。根据该支行刘行长的介绍，当地233家建筑公司，211家都在他们行开户，存量建筑企业及建筑工程类贷款共3108笔，累计投放28.78亿元；累计开具保函超过14万份，金额超过300亿元。

相比于其他客户，建筑公司的特点是时常会出现紧急且大额的贷款需求："比如说我中了一个钢结构项目，工程造价三个亿，其中两个亿都要用来买钢材。而钢材的价格波动是很大的，今天价格可以，就得立马去下订，如果拖到后天，可能每一吨都比现在贵50块，再乘以几十万吨的需求量，就损失很大了。"

钱催得急，签字的责任人又常常跟着项目四散在全国各地，很难抽出身，于是客户经理便只好带着合同亲自跑一趟。

疫情之前，上杭的客户经理们大多数时候是在高速公路上，近一点的厦门，来回 600 公里，珠三角来回 1000 公里，长三角则更远。为了不耽误放款，时常早晨四五点就得出发，"尽量保证当天去当天回"。

跟建筑公司打了十来年交道的钟勋遥印象最深的一次，是一笔老客户的紧急续贷业务。当时要跑 3 个地方，行程两千多公里，车上除了他和一个业务线的同事，另外 3 个都是司机，轮流开车。

但疫情之后，钟勋遥他们就算想跑也跑不了了。在龙岩这样的侨乡，一个稳定、安全的远程服务系统，不仅是客户的诉求，更是当地银行迫在眉睫的刚需。而对龙岩农信来说，这里头还有一层深刻的必要性。

⊙ 谁能建一个"穷人银行"？

龙岩这年的大暴雨从 5 月底下到了 6 月中旬。山区暴雨往往会伴随山洪、塌方等自然灾害。那半个月，新闻里全是各个县镇道路垮塌、房屋受损、农作物被淹的消息，整个龙岩的城际交通一度停摆。

道路阻隔，里面的人出不去，外面的人回不来。"远程银行"业务量因此暴涨，交易金额比前半个月增加了 9000 多万元。为了保证用户体验，农信系统的各个网点连夜紧急增加了线上客服的座席。

在北京照顾孙辈的兰女士就是在那段时间学会了使用"远程银行"，她办理的是一笔 20 万元的惠林卡贷款。兰女士的老家武平县，是全国林改第一县。20 多年前，当地按照"耕者有其山"的原则将所有集体林权平均分配到户，村民可以自行对其进行生产、经营甚至流转。

林权抵押贷款的机制也是林改的一环，几经完善后，诞生了"普惠金融·惠林卡"——持有林权证的林农，不论什么林种，均可凭林权证向农信社申请办理惠林卡。

惠林卡推出至今，就为龙岩本地 3.56 万户林农完成了建档，授信 34.84 亿元。有了这笔贷款作支撑，武平当地很快发展出黄金果、富贵籽、绿茶等特色农林产业，而兰女士经营的就是一处黄金百香果园。

5 月底的那场大雨，让武平县很多村子都遭了灾，交通、供电、通信中断，果园的损失也肉眼可见。那段时间刚好是黄金果的授粉季，但连续十几天的大暴雨，坐果率肯定会受到影响；葡萄也还在嫩叶期，空气里水分太高，结出的果子很容易就会发霉。

像兰女士这样靠天吃饭的果农、林农，对资金的需求几乎无法避免。早在 20 世纪 70 年代，这类需求就已经被"看见"了。当时，孟加拉国爆发了严重的饥荒，当地的经济学教授尤努斯进入村庄试验高产种植的办法。其间，一位养育着 3 个孩子的年轻农妇告诉他，自己每天从放高利贷者手里借得 22 美分用于购买竹子，编织成竹凳后再将其交给放高利贷者用于还债，她辛劳一天的所得是 2 美分，甚至不足以购买第二天的食物。

这是尤努斯第一次直面真正的贫困，他从口袋里掏出 27 美元借给当地的 42 名村妇，作为她们独立做竹凳生意的本金。这就是后来的格莱珉银行，也被称作"穷人银行"的起点。

"造成穷困的根源并非懒惰或者缺乏智慧的个人问题，而是一个结构性问题：缺少资本。这种状况使得穷人们不能把钱攒下来去做进一步的投资。一些放贷者提供的借贷利率高达每月 10%，甚至每周 10%。所以不管这些人再怎么努力劳作，都不可能越过生存线水平。"

"我们所需要做的就是在他们的工作与所需的资本之间提供一个缓冲，让他们能尽快地获得收入。"后来获得了诺贝尔和平奖的尤努斯如是说道。

20 世纪 90 年代，格莱珉模式被引入中国，并在后续几十年里发展出 3 种方案：一种是由金融机构来为穷困的民众提供小额信贷，比如农村信用合作社、商业银行等；一种是 NGO（非政府组织）的小额信贷机构；最后一种则是 2010 年以后出现的互联网中介平台。

但后两个方案都遭遇了不同的难题。NGO 融资难，运营也难。至于互联网金融，在初期时确实被赋予厚望，但 P2P（互联网借贷）平台接连"爆雷"之后，监管不得不严格收紧。兜兜转转，"穷人银行"倡导的普惠金融这件事，还是要交给专业的银行机构来做。

⊙ 平等的借贷权利

2018 年，福建提出在龙岩创建国家级普惠金融改革试验区的构想。因为地处山区，龙岩的各个村镇之间地域阻隔，生态多样，地区之间也因此发展出了不同的经济业态，比如武平县的林下经济，再比如漳平市的水仙茶产业。

漳平是中国南方茶叶的重要产地。而水仙茶属乌龙茶系列，有水仙茶饼和水仙散茶两种产品，是当地茶农主要的经济收入来源，在全市 16 个乡镇街道都有分布，茶园面积 5.27 万亩，年产量 5772 吨，产值 5.3 亿元。

水仙茶园是一个需要高投入且回报周期长的产业。据常年在当地经营茶园的陈先生介绍，从开山种茶到第一轮采摘，中间至少需要 5 年。没有外来的资金作支撑，很难在如此长的周期内维持运转。

针对这种特殊情况，漳平农商行联合漳平农业局推出了水仙贷和水仙卡两种特色产品。其中水仙贷主要为茶农服务，具备利率低、额度小等特点，且还款期限最长可以到 5 年、10 年，正好契合了茶农的生产周期。

不仅种植，茶产业里下游的制茶和贩茶也会随着采摘季的到来而出现较大的资金需求波动。还款周期灵活、一次最高授信 30 万元的水仙卡希望解决的，便是这一环节的需求，茶商们可以将这张卡里的资金用于水仙茶生产、加工、销售、流通等各个环节，并根据资金状况随时支用及还款。

根据当地农商行的内部数据，截至 2021 年 6 月底，这两类产品已经为 932 位客户办理了近 1.3 亿元的贷款。放在大行，这也许只是一笔交易的数额，在漳平却支撑起了近 1000 户家庭的经营生活。

水仙贷、惠林贷都是龙岩农信针对不同地域的产业特色推出的普惠金融产品。对一些尚未形成产业聚集的地区，龙岩农信同样在做积极的尝试。

距离市中心 60 多公里的永定区，多年来一直是整个福建省的人口净流出大区。最新一次人口普查显示，整个永定区的常住人口比上一次人口普查时少了 3 万多人，是典型的收缩性县城。八联村的赖长练说，他们村原本有 1000 来人，这几年可能 200 人都不到了。他儿子也去了广州创业，家里常年只有自己和老伴两个人，"想办个贷款都找不到担保人"。

他前几年种植柠檬赚了一些钱，听儿子的建议在广州投了一个摄影工作室。2021 年春天广州疫情反复，摄影工作室近一个月没开张，十几个员工的工资却还得发，赖长练便想着向农信社申请一笔 5 万元的贷款来周转。

考虑到他的特殊情况，信贷员给赖长练推荐了福股贷。这是一种可以将农村集体资产股权用作质押的贷款产品，"股权质押＋信用"和"股权质押＋保证"两种方式很大程度上解决了农户经济实力弱、缺乏抵押物的困境。

"穷人知道该怎么摆脱贫困，只要给予他们平等的借贷权利"，这是尤努斯的观点。然而"平等"说来简单，实施起来却是一个庞大且复杂的工程。据不完全统计，2022 年，龙岩农信的特色信贷产品已经超过 160 种，但覆盖面依然有进一步优化的空间。

⊙ 被技术打破的瓶颈

梁野山麓的云寨村，隶属于龙岩市武平县城厢镇，平均海拔 600米，四周被群峰环绕。从县城到云寨的 12 公里山路，方华莲也不记得自己究竟跑了多少次。

两年前，她从柜员正式转为一名信贷员。得益于林改，原本与世隔绝的云寨，在近年热火朝天地发展起了旅游业与果园种植业，当地很多村民都是惠林卡、惠林贷的用户。方华莲要做的，就是深入云寨，对有贷款需求客户的信用情况、经营状态和还款能力进行综合考察和评估。

这也是福建农信在全省探索推广的"党建＋金融助理＋多社融合"模式，通过派驻金融助理到当地乡镇、村居、社区，推进整村授信，提供普惠金融服务，希望将金融普惠真正精确到最后一米。

截至 2022 年 6 月，福建农信的 67 家行社一共派出了 6194 名金融助理，聘任 4939 名乡村振兴信息员，覆盖了全省 15481 个行政村（社区）。据方华莲了解，仅武平县，就有 700 多个普惠金融便民服务点。

根须探下去了，但对人力和物力的需求也随之成倍增长。为了控制成本，农信社的每一个员工都得拆成好几个人用。武平联社的主任提起手底下的几个基层孩子，总是一脸心疼：太辛苦了，什么事情都得做，贷前要了解需求，贷中要考核评估，贷后还得做回访。

尤其是近两年，龙岩正式获批为国家级普惠金融改革试验区，龙岩农信的产品越来越丰富，客群越来越庞大，无论是存款还是贷款业务，都超过了同在当地的其他股份制银行。方华莲说，她们网点的几个资深信贷员，忙的时候一人撑起九个村也不稀奇。上杭建筑支行的老客户因为紧急需求半夜造访，经常能看到办公区灯火通明。

是"远程银行"技术把他们从烦琐的工作中解救了出来。建立在腾讯云实时音视频技术之上的"远程银行"，能够实现基于移动端的远程视频银行服务，支持视频双录和双向传输，能够提供覆盖交易、营销、面签以及多方在线签约的不同业务场景，满足复杂的金融业务需要。

用大白话来说，就是将原来必须在线下面对面办理面签的业务转成了屏对屏。但这其实是一项技术门槛很高的事情，因为里面涉及监管合规、数据备份等多重复杂问题。

腾讯金融云的产品经理姜渊举了个例子："原来银行放贷有一个'三亲见'，亲见本人、亲见证件、亲见签字。现在要远程解决这个问题，确认客户真实身份，所以我们就在视频里嵌入了身份证的 OCR 识别、人脸对比、联网核查、融合双录这些能力，来确保是本人办理而且是本人的真实意愿，并留存相应的证据。"

"远程银行"搭建完成仅半年有余，整个龙岩地区的 186 个营业网点就已经布设了 170 余个远程视频服务的席位，基本上覆盖了所有的网点。在上杭农商行建筑支行，刘行长对每个客户经理都进行了相关培训，他一点也不担心会有员工会抵触这项新技术："不用就要自己亲自跑，没人会这么傻。"

如今方华莲上山的次数明显比以前少多了，续贷的老客户基本都会通过"远程银行"来走这些流程，她把更多时间花在了推广社里的另一款新产品碳金卡上。配合武平的旅游城镇转型，用户只要在小程序上记录低碳行为，就能以更低的利率获批贷款。"额度从 5 万元至 30 万元，贷款利率从年化 5.8% 至 4.2%，碳积分越高，贷款额度越高、利率越低。"

四、开发有声 App，助力视障人士无障碍通行

2020 年 3 月 9 日下午 4 点多，回南天的东莞常平潮湿溽热，周云（化名）大汗淋漓地爬上三楼。看到男人手里大兜小兜的菜和肉，老婆卢梅华面露不快，"都多少天没生意了，还搞这么铺张？"周云笑了笑，摸着门框走进旁边的厨房，"快来搭把手，晚上有个'牛人'来吃饭"。

要来的人叫蔡勇斌，是一个盲人 IT 工程师。在隔壁樟木头镇一处民房里，他开了一家信息技术公司。他要和周云商量下，如何用互联网技术帮助盲人按摩店在疫情中生存下去。这个命题听起来很宏

大，甚至有点荒诞。

但周云想死马当作活马医。两天前，老朋友李俊峰打来电话，绘声绘色地介绍了蔡勇斌用耳朵听代码的神迹。李俊峰是东莞盲人按摩界的大佬，他有四家店，还身兼市盲人协会副会长。周云对他的话深信不疑，更重要的是，他已经无计可施了。

周云的盲人按摩店是常平镇上一个三层的临街铺面：白底黄字的招牌下，门两边贴着崭新的大红对联，迎宾灯在白天闪得晃眼，一副生意兴隆的假象。事实上，从春节至今，这家店已经连续44天没有客人了。门口落满尘土的关公像，见证了这门可罗雀的一个多月。

⊙ 梦想照进了现实

东莞常平，京九铁路穿镇而过。2010年，27岁的周云离开云南玉溪老家，只身到东莞讨生活。他出生在一个不能再悲惨的家庭：全家六口人，除了父亲和姐姐，包括他和两个哥哥还有母亲，四个人都是先天性白内障。

从出生第一天，他的世界里就没有进过光。哀牢山和红河谷的绝美风光与他无缘，为了活下去，十来岁的周云就跟着手艺人学习吹笛子、拉二胡，走街串巷。中国农村有太多的"瞎子阿炳"，这是他们常见的活命手段。

"一天挣7块钱，买上10斤大米，够吃两三天。"周云至今很感慨，"感谢带我学音乐的人，让我起码活下来了。"

后来，玉溪残联下乡到他家送温暖，发现这个孩子不仅聪明，还会音乐，就推荐他到昆明上盲校。20世纪80年代，不少地方创办了正规的盲校中专，设置按摩专业，学制两年。学生毕业后散至全国各地，从事盲人医疗按摩，成为视障群体不多的出路之一。

能到大城市昆明，向正规的中医学习按摩手法，对于挣扎在生死线上的边陲农村盲人青年来说，那就是梦想照进了现实。

2003年，周云在昆明苦练按摩手法时，1400公里之外，李俊峰已经在东莞站稳了脚跟，他在常平镇开了自己的第一家盲人按摩店。

和周云生下来就双目失明不同，李俊峰曾经有过 10 年光明。即使到现在，他还记得湖南郴州家里种的大西瓜，一刀破开后，鲜红色瓜瓤那诱人的光泽。10 岁那年，厄运突降，李俊峰在儿童节联欢会上表演时，眼前突然发黑，送医后被告知，是视网膜色素变性。虽四处求医，却一直无法医治，双眼视力低到了可怜的 0.06，等同于失明。

浑浑噩噩打了几年零工后，19 岁那年，李俊峰从湖南坐了一天火车，到山东的盲校求学。3 年后，在盲校学完了推拿课程，他在青岛接到了第一单按摩的活儿，挣到了第一桶金——15 块钱。这让他认识到，盲人也可以有一个有尊严的终身职业。

2003 年，他慕名来到东莞常平，和别人合伙开办了第一家盲人按摩店。其时的东莞，桑拿业兴旺，李俊峰此后经历了"黄金十年"，将生意不断做大，小规模的分店很快扩张到十几家。后来，他又将小店整合成更具规模的盲人推拿公司，目前已经有四家分店，管理着百余名员工，其中有近 90 人都跟他一样，有着不同程度的视力障碍。

⊙ "让我们也能融入互联网"

同样是半路失明，蔡勇斌却选择攀登另外一座山峰——成为一名信息无障碍工程师。2020 年 3 月 9 日中午，在东莞樟木头镇他那个民房改造的办公室里，电脑屏幕上 QQ 斗地主的界面映入眼帘。

屏幕另外一端的斗地主玩家，怎么都想不到赢了他们欢乐豆的是一个盲人：只见蔡勇斌通过语音提示和光标的移动，熟练地进入一个房间，然后把双手食指分别放在键盘的 F 和 J 位置，先抢了个地主，又来了一轮眼花缭乱的出牌。当出掉"王炸"，手里只剩下一组三带一时，他开始挑衅对手，"能不能快点啊，我等得花儿都谢了！"

碾压正常人的牌技秘诀，在于一个叫作"PC 秘书"的软件。这是蔡勇斌开发的一款专门面向视障群体的应用。通过这个应用，视障群体不仅可以和正常人一样玩 QQ 斗地主，而 QQ、微信、淘宝、支付宝、京东、酷狗音乐等日常应用也都能顺利地被使用。

32 岁的蔡勇斌不是先天性失明，6 岁时，淘气的他将石灰倒在头上，留给自己一个黑暗的世界。在他的脑海里，家乡东莞最高的地标建筑，还是 1992 年时建起来的华侨大厦，父母的模样，也还同 30 多岁时那般年轻。

13 岁时，蔡勇斌被送到深圳的特殊教育学校，在这里他第一次接触到了电脑。"一开始我很害怕，因为它有着一个人体器官的名字'脑'，再加上经常在电视上听到'千年虫病毒'，又是'脑子'又是病毒，对我来说，这是一个非常可怕的东西。"但身边的非视障同学告诉他，通过专门供盲人上网使用的读屏软件，可以在电脑上"看"新闻、听歌、下载视频，甚至还可以在 QQ 上和陌生人聊天。

这简直颠覆了他的认知。那个摆在面前，由一个显示屏、一个方盒子、一个密密麻麻按键板组成的物件，将为这个失明少年打开一扇新生的窗户。

"我去问别人，说我想看新闻应该怎么操作？别人说，你应该输入什么什么网址，点进去就可以阅读了。我迫不及待地利用电脑的辅助功能打开网站，用键盘上面的 Tab 键去浏览网页时，听到的却是'图片，图片，按钮，按钮，链接，链接……'"

当头一盆冷水！年少气盛的他气冲冲打电话去投诉："还有一群眼睛看不见的盲人也是你们的用户，你们为什么不考虑一下这个群体，让我们也能融入互联网！"客服反馈："您的反馈我们收到了。会排期解决。"之后却是遥遥无期的等待。

⊙ 看到更远的地方

蔡永斌决定自学编程。在校读书的最后一两年和毕业后的几年，他从网上下载了大量编程电子书，通过听书的方式来学习。这段时间，他很少出门，几乎走火入魔，脑子里装满了数字和英文组成的代码。

不过 QQ 交友也没中断，他通过 QQ 认识了哈尔滨女孩雨涵，并专门为她设计了一个时间提醒软件。这是他开发出来的第一款成品软件，却意外收获了对方的芳心。2018 年 12 月，蔡勇斌和雨涵结束了爱情长跑，领证结婚。一个盲人追到了"明眼人"，令她不顾家人的反对从遥远的黑龙江嫁到了广东，这简直不可思议。

"没有残疾的人，只有'残疾'的环境。" 2009 年，在给女友"送礼物"牛刀小试后，蔡勇斌决定开发一款方便视障群体上网使用的软件，并为这款软件起了一个名字——"To Blind"，很有极客感。

"前端的 HTML 代码，动辄就过千行，一个符号错了就会导致整个页面变形。我就趴在屏幕上，用仅有的一丁点视力看表格有没有对齐，颜色搭配得是否可以……"为了核对细节，蔡勇斌把眼睛贴在屏幕上刷来刷去。大半年过去了，电脑屏幕除了四个角，其余都一尘不染，灰尘都被他的眉毛和眼睫毛扫掉了。

这款最早叫"To Blind"的产品，后来定名"PC 秘书"。经过不断的修复和迭代，"PC 秘书"在盲人圈子里大火，目前用户数已有十几万人。

2014 年，蔡勇斌加入深圳信息无障碍研究会，成了一名信息无障碍工程师。他的工作是通过亲身体验对各种网络软件进行无障碍优化，给各种应用开"处方"，反馈给软件开发者。

在中国，有 1000 多万名视障者，每 100 人中就有一位视障者。"希望更多像我一样的人，能通过互联网'看到'更远的地方，而不限于家庭和按摩院。"这是蔡永斌 16 岁从特殊教育学校毕业时给自己定下的目标。

⊙ 打造盲人知识学习平台

2020 年春节前，新冠肺炎疫情突袭神州大地，各地服务业纷纷关张停业，盲人按摩行业最先受到冲击。疫情对于其他行业的打击，在盲人按摩这里至少 10 倍起跳。

据不完全统计，全国从事保健按摩的盲人约有 20 万人，这些按摩师要么返乡后被通知在家等待消息，要么回店后坐吃山空。在这个行当，盲人按摩师都只有微薄的底薪，主要靠提成挣钱，没有单接，意味着穷途末路。

普通人是失业，对于盲人而言是等着饿死。李俊峰店里有一个湖南益阳的盲人按摩师，从疫情发生后，已经打了不下 20 个电话，催问恢复营业的时间。"他们本身就没什么积蓄，属于手停口停，所以都急着回来，起码管饭。"

李俊峰说，按摩师的底薪、社保、饮食、住宿，加上店铺租金，从 1 月底开始，每一笔都是净支出，没有一分钱的回报。"上半年已经不可能赚钱了，只希望少赔点，下半年能慢慢追回来。"

因为入行晚、底子薄，周云的情况更为糟糕。他通过各种关系，拉了几个微信社群，总人数超过了 1000。他搞了一次秒杀活动，原价 108 元的按摩服务现价 60 元，并且增加了上门按摩服务。"开了多少单？""目前一单也没有。"周云低下了头。

春节刚过，蔡勇斌从何月贤口中得知了盲人按摩师的困境。何月贤是东莞市盲人协会会长，为了生活，平时也在盲人按摩店打工。"会长都这么难，普通的盲人按摩师该怎么办？"

蔡勇斌初步的打算是做一个盲人知识学习平台。疫情期间有知识的视障人士可以在平台上讲课赚钱，赋闲的盲人可以免费学习保健按摩、编程等知识，疫情过后这个模式也可以继续运营下去。然而问题来了：开发的成本和讲师的课酬从哪里来？

⊙ 终于有了资金支持

春节刚过，疫情正浓，蔡勇斌在樟木头观音山下给香港的汤道生发了一条拜年微信。自从 6 年前认识汤道生后，他每年都会保持这个习惯。汤道生是腾讯集团的高级执行副总裁，腾讯产业互联网的掌舵者。

2014年，蔡勇斌曾在一个叫"点燃腾讯"的活动上演讲，由于他过于紧张，中途脑子里一片空白。他索性直接停下来，对着台下说，给我一分钟时间思考。一分钟后，他顺利完成了演讲，并且赢得了台下潮水般的掌声。其中就包括汤道生，时任腾讯社交网络事业群（SNG）总裁。

拜年微信之后，蔡永斌又写下了这么一段话：有个盲人朋友技术很好，但现在受疫情影响，按摩行业全面冰封。这时候，他发现根本找不到按摩之外的工作。不只是这个朋友，其实在按摩行业以外，盲人们都是寸步难行。我们打算做一个盲人知识学习平台，让他们走出按摩店，进入更多的行业。

汤道生很快将这段聊天记录转给腾讯基金会的负责人。在腾讯投入的15亿元"战疫基金"里，包含对战疫程序开发者的支持，也包括对孤寡老人、社会孤儿、重病重残等受疫情影响的特殊困难人员的帮扶。蔡勇斌刚好符合条件——在残障人群里，具备程序开发能力，并且开发的程序可以帮扶到盲人这个残障人群。

经过评估，腾讯基金会决定出资捐助蔡勇斌的线上有声培训App（应用软件）项目。这笔钱可以帮他完成产品研发、上线、上云服务器，以及支付给讲师的第一批课酬。

蔡勇斌给这个产品取名"天福FM"，他准备先在自己的论坛上发帖，同时利用身边的资源，邀请专业的按摩师、程序员、音频后期、主播等录制课程，目标是100万注册用户。

⊙ 让世界看到他们

2020年1月9日，李鑫阳独自从北京坐飞机来到2000公里外的广州微信公开课。当时在上万人的会场里，大会还没开始，现场昏暗一片。他独自坐在角落，讲述着他一路的出行。

"我们每一次出门都是面临着生死，有很多人出了门就回不来了。有的盲道拐弯很突然，绕着电线杆转个死角，脚还是直行的，盲杖在前头一下子杵到电线杆上，震得手都疼，没人知道盲道何时才能真帮'盲'。"

撞电线杆还不是最可怕的，"盲人出行，没有盲道的话，我们打着马路牙子慢慢往前走，现在车的性能特别好，没有声音，车流还特别多，车就到你跟前你都听不到"。

李鑫阳在北京经营一家盲人按摩店，做了一件令盲人们仰望的壮举。他成了互联网创业公司的联合创始人，搞了一个微信小程序，功能齐全，有附近按摩店、中医诊所、招聘、转让、供求等信息，还可点击购买推拿、足疗等服务和美容彩妆商品。

李鑫阳所说的盲人遭遇，正常人实则很难代入体会。就像疫情之下，正常人失去的可能是聚餐的口舌之欢，可能是郊游踏青的眼睛旅行，但对于盲人按摩师来说，他们不仅要担忧下一顿的饭钱，道听途说、真假莫辨的疫情新闻，更像给他们的黑暗世界之外，筑上了一层厚障壁。

得到腾讯资助后，一个春日里的下午，会 IT 的蔡勇斌、会弹琴的周云、会经商的李俊峰等人坐在一起，像极了盲人界的诸侯会盟。听完蔡勇斌的项目介绍，周云难掩兴奋。他不仅毛遂自荐，还拉着蔡勇斌到员工宿舍，把一位正躺在上下铺睡觉的按摩师"强行"介绍给他。

周云看到了解决当下困境的办法，李俊峰则更像是找到了解锁未来的钥匙：他从 2013 年就开始推行合伙人计划，鼓励盲人员工入股自己当老板。他在虎门的分店，就是公司出资一半，剩下的一半由三位盲人员工合股。但因为"上网不方便，看盲文书费劲，与外界沟通不便"，合伙人们想提升自己很难，让他们独当一面，更是痴人说梦。"如果有适合盲人的学习平台，比如就教怎么管理、怎么'拉新'，对他们的帮助一定是巨大的。"李俊峰说。

中国有 1731 万视障者，如果蔡勇斌的 App 能打造成功，便是让这些人有机会在互联网时代无障碍通行，"看见"全世界了。这些人虽然看不见，职业技能各不相同，但内心有着同样的渴望，就是希望和正常人使用一样的东西，获得一样的体验。

"今日新闻……"只见蔡勇斌在手机上单手点划，每点划一下，就会产生极快语速的语音播报，也就是每秒播报十来个字，在正常人听来，几乎搅浑到一块儿去了，尤其当文本较长时，听来犹如杂音。蔡勇斌说，适应了两三年后，他和大多数喜欢用智能手机的盲人一样，语速能调多快就调多快。

失明对于很多盲人来说，是一件悲哀的事情，但在他们失去视觉能力的同时，上帝又赐予了他们"超能力"，那就是强于常人的听力。

天生的缺陷造就了不一样的天赋，加上后天无数次的训练，这些通往成功的秘诀，对盲人也是一样的。"如果所有的产品都无障碍化了，世界就不存在所谓的'残疾'了，现在还有很多互联网产品不重视我们的用户体验，今日头条至今没理会过我们的诉求，微信、淘宝、酷狗音乐其实都还有很多'bug'（缺陷），希望能跟工程师们有更多切磋。"

蔡勇斌希望跟各大厂的工程师切磋技术，李鑫阳希望每天无障碍出行，李俊峰希望建立自己的商业帝国……一个个看不到世界的盲人，正执意于让这个世界看到他们。

在黑暗的世界里，他们用各种方式自救，更像堂吉诃德面对风车一样，挑战着世俗的偏见。如果有一天，都市的写字楼里有盲人白领，咖啡店里有盲人老板，电视里有盲人主持人……到那时，也许不需要"自救者联盟"，盲人们都可以无障碍地与世界交流相处，并且有尊严地生活下去。

第七章

修复历史：延续文化和记忆

在历史的长河里，技术的意义是什么？当最新最好的技术运用到抢救文物、修复古迹时，技术的功能得以升华，实现对人类文明的守护与延续。

用 AI 重现"失去"的敦煌，修缮濒危的喜峰口长城，修复张国荣演唱会，让本已模糊不清的昨日记忆重新清晰……这些都是当代科技企业修复历史、挽救失去印记的实际行动，也是守护我们自己的精神家园责无旁贷的努力。

一、重现敦煌活力，利用技术抢救与修复文物

人类正在失去历史。2018 年 9 月 2 日晚，巴西里约热内卢东岸火光冲天，几小时的大火将 200 年历史的巴西国家博物馆烧穿了顶。消防员和工作人员绝望地抢救标本，燃烧的书卷残页在空中四散，曾经装载超过 2000 万件藏品的博物馆化为空壳。

封锁线外，市民相拥哭泣。巴西总统特梅尔随后发表声明称："200 年来的努力、调查和知识毁于一旦，这对所有巴西人来说都是悲伤的一天。"

如果说巴西国家博物馆的不幸与国力厚薄有关，那么巴黎圣母院无法幸免于难，更像一种关于历史文物的"魔咒"。2019 年 4 月 15 日晚，拥有 850 余年历史的巴黎圣母院身陷惊世大火，在逾 12 个小时的燃烧后，约 2/3 的中世纪屋顶架构被焚毁，19 世纪的标志性尖塔轰然倒塌。

历史文物最终走向历史，仿佛是一切人类文明的宿命，在岁月长河当中，所有往昔的繁荣都不堪一击。但总有人不愿认输。敦煌、故宫、三星堆，在博物馆、文物开掘现场，中国的文保工作者正前赴后继，不断将最新最好的技术运用到抢救文物上，向着时空的伟力宣战。

⊙ 如何对抗"癌症"

三星堆的发掘现场被钢铁铸造的大棚笼罩着。大棚里是 4 个恒温恒湿的玻璃方舱，里面装着集成发掘平台、多功能发掘操作系统、高光谱成像扫描系统等设备，在这些方舱下面才是埋葬着人类神秘过往的 8 个祭祀坑。

在数不清的高科技设备中，高光谱成像扫描系统起到的作用格外重大。借助这套系统，研究人员可以对三星堆考古现场的文物进行原位连续扫描探测，就像给文物做 CT 一样，通过材质分类，对金器、

象牙等文物的分布状态进行记录，拿到第一手数据，建立文物图谱数据库，为后期文物修复与保护提供帮助。

2020 年冬天，突然接到一纸调令，从西安带着仪器远赴成都的唐兴佳，还记得自己当时的紧张和兴奋，她和团队成员们只用了 1 天时间就完成了发掘现场的勘察工作，随后不眠不休几个日夜把仪器调整投入使用。

除了可以照出每个坑下究竟藏着什么，这套仪器更重要的价值是"穿越时间"。以三星堆新开掘的 4 号祭祀坑为例，最上面一层是燃烧的灰烬层，灰烬层下面有文物，通过光谱成像技术对灰烬层进行研究，研究人员可以分析出灰烬是燃烧后倒进去的，还是直接在坑内燃烧形成的，"这对了解古人祭祀的行为特征具有重要意义"。

同一个冬天，在唐兴佳投身三星堆发掘工作的时候，距离三星堆千里之外，−20℃的严寒里，腾讯公司多媒体实验室的芸莹第一次见到了敦煌。莫高窟的 735 个洞窟、2400 多身彩塑、4.5 万多平方米的壁画、1000 多年的绵长历史、近 10 个世纪的灿烂文明，蜚声全球。这些文物古迹身披 1600 多年的风霜，叠加环境侵蚀、人为破坏、动物活动等原因，尽管数十年来中国文保界前赴后继，仍无法阻止敦煌壁画继续"老"去。

敦煌壁画"病了"，这和壁画所处的环境密不可分。资料显示，敦煌莫高窟位于三危山与鸣沙山的交接处，兴建于石质疏松的砾岩之上，这使得敦煌莫高窟饱受风沙侵蚀。天气、水分、光照等任何一点的环境变化，都会导致酥碱、起甲、粉化、空鼓、脱落等病害滋生，而这些病害的损耗都是不可逆的。这些病害就像癌症，一步步侵蚀着壁画残存的生命。

对抗这场"癌症"，正是腾讯多媒体实验室成员此行的目的。很多走过千年、饱经风霜的壁画已经"病入膏肓"，一碰就掉。这意味着壁画的保护工作越快越好，但按照现有的条件来看，壁画保护与修复的进度又不可能快得起来。

横亘在这种速度面前的，有两大拦路虎。其一是"确诊难"。和人类的病症不太一样，壁画病害的种类非常复杂，很难用一种方案修复所有的壁画。更重要的是，壁画还得"对症下药"。修复壁画前，修复者必须进行详细的病害调查，搞清楚壁画病害的类型、位置和面积，才能给出对应的修复方案。

按照传统的方式，工作人员需要带着笨重的设备在昏暗的洞窟里拍摄、拼接、标注，基本上只能依靠人工来完成。4.5万多平方米的壁画，依靠人力，仅是病害识别和做标记，最快也要几年时间，更别说还要制定相应的修复方案。时间不等人，在这个过程中又会有很多壁画变成"癌症状态"。

其二是"看病难"。在文物领域，专家们天南海北，很难长时间聚集在敦煌。而通过视频连线的话，传统的二维视频技术方案不仅清晰度不高，而且视角相对固定，远程专家很难对现场进行自由细致的观察，"医生"们若是连"患者"的病症都看不清，还谈何"对症下药"？空间维度上的距离成了时间维度上的距离，而敦煌最缺的就是时间。

⊙ 敦煌等不了100年

时间是文明的摇篮，也是历史的墓场。新中国文保史上，有一起著名的连云港汉墓"文保惨案"，让中国的文保工作者难以忘怀。1993年2月，连云港尹湾村发现了一座汉墓群，其中在6号墓有简牍若干。经统计，从尹湾汉墓中共出土简牍157枚，除2号墓出土木牍1方外，其余均来自6号墓。

当时的现场办公会决定，由市博物馆负责抢救和保护这批简牍，当他们要携带这批简牍回馆时，由于开工补偿费没有到位，尹湾村的民工不让他们带走，只好暂时将简牍留在办公室。

等他们一星期后回到尹湾村时，见到所有的简牍都被浸泡在塑料桶的水里，村民觉得太脏了打算让它们泡干净点，出土时泛着金黄、闪着油光的简牍已经软化变黑。之前清晰可读的墨书，已经变得十分模糊，直至消失。

万分庆幸的是，这批文物后来被带到上海，经过远红外模糊图像的处理，和考古专家长达数年的攻坚研读，这批 2000 年前简牍的内容得到解读，共计 4 万余汉字。除了一方木牍。

在尹湾汉墓文物清理工作结束后的现场办公会上，当地镇里的一位领导随手从桶里取出一方木牍观看，取出的那方木牍是 24 方木牍中最重要的吏员簿，而他的大拇指按在了木牍的右上部，就把这片木牍上最重要、最关键的信息抹掉了。这方木牍的历史自此永远散佚于人类文明长河中。

漫长的岁月让文物无比脆弱，氧化、微生物侵蚀、外力作用，无数因素叠加之下，任何一点不妥当的应对都会对文物承载的信息造成破坏性后果。在这些来自遥远岁月的"记叙者"面前，如何谨慎都不为过。

被称作壁画修复界"一代宗师"的李云鹤，当年探亲路过敦煌，后受首任敦煌研究院院长常书鸿的邀请留下，一待就是 64 年，修复了 4000 多平方米的壁画。光修复莫高窟第 161 窟 60 多平方米的起甲壁画，他一个人就花费了 2 年时间。

经过几十年的努力，研究人员成功修复了 5000 多平方米的壁画病害，或者说"仅成功修复了 5000 多平方米"。这对于庞大亟须抢救保护的敦煌文物而言，还是太慢了。敦煌石窟共有超过 4.5 万平方米的壁画，目前仅完成了 10% 出头的工作量，修复路上的"万里长征"这才走了一小步。

修复工作不但量大，也难度巨高，专业要求苛刻。李云鹤曾经有个学生碰落一小块壁画皮，掉在指甲盖上随手弹了出去，被当场开除。

这位学者把文物当生命敬畏着，但他也明白，现在的敦煌研究院，修复一个洞窟最快要 2 年，大型洞窟则可能需要 10 年时间，所有洞窟修遍，按照最乐观的估计，至少需要 100 年。来自岁月的侵蚀，无时无刻不在损伤着敦煌壁画，哪怕研究员们可以一代一代接力，昼夜不休地工作 100 年，敦煌也等不了那么久。

⊙ 数字化的文物

巴黎圣母院那场突如其来的大火，敲响了全球拯救文物的警钟。在自然流逝的时间之外，不可控的意外风险成为文保工作者最恐惧的梦魇。

时至今日，人们依然不清楚灾祸从何而来，只知道猛烈的火势在几个小时内就将这栋历史悠久的巴黎市最古老的木质建筑吞没。所幸起火时巴黎圣母院正处于修缮状态，馆藏的部分艺术品早已移走，得以逃过一劫。

在世界范围内，法国的文物保护算得上起步很早。1887 年，法国通过法律保护具有历史及艺术价值的纪念性建筑和艺术品，成为世界上第一个立法保护文化遗产的国家；1913 年法国又颁布了沿用至今的《历史古迹法》，设立专门负责对历史古迹分类的机构，将所有古迹登记造册。

即便如此，在巴黎圣母院的保护上法国还是慢了一步。实际上，多年来巴黎圣母院一直被相关部门评估为"状况堪忧"，上一次大规模维修还是在 20 世纪 90 年代，而大火前的最后一次维修，直到 2018 年 4 月才开始。

年久失修使大教堂在安全方面存在多处缺陷，特别是警报系统。换句话说，消防队员收到的警报可能存在延迟，也因此，火势没有及时得到有效控制。

距离塞纳河映满火光的那个夜晚已经过去两年有余，巴黎圣母院的修复工作仍进展缓慢。斯特拉斯堡大教堂基金会主任埃里克·菲舍尔在接受媒体采访时表示，巴黎圣母院重建工程预计需要"数十年"。

困难来自许多方面，比如建筑材料。如果要原样重建高 96 米的尖顶，需要约 1000 棵树龄在 150 ～ 200 岁的橡树。尽管法国总统马克龙一再强调，会在 5 年内重建巴黎圣母院，"我们有望在 2024 年回到大教堂做礼拜"，但他也不得不承认，这项工程太复杂，"有很多工作要做"。

建筑材料已经算小问题，更重要的是，要把被烧毁的巴黎圣母院完美复现，需要高精度的图纸或模型。破局的人是建筑历史学家安德鲁·塔隆，在巴黎圣母院遭受这场灭顶之灾前，他用了 5 年时间，记录下超过 10 亿个数据点，在虚拟空间里构建出一座最大误差不超过 5 毫米的数字巴黎圣母院，并被法国著名游戏公司育碧运用进"刺客信条"游戏中。这位已故学者的遗产将成为全人类再次看见巴黎圣母院的希望。

2019 年 5 月 21 日，在全国政协十三届三次会议上，全国政协委员、江苏省政协副主席、南京师范大学副校长朱晓进，给出了一份提案：推进文物古迹的数字化保存。

巴黎圣母院那场大火只是这个提案的诱因之一。在中东，由于战乱，伊拉克、叙利亚文物古迹遭受过严重破坏，造成大量珍贵的历史遗迹消失。

为了保存这些文物，哈佛大学与牛津大学联合成立数字化考古学研究所，共同推出"百万图像数据库"项目。而在国内，故宫和敦煌研究院也和腾讯达成合作，尝试推进数字化建设，把历史文物保存到云端。

虽然保留下来的数字资料具有天然的缺陷，任何图片或 3D 扫描都无法捕捉庞贝壁画表面的纹理、尘土飞扬的气味，数字化的文物也无法进行 DNA 分析，但也好过一无所有。

⊙ 用技术提升"对症下药"的效率

试图借助科技拯救损失的，还有同样因为大火失去上千万件馆藏文物的巴西国家博物馆。由于财政紧张，消防设施尚且漏洞百出的巴西国家博物馆，没有资金进行藏品的数字化，有的文物连高清图片都没有，仅有的例外是几件价值过于珍贵的埃及木乃伊。这些木乃伊经历过 3D 数据采集，在 3D 打印技术的帮助下得以"起死回生"。

巴西国家博物馆想到的唯一方式是众筹。通过互联网社交媒体向所有人求助，寻找在博物馆内拍摄过的照片。在这场浩浩荡荡的互联网救助当中，中国企业腾讯成了巴西国家博物馆的合作伙伴，双方共同发起面向中国全民的"数字化资料征集活动"，征集曾经到访巴西国家博物馆的中国民众所有的电子化资料，如数字影像资料、文字记录等，以帮助恢复被烧毁的记忆。

通过这些影像资料，腾讯可以通过 3D 技术，用不同角度的照片测量出展品的相关细节参数，为巴西国家博物馆，甚至其他更多的文物保管者提供参考，让消逝的文物在数字化世界里重生。

同样的思路也曾被运用在抢救敦煌的项目里。进入敦煌之初，腾讯多媒体实验室的研发团队构想得很完美：一步到位，直接用 AI 技术完成壁画的修复工作。但在实际的操作过程中，他们发现这个设想太过乐观，远远没有这么简单。AI 修复所倚靠的，是系统对图片的大量深度学习，系统吸收的图片素材越多，识别和修复的精度就越高。

可在敦煌壁画中，很多大面积的线条都已经流失，后人临摹的壁画数量也不多。没有足够多的完好壁画素材，AI 修复根本没法进行。转换思路后，这群年轻人意识到，尽管壁画修复的素材不够，病害分析的素材却不少，如果能将识别病害的时间大幅缩短，后续的进展是否会更加从容？

在这个设想下，腾讯多媒体实验室的研发团队基于敦煌研究院提供的人工标记病害的 CAD 图片以及深度学习算法，给出智能壁画病害识别技术，极大地提升了"对症下药"的效率。

通过智能识别技术，目前部分病害的识别准确度已达到 90%，未来这项技术将有机会应用于病害保护实践场景，从而推动敦煌壁画病害识别效率的提高。在争分夺秒的当下，这无疑意义重大。

为了解决"看病难"的问题，腾讯多媒体实验室推出了"沉浸式远程会诊"方案，为敦煌的抢救打破了空间限制：4K 高清，360 度沉浸式画面展示，全方位、无死角、高清晰地展示会诊现场和文物细节，只需动动手指，远程专家就可以自由选择勘察视角，从而实现无障碍远程文物会诊。技术改变时空，不只出现在科幻电影里，而是正在发生着的现实。

⊙ "数字供养人"来了

另一场隐秘的改变则发生在全国各地每一个角落。巴西国家博物馆和腾讯达成的合作协议中，还有一个重点项目——搭建数字化巴西国家博物馆。在这之前，腾讯公司已经参与过多个文保项目，比如发起了"长城你造不造"推广和保护的网络计划，与敦煌合作共同推出"数字丝路"计划，减轻游客对敦煌壁画所造成的影响。

"数字巴西国家博物馆"线上项目的建立，标志着中国互联网企业在文保领域已经有了可以向外输出的成功模式和经验。在国内，博物馆的数字化早已经成为常态，"十四五"规划纲要中明确提出："推进公共图书馆、文化馆、美术馆、博物馆等公共文化场馆免费开放和数字化发展。"

看着数字化让博物馆的边界更加模糊，"云端"观展已然普及，众多展品在科技的支持下摆脱了空间限制，真正实现"无处不在"。四川广汉三星堆博物馆副馆长朱亚蓉充满感慨道："曾经博物馆是有围墙的，展览以实物形式进行巡展。"

而现在一切都变了。改造升级后的三星堆博物馆综合馆，如今是历史和技术交织的殿堂。序厅里，多媒体"三星堆之眼"勾勒出三星堆发现发掘的关键节点；正厅里，L 形视频墙用逼真的三维动画呈现了三星堆古城形成过程，吸引不少观众驻足观看。

但在朱亚蓉眼里，实现博物馆"上云"，把展品数字化，只是这场博物馆生态变革的开端。数字化之后，如何运用和保护才是真正的难点，"内容为王，怎样把知识性、娱乐性、互动性很好地结合起来，是博物馆发展下一步要突破的方向"。

这方面，故宫开了一个好头。通过纪录片《我在故宫修文物》获得巨大关注后，故宫成功拉近了和年轻网民的距离，借助流量实现了文创推广、品牌打造，让中国文物保护焕发新的活力。

2016 年，故宫宣布与腾讯达成战略合作，共建创新实验室，打造出"数字故宫"小程序、《古画会唱歌》数字音乐专辑等内容，进一步实现故宫文化的深度"破圈"。随后秦始皇帝陵博物院、敦煌研究院等文保单位也开始与腾讯展开合作。

从简单的 IP 形象植入、创意比赛，到文物数字化采集保护、文化遗产数字化对外交流、长视频影视作品输出等，转型步步深入，所能创造的影响也越发深远。

敦煌是丝绸之路上重要的一站。1650 年前，丝绸之路上的人们为寻求护佑与指引，在敦煌出资开窟，这些出资者被称为"供养人"。"数字供养人"的概念正源于此。让年轻人主动传播传统文化，这是当代文保工作者开辟出的保护传统文化的路径，潮流与古典的碰撞成为文物焕发活力的动力源泉。

2017 年，腾讯与敦煌研究院达成战略合作，共同推出敦煌智慧锦囊，古色古香的敦煌壁画结合趣味文案，碰撞出了传播的火花，很快在年轻受众中广受好评。

以这个项目为起点，腾讯和敦煌研究院的数字文保合作不断延展。此后数年，先后推出了"数字供养人"、"王者荣耀飞天皮肤"、QQ 音乐"古乐重声"音乐会、"敦煌诗巾""云游敦煌"小程序和敦煌动画剧等活动，精准踩中"敦煌热"的每一个韵脚。

云游敦煌项目上线的效果非常明显。3 年时间里，累计有超过 2.5 亿人次参与了"数字供养人"相关线上互动；超过 4000 万人在"王者荣耀"中遇见了"敦煌飞天";40 多万人设计了自己专属的"敦煌诗巾";24 万人在腾讯公益平台为敦煌石窟保护项目捐款;15 万人在线用声音演绎敦煌动画剧······

两年时间里,这些敦煌爱好者们通过购买文创产品、直接捐款等形式,为敦煌壁画数字化等项目募集超过 600 万余元资金,实实在在参与了保护敦煌的行动。被修复的千年壁画,飞出了幽暗的石窟,获得了新的生命。

2021 年,腾讯与敦煌研究院的新三年战略合作正式启动,这一次,腾讯方面负责和敦煌研究院合作的对接人黄奕,想和同事们做更多尝试,"目前我们已经进入深水区,未来会继续去运营、深化、打造敦煌相关的内容"。

在前辈们摸索出一条可行的道路之后,2021 年 5 月 28 日,由国务院新闻办公室、国家文物局、四川省政府联合举办的"三星堆奇妙夜"活动上,三星堆腾讯新文创项目正式落地。按照规划,和故宫、敦煌、秦始皇陵、长城一样,三星堆和腾讯的合作也会涵盖游戏、动漫、音乐、网文、短视频等各类产品。

2021 年 9 月 6 日,"99 公益日"之际,敦煌研究院与腾讯联合推出的首个公益趣味文化互动——声动画语,在"云游敦煌"微信小程序上线,以动画形式讲解莫高窟第 156 窟的壁画故事,用户"动动手指",不仅能够全方位领略敦煌壁画内容,参与敦煌文化相关的问答,还能够募集善款,成为千年文化遗产的"数字供养人"。

数字化时代,互联网流畅的信息渠道是传统文化最有力的宣传推手,也是让历史对抗岁月长河、得以恒久传承的无形载体。

敦煌研究院的一面墙上写着这样一句话:"历史是脆弱的,因为她被写在了纸上,画在了墙上;历史又是坚强的,因为总有一批人愿意守护历史的真实,希望她永不磨灭。"真正的文化遗产,不应在幽暗的石洞里,应该在每一代人的心里。

二、抢救喜峰口长城，凝聚 40 万人的力量

喜峰口长城，在水下沉寂了 50 年。因为京冀 2021 年夏天的强降雨，更长的一段长城被水淹没。但水面以上的部分即将修缮完成。

2016 年，王小枫接过父亲的班，成为修长城的工人。他对这段长城的历史如数家珍。盛唐以前，这里就是幽州关键的军事要塞。到了唐朝，一对离别多年的父子于此相逢，故改名喜逢口，后讹传为喜峰口。

而建于明洪武年间的喜峰口长城，见证过明清之变，也见证过 80 多年前外患忽至，华夏儿女拒倭敌，慷慨壮士共悲歌——1933 年，国民革命军第二十九军在此迎敌，五百壮士仅 23 人生还。"大刀向鬼子们的头上砍去"，抗日救亡歌曲《大刀进行曲》正诞生于此。

1983 年潘家口水库竣工后，潘家口和喜峰口的部分长城便带着那些沧桑旧事，无声没入水面。水面以上，因为历经风雨，几成断壁残垣。为了唤醒沉没的长城，抢救岁月侵蚀下的古迹，一代代文保人前赴后继，王家父子正是其中一员。

但修缮极为艰难。修长城，不损伤它原有的历史风貌，又确保建筑的安全性，更是难上加难。王家父子面前，是随着时间流逝而崩解的巍峨古迹，他们身后，是无数来自社会、学者、企业的支持，朝着荒野之中汇聚，扶住倾颓的断壁残垣。

⊙ 抢救长城

长城的情况早已危急。以距今最近的明长城为例，人工墙体长度共计 6259.6 公里，目前保存较好的有 513.5 公里，只有 8%；已消失的（指地面遗迹不存）长度共计 1961.6 公里，占到 31%。

这些古长城遗迹最大的破坏因素来自人为。公路、铁路等建设项目穿越长城，附近居民拆掉长城砖回去盖房搭猪圈，违法分子偷盗贩卖文字砖，留下来的野长城大都伤痕累累。

王家父子是如今这个年头里依然死守着长城的人。30多年前，王家人开始参与长城的修缮工作，彼时他们只知道要保护这些带着悠长岁月的老物件，但真到着手去做，反而做得越多错得越多。那个年代，没有"修旧如旧"这一说，保护长城的手段很简单：照着八达岭的模样，重新建一遍。

　　等王小枫接过父亲手里的安全帽，也开始从事长城修缮工作，给野长城们做"微创手术"，已然成为文物保护工作者的新共识。

　　改变显现于2020年，箭扣长城的修缮实践开始采取不一样的思路。箭扣长城乃明代万里长城最著名的险段，具有"惊、险、奇、特、绝、野"的特点，是游客热衷探险的经典"野长城"线路。长期侵蚀风化，加上人为活动的破坏，箭扣长城的很多点段，墙体、城砖松动，濒临垮塌，危悬一线。

　　要给野长城"治病"，还要保留住独特的"野味"，唯有"最小干预"一途。王小枫说，所谓"最小干预"，通俗来说即在保证墙体安全的前提下，尽量维持长城遗存的现状。在王小枫眼里，这是了不起的观念进步，"之前我们保护古建筑的常见做法是翻新再做旧，但是这一次，我们尽量不去破坏它本来的样子，哪里有问题，就做一些修补，重要的是保持野长城的原汁原味"。

　　有了新思路，做法自然因应而变。箭扣长城的修缮过程里，"少用新砖"成了最主要的特点。能继续使用的老砖全部重新使用，且都放在原位；实在残破无法利用的，才会用新砖作为添补。

　　整个箭扣长城的修缮项目中，砖块中新砖比例不过5%。如此一来，修缮后的箭扣长城安全性大大增加，原有的"野味"风采也得以保留。那些已经垮塌、露出石块的段落，经过加固后依然保留"凝固"的塌陷状态，倒多出一番古拙朴素之味。

　　就在箭扣长城修缮工作发生转变的同一年，《长城保护总体规划》发布，要求长城的保护要"真实、完整地保存长城承载的各类历史信息和沧桑古朴的历史风貌"。根据《长城保护总体规划》，长城修缮的原则改为"预防为主、原状保护"，避免不当干预、妥善保护各时代遗迹的思潮成为主流。喜峰口长城的修缮也由此迎来变化。

据负责这一路段修缮项目的张勇介绍，在维护喜峰口长城时借鉴了箭扣长城的施工经验，核心思路和方法是"四原"和"五随"：修缮过程遵守原本形制、原来做法、原有材料、原用工艺，同时保证"随层、随坡、随弯、随旧、随残"。自此野长城重新恢复了呼吸。

◉ 城墙上的滑板道

"最小干预"固然是一个好思路，但真正要落到实处，也有诸多难关需要攻克。最先要解决的，就是信息的准确性。如果不能充分掌握野长城的实际情况，了解周遭地貌，要想达到兼顾安全性和观感效果，无疑是空谈。

例如，在缺乏了解的情况下，修缮队伍甚至无法对长城做准确的年代鉴定，外表疑似明长城的路段，有可能只是利用了前朝的城墙加固而成。而不了解长城的真实修建年代，很容易错误评估城墙的安全状况，导致修缮方案不符合实际。

前车之鉴，今犹在。2016 年 9 月 20 日，一篇主题为"最美野长城被抹平"的文章在舆论场炸开了锅。位于辽宁省葫芦岛市绥中县的锥子山长城，是第六批全国重点文物保护单位，其大毛山段位于小河口村，民间称其为"小河口长城"，曾有"最美野长城"之誉。2013 年 7 月到 2014 年 8 月，这段长城实施了修缮工程。修缮结果却令人乍舌，有网友评论称："这段曾令人回味 700 年沧桑的昔日野长城，现在看起来好像是荒野中从天而降的一条水泥滑板道。"

国家文物局批复的"小河口长城"修缮方案显示，对这段长城采取的策略是"对顶部残存素土海墁重新拍实，再用三七灰土补充一层拍实，平均厚度 12 厘米"。按照此方案，长城排险的问题解决了，历史风貌却遭到了破坏。从实际情况上来看，三七灰土按照三分白灰七分泥土的比例调制，12 厘米厚的三七灰土铺到城墙、垛口已经倒塌、只剩残败马道的长城上，看起来就像一层"水泥滑板道"。

要避免悲剧重演，在修缮之前进行考古清理，是最行之有效的路径。在过去，除非长城某地出现断崖，考古人员才会去做考古调查，而在箭扣、喜峰口项目里，考古人员先于修缮队伍赶赴现场，已经成为常态。

中国文化遗产研究院院长柴晓明曾在新华社的采访中说过："遗址类的保护、维修一定要考古先行，一砖一瓦怎么上去的都是有依据的，而不是推测，如此才能保持它的真实性。"搞清状况再下锤，才能对症下药。

"先考古、后修缮"，还伴随着不少意外收获。在首个推行这一机制的箭扣二期项目现场，北京大学考古文博学院的考古专家发现了百余枚石雷石弹，并留下大量珍贵的考古图集，丰富了学术界对不同阶段长城信息的了解，也有助于细化具体的修缮方案。

北京大学考古文博学院的工程师尚劲宇说："遗址也好，建筑也好，长城也好，它在保存的过程中不是一直不变的。我们希望通过数字化的方式，记录它受到集中的干预后，是怎么变化的。"

长城修好了，整个修缮过程的数字档案也随之建立，为以后的古建筑保护留下指示灯。据尚劲宇介绍，箭扣和喜峰口西潘家口段的长城已经进行了 4 次数字采集，这些信息将形成一个三维彩色的长城模型。基础数据、全景照片等信息融合叠加后，所有的使用者能够在网络上浏览长城的现状。

在这个模型里，大能欣赏周边植被、山势等的总体情况，小能看清每一块城砖的破损修缮细节。数字化技术介入施工管理，箭扣和喜峰口长城提供了完整细致的案例。为其他古建筑遗迹的保护和文保方法的设计提供了前所未有的经验。这一模式成功落地，代表着野长城的修缮终于有了一套相对成熟、科学的方法。

⊙ 人民出钱补长城

好的方法需要资金和技术的支持。2016 年，中国文物保护基金会发起"保护长城，加我一个"公募项目，开创社会力量参与长城保护的先河。在这次项目中，腾讯公益慈善基金会捐助了 1000 万元，专项对箭扣南段长城 151 号敌楼至 154 号敌台及边墙进行修缮。

网友的力量也在汇聚。40 万名网友在腾讯公益平台上参与捐赠，累计筹款近 189 万元，用于喜峰口长城潘家口段的一期修缮工程。

同样是 2016 年，国家文物局发文表示"鼓励社会团体、吸引社会资金保护长城"，特别是位于荒郊野岭的尚未开放的长城段落。同年，时任中国文物保护基金会理事长励小捷指出，现有文物博物馆系统的行政、事业机构设置，与承担的繁重任务相比很不适应。"我国文物资源的结构是一个正金字塔形，社会组织具有独特的优势，可以发挥政府部门无法替代的作用。"

无论是在公益的透明化还是在对资源的撬动与对接能力上，腾讯公益平台这样的社会组织都给长城的修缮带来了系统化的支撑。比如项目募集的 4000 余万元（公众＋企业），就为箭扣、喜峰口项目的技术实验提供了稳定的资金支持。

在箭扣二期修缮项目开工之前，无人机首次作为辅助手段引入到前期测绘工作中。利用无人机搭载的各类摄影设备，可以进行详细的数据采集，结合卫星数据、激光扫描技术等，对长城本体及其沿线环境进行全面勘察测绘。通过这样的影像技术和数据采集生成，后台加工后就可以形成能三维浏览、测量、统计的长城本体模型和周边高精度照片，为今后的长城保护工作提供精准的基础数据。

与此同时，红外测温技术也被运用到修缮中。红外测温可以通过一天中不同时段、一年中不同季节砖的温度变化，计算出长城因热胀冷缩造成的病害，并据此进行修缮和预防。这两项技术的结合，相当于给野长城做了一次细致的体检。有了具体精准的测绘模型，后期的修缮得以更加准确地进行。

但再多的新技术，修长城还是离不开人力这项主要手段。陡峭的地势，40 斤重的方砖需要建筑工人们用背篓人力搬运；长城建筑表面的植被覆盖，也需要人力进行清理和回填。

以喜峰口长城修缮项目为例，全长 1005 米的路段，修缮耗时足有 4 年多。这 4 年时间里，负责修缮的工人们每天要把笨重的石料装船运至长城脚下，再靠自制的提升机以及身体，将石块运送到需要修补的地方。一代一代的普通人，就是这样上上下下，才有了这巍峨要塞。

所幸的是，通过腾讯基金会平台，大量的社会资本介入后，部分资金被运用于长城施工人员的生活保障。能住在避雨的屋子、吃上热腾腾的饭菜，工人才有使命感："心里踏实，也更为自己能修长城而感到骄傲。"

⊙ "你们'00 后'，还知道长城是什么吗？"

北京市文化遗产研究院的尚衍，早在少年时候就期待着能投身保护长城。1999 年，还在读中学的尚衍第一次踏上长城，在感慨于那壮观的风貌的同时，又为那破损的城墙感到惋惜。他问同行的爷爷："为什么这些城墙倒塌了？"得到的答案是：年久失修、缺乏保护，才使得这些蜿蜒在群山间的雄伟建筑走至凋敝。

多年以后，尚衍如愿走上文物保护之路，他也无数次走上长城、抚摸长城。尚衍说，希望有一天自己也成爷爷的时候，能够带着自己的后辈走上长城，而不是只能指着教材里的照片讲述长城的风采。

但他想不到的是，年轻人已经不再关注长城。5 年前，某知名长城研究学者召开了一场长城专题讲座，到场的 200 名观众中 9 成人的年纪在 50 岁以上。马尧对那场面仍然记忆犹新，"站在后面看过去，基本都是头发花白的"。

唤醒年轻人的注意，让他们像先辈们一样抱有对长城的情感，是腾讯团队除了修缮，要解决的另一个课题。反复论证后，他们有了新的思路：要让长城走近年轻人，游戏可以作为窗口。

顺着这个方向，中国文物保护基金会和微信共同创作了小游戏"一起修长城"，腾讯沙盒游戏"手工星球"则联合腾讯长城保护项目组，发起了以"长城正年轻"为主题的长城保护计划。"王者荣耀"从 2017 年开始陆续推出"长城守卫军"系列游戏英雄，QQ 飞车与中国文化遗产研究院的专家合作，推出"长城赛道"模式……长城这一文化符号，以最近的距离来到了年轻人的日常生活中。

通过游戏，玩家可以看见古长城 1∶1 的高像素复活，还可以线上学习烧长城砖、修长城的相关技艺，实现"云"修长城。

对于年龄小的孩子，绘本这种儿童读物是最好的切入方式。2019 年 8 月，中国文物保护基金会与腾讯慈善公益基金会合作推出科普绘本《长城绘》，将繁杂的长城资料以信息图、数据图、情境图等形式绘制出来。这本连宣传发行经费都没有的绘本，进入了"2019 年十大年度图书"行列。热爱长城的种子再一次在年轻一代的心中落下。

保护长城，本就是一个长期工程，无论是王家父子之间的接力，还是尚衍爷孙之间对长城情感的传承，即使城墙倾颓，穿越千百年岁月长城仍在。

三、重修张国荣演唱会，技术支持下的光辉岁月

◉ 一场消除分歧的狂欢

2022 年 4 月 1 日，一年一度的"张国荣纪念"浪潮和以往有些不一样。香港，从凌晨起，雪厂街的两头就陆续有人走来。4 月，气温已经升到 20 摄氏度，人们穿着白色短袖，口罩下人们神情端庄肃穆。

类似的一幕每年 4 月 1 日在香港街头反复上演，但这一年，人流

肉眼可见地少了。半个月前，香港的张国荣歌迷组织"荣迷联盟"发通告称，将取消当年文华酒店、蜡像馆及星光大道的集体献花活动。

这个时间节点所涵盖的悲伤意义，看起来好像正在减淡。也许再坚固的刻痕也很难抵挡时间年复一年的剥蚀。在如同乘坐过山车般飞速变幻的日子里，周遭不断变化和重建，连缅怀往事都显得轻佻起来。

巨大的冲击来自晚上 8 点。整点开始，微信视频号线上首播的张国荣"热·情"演唱会的超清修复版开播，最高峰时数百万人同时在线。不只参与人数要创造纪录，在转发这次直播的人群里，人们也察觉到了异样。尤其是那些曾经对这个纪念行为有抗拒的人都开始参与其中。而这场大型线上行为艺术结束后，这些人都找到了纪念张国荣的合理性。

⊙ "神仙团队"修复演唱会

负责这次修复的是腾讯多媒体实验室。作为腾讯云旗下顶尖的多媒体技术研发团队，腾讯多媒体实验室建立于 2017 年，擅长的领域是多媒体前沿技术的探索、研发、应用和落地，一直以"神仙团队"著称。

2022 年 3 月初，他们从环球音乐集团旗下厂牌宝丽金唱片手里，拿到了尘封了 20 余年的张国荣演唱会母带。因为时隔多年，以及当年唱片公司对这次演出的疏离甚至抗拒，原片已经出现了严重的噪声和失帧等情况。拿到之后，实验室先对整体做了智能分析，对整体的噪声、编码失真以及画面的复杂程度进行数据记录。

同时，因为现有的修复算法模型在过去更多的是运用在电影等相对静态的领域，而演唱会的灯光、频繁的镜头切换以及大量的动态画面与人脸都使之无法与已有的模型嵌套，实验室需要不断地调整参数来与之匹配，甚至在一些地方需要动用手工。

另一个层面，作为最后一场巡演，"热·情"可以被视作张国荣对自己一生的总结与演绎，演出里涵盖的艺术语境，不能因为过度追求清晰程度而流失。所以在修复的过程中，团队对原片一遍又一遍地反复揣摩。

在最后的成片里，画面依然保留了那个年代港片的氛围感，在幽暗的光线下，张国荣眼睛里细碎的星光却纤毫毕现。一切犹如重返现场，20多年更像一场梦幻。当人们对注定的失去不抱希望，技术又带来了新的可能。

⊙ 给这个世界带来色彩

张国荣的一生，也映射着香港跌宕起伏的命运。1989年，疲惫不堪的张国荣宣布退出乐坛，远赴他国。等到他再回来时，香港有史以来最大规模的一次移民潮已经爆发，他却选择了逆流北上，在《霸王别姬》里扮演一个义无反顾的戏子程蝶衣。他还在那本记录了他与"家国"的写真集《庆》的封底题字："红旗漂浮，国泰民安。"

那段日子，随着张国荣一起北上的还有整个香港的灿烂文化，汹涌而来，一夜之间填满了年轻人的精神生活。但在那里面，张国荣依然是个特别的存在。叛逆不羁，又有着那个时代里极为罕见的纯真与优雅。所以后来人们怀念他，更像是对一个昨日时代的久远怀想，"70后""80后"在他身上找寻青春的集体记忆，在人生最自由、最美好的时间里，张国荣一直是他们生命中的一部分。

在2003年春天的葬礼上，张学友在悼词里说过类似的话："不知道大家有没有想过，有一日天上假如没有了星星，漆黑一片会如何？哥哥的离开，天上好像突然间少了一颗明星，只剩下一片寂寞及空虚。"

如今时间仿佛一场轮回，又将人们带回了相似的情境下。不同的是，星星已经永远停留在了影像中。从这个角度来看，修复不仅是一项技术，还是一场和时间争夺记忆的行动，保留下人类共同的、珍贵的情感，透过这些情感，我们仿佛重新回到了那个时代，并通过回望过去为继续向前找到了一点动力和方向。

而这项"回到昨日"的技术，已然给这个世界带来了很多色彩。迈克尔·杰克逊的全息影像已被杰克逊遗产委员会开发出来。在2022江苏卫视跨年演唱会上，虚拟邓丽君就与周深同台演绎《小城故事》《漫步人生路》和《大鱼》。

如果说，技术修复只是给人带来感官上的冲击，那开国大典历史影像的4K修复版重现，就具备了更加厚重的历史价值。1949年的开国大典，原本是有彩色影像的。当时中央政府特邀了苏联莫斯科电影制片厂的摄影师来拍摄，但是一场意外火灾毁掉了这些珍贵资料。最后被抢救出的残余胶片，正是毛泽东主席宣布中华人民共和国成立的片段。目前人们常见的黑白影像，则是由当时中国摄影师留下的。

几经波折后，一批电影技术团队在俄罗斯档案仓库的胶片中，买到了一段4分钟、16毫米胶片拍摄的开国大典的影像。但由于时隔70余年，胶片质量已经变得极差。经过技术修复转4K后，胶片宛若新生，这些珍贵的原声原片得以重现大荧幕。

我们想尽办法挽留已经不存在的过去，这是人类试图证明自己存在价值的一种历史观。这也是为何在他去世19年后，纪念张国荣依然有价值。

第八章
助力公益：尖端技术
将善意放大

互联网进入公益，给公益带来了巨大变革的同时，也将探索出更多的可能，甚至让公益成为一个风口，成为一项产业。

如今互联网公益早已发展成公益行业里的一个庞然大物，而围绕公益产业的探索也一直在推进。从公益制度与公益方法的变革、新的公益理念的施行，到"99公益日"等公益形式的推进，互联网进入后公益如何实现商业化等，中国互联网不仅改变了公益，更改变了无数人的命运。

一、中国互联网公益 15 年：用技术重建信任

在很长一段时间里，中国人对于公益的认知与大灾有关。2008年，位于西南腹地的汶川，发生了 8 级大地震。在震后一共 751.95 亿元的捐款中，个人捐款达到了 458 亿元——在中国公益史上个人捐赠首次超过企业捐赠。

在这背后，互联网为个人捐赠打开了新渠道，让民间的善意触达灾区。以最早搭建的腾讯网捐赠平台为例，通过腾讯财付通一小时捐赠的款项就有 150 万元。之后又达到了每分钟 15 万元的峰值，最后 QQ 用户合计捐赠超过 2000 万元，成为当时全球最大的互联网筹款活动。

这一年因此被称为互联网公益元年。往后的 10 多年里，通过互联网产品，公益行为逐步向各个社会阶层渗透。在这一过程中，10.51 亿网民已经成为公益捐赠人，这也是全世界最大的捐赠人群体。他们通过互联网，撬动资金之庞大、捐助形式之多元、捐助效果之高效，为公益带来了全方位的革新，这注定会在中国公益史上写下不一样的故事。

⊙ 盖在公益行业上的黑箱

1981 年中国首个公益基金会中国儿童少年基金会成立，到 1988 年国务院出台《基金会管理办法》，规定公益基金会的登记管理细则，正式承认公益基金会的合法性。这年春节，春晚的舞台上韦唯柔情款款，一首《爱的奉献》唱哭台下的观众，唱响了中国公益事业的集结号。

公益基金会及各类相关组织开始"井喷"，20 年时间，冒出来 2000 多个公益基金，从扶贫到动物保护，无所不包。企业家、明星、官员，人人都赶着献出一点爱，无数汇聚而来的爱，由于缺乏监管措施，被一股脑儿装进密不透风的黑箱子里。

黑箱子第一次被揭开是在 1998 年。那一年，长江上游出现 8 次连环不断的洪峰，西江、闽江、松花江、嫩江集体出现大水，全国有 29 个省（区、市）遭受不同程度的洪涝灾害。

国难当前，有人却在其中发了财。洪灾期间，不少企业宣布要慷慨解囊，为了鼓励和宣传这些企业的慈善行为，媒体通过义演、晚会等形式对捐助单位进行宣传和表彰，算是对善行的回馈。

等到救灾结束，回过头查账，才发现 6 亿元的募捐款项，有一半没有到位。很多企业根本没有捐赠的意图或实力，只是蹭个热度，打打名气。这是有据可查国内最早的诈捐，然而没有任何企业或个人为这场闹剧付出过代价。

归根结底，资金流动不透明，给了借公益沽名钓誉的人机会。同样的戏码屡屡上演，2008 年雪灾，湖北省收到 1.06 亿元承诺捐款，但实际到账仅 7383 万元，湖北省民政厅能做的只有把开"空头支票"的企业公布出来，用社会压力催着对方给钱。

企业们接二连三地赖公益账，倒逼出了《救灾捐赠管理办法》：对不能按时履约的，应当及时向救灾捐赠受赠人说明情况，签订补充履约协议。救灾捐赠受赠人有权依法向协议捐赠人追要捐赠款物，并通过适当方式向社会公告说明。

法规出台才十几天，汶川遭遇大地震，有人又故态复萌。2010 年，一些名人先后被指在汶川大地震中存在诈捐。随后民政部下属机构进行了一份抽样调查，发现在经历汶川地震、南方雪灾等多次捐赠"井喷"后，中国公益组织的透明度并未提高，约有 75% 的慈善组织"完全不披露或仅少量披露信息"。

这份调查里还有一个数据更有意思：近 9 成受访者表示，从未接受过慈善机构的信息反馈，超过 9 成公众对慈善信息公开程度不够满意。

那年，中国的社会捐赠款项总额接近 700 亿元，依然被放在黑箱子里。撬开箱子，是中国公益事业面前最大的难关，这关不过不行。

⊙ 崩塌的信任

实际上，早在 2005 年 9 月，民政部就曾正式向全国人大和国务院提出起草慈善事业促进法的立法建议。2009 年，民政部向国务院法制办提交立法草案，慈善法就此进入立法程序。但这部法律迟迟难以落地，除了对慈善、公益等概念的定义分歧，还有部分阻力来自认知层面：好人好事，怎么可以用法律去严格要求？

2011 年，一个叫郭美美的女人火了，除了"住大别墅，开玛莎拉蒂"的奢靡生活，更激起网友们热烈讨论的，是她的身份——中国红十字会商业总经理。山呼海啸般的质疑朝红十字会涌去。2011 年 8 月，中国各地红十字会收到的慈善捐款锐减，其他慈善机构也被牵连。

当时新周刊的一项调查显示，82% 的网友表示不会再给中国红十字会捐款，15% 的网友表示查清了账本把每笔去向公布之后再说，只有 2% 的网友表示会继续捐款。

实际上，所谓的商业红十字会本身没有任何慈善募款，总会也不拨任何经费，只是挂了红十字会的名，吸引企业赞助半商业、半公益性质的合作案，卖卖保险和广告。事发之后，红十字会宣布暂停商业红十字会的一切活动，北京警方也确认郭美美与中国红十字总会无直接关联。

可惜信任的崩塌难以逆转。郭美美事件后，新上任的中国红十字会副会长赵白鸽面对烂摊子，只能感慨一句：三天毁掉一百年。

郭美美的炫富闹剧，牵出公益领域的一团乱麻。2012 年的"3·15"晚会，"中华学生爱眼工程"被扒下了底裤，这个子虚乌有的"公益项目"，宣称要用 10 年时间使全国学生近视发病率下降 30%，还说已经在全国上百个县捐赠了 3000 万元物资，而他们实际发放的物资，就是一张张标着价格的"爱心捐赠卡"。

事件曝光后，"中华学生爱眼工程"和相关企业被全面查封，公益行业的大整改全面开启。无数骗局被刨根问底,不少曾经被捧上高台的"公益领军人物"人设倒塌。病灶剜去,怎样提高公益事业的免疫力,又是一个更难的议题。

公益的本质,是基于公共信任的基础上,让社会内存在的善意变成实实在在的行动。在这个过程当中,公共信任是一切活动的基石,而反复出现的负面新闻无疑在动摇整个公益事业的根本。

捍卫社会公共信任已然刻不容缓。2013 年,推进缓慢的慈善立法工作迎来转机。慈善法被列入十二届全国人大常委会立法规划第一类项目,并最终确定由全国人大内司委牵头起草。

随后一年多的时间,全国人大内司委先后召开十几次各种类型的立法座谈会,总结出 5 部慈善法民间建议稿。2015 年初,慈善法草案征求意见稿形成,这部难产 10 年的法律终于走到临门一脚。

⊙ 越过求助者和捐款人之间的信息天堑

要解决公益行业的积弊,只靠制度武器还不够。善于包装宣传的骗子,打着公益的旗号大肆敛财,而那些有切实需要却不懂得如何向公众发声的个人和公益组织,长期面临着无处求援的困境。

求助者和捐款人之间有一道信息不流通的天堑。越过天堑的努力一直在进行。早在 1995 年,中国就实现了首次互联网互助。那年 3 月,清华大学学生朱令被投毒,人们在国际互联网传播病情描述,进行全球医学专家远程会诊,确诊认定为铊中毒,为抢救赢得了时间。

这之后,零星的网络互助时有出现,但直到 2007 年,国内才出现首个真正意义上的网络公益平台——腾讯公益。最初的腾讯公益平台,更接近于一个公益圈子的社区,虽然包括募资、义卖、资讯传播、社区等模块,也和中国青少年发展基金会、中国儿童少年基金会、中国扶贫基金会等 10 余家知名公益组织建立起战略合作伙伴关系,但社会影响太小,募捐能力也有限。

转变发生在慈善法即将出台的同一年,那年 9 月 9 日,腾讯宣布拿出 9999 万元，限期 3 天进行配捐，全面掀起网络公益的热潮。205万人次参与，用户捐赠额 1.279 亿元，让"99 公益日"成为"国内首个全民公益日"。腾讯旗下 QQ、微信正是公益募捐所需要的熟人社交环境，更重要的是，在腾讯公益平台上发布的项目都有严格的资金使用、项目执行等披露要求。

但对于这种公益模式，反对声也从未停过。最常见的一种声音是，认为"99 公益日"过于强调筹款，机构与捐赠人为"抢钱"一哄而上，非但对社会组织培育自身必备能力起不到促进作用，更伤害了公益的初心。

那时，有媒体把"99 公益日"称作"运动式"捐款。几年过去，这个提法早已无人在意，公益组织们争先恐后参与进这场一年一度的"公益盛宴"里。毕竟，不管多好的初心，要做事都必须有钱。

腾讯公益平台借 99 公益日"破圈"之后，大量互联网公益项目遍地开花，轻松筹、水滴筹等募捐平台开始盛行，这种高效直接的公益方式顺利越过信息天堑，开始改写"公益"的运行逻辑。随着《中华人民共和国慈善法》正式出台落地，以及互联网公益模式的全面普及，笼罩在中国公益上方的黑箱子被突破了。

黑箱子掀开以后，中国的公益事业终于越来越接近它本该呈现的样貌：信任、干净、真实。而在这一过程中，技术发挥的作用不容忽视。

曾经很长一段时间里，无论是官方部门还是民间公益组织，都遭到对善款去向的质疑。其实并不是公益组织不想公开透明，而是在当时，公开透明缺乏一系列程序和技术保障。大灾中，几乎所有国人都笼罩在同舟共济的话语体系里，大街上、社区里，随处可见红色的箱子，募捐的没说自己从哪来，捐款的也没问钱要往哪里去。等到事后清算起来，就成了一笔糊涂账。

现在回看，这些问题可以归因为"技术跟不上"。

⊙ 公益技术的革命

2021 年 7 月 20 日,汶川地震 13 年后,距离阿坝 1200 余公里的郑州城,灾情同样来得迅猛。但这一次的救援故事已和 13 年前截然不同。

7 月 20 日凌晨起,河南气象的官方微博连发了 7 条暴雨预警。紧接着,求助信息开始出现在与暴雨相关的热搜底下。接近中午的时候,已经有 1500 多条求助信息通过微博发出。下午 5 点,微博开通 # 河南暴雨互助 # 通道,并将其置顶热搜榜的最上方,受困人员的地址、人数、现状等系列信息都清晰地列在话题里。

同一时间,作为中文互联网最大的问答社区,知乎开始推送求生指南和救灾经验分享,"中国消防""新华社"等官方账号在话题里对情况进行介绍。

再晚一点,一则汇集了微博、朋友圈、知乎等各个平台上救援信息的腾讯云文档在网上传播开来,利用其可以实时更新、共享的特性,无数不在现场的人也得以出一份力,将了解到的求助信息核实后填写进文档里。到第二天早上,这份腾讯文档已经更新了 170 余版,收集了 600 多条求助信息。

高德地图也在 21 日凌晨紧急上线了互助通道;美团、京东紧急调配了位于郑州的仓储物资;腾讯新闻接入了"较真"平台,对信息进行实时辨别与辟谣;菜鸟开通了绿色物流通道……

交互实时、救援互联,数字化后的公益行业在这一场救援中将力量展现得淋漓尽致。中国互联网公益峰会对数字化公益做过一个简单的概念界定:公益组织和相关方,利用数字化技术和工具,创新公益服务模式,提升公益组织的运营效率,重塑公益事业价值链和协作网络,以更好地解决社会问题,创造社会价值。

这里面至少包含两重含义:一方面,数字化可以助力传统公益服务的模式创新和体验升级;另一方面,可以提高传统公益组织自身的运营效能和信任度。

过往十几年围绕在公益行业身上的透明度争议与服务效率低的两大主要矛盾在数字化渠道里迎刃而解。

公益人士一直关注的平权问题也在数字化的加持下打开了新的口子。在过去，公益行业的生态一直是倒金字塔的结构，大机构，特别是有政府背景的基金会、慈善总会吸纳了大部分资源。没有政府或者商业背景的公益组织，往往面临资金、环境、政策等一系列困难。

而去中心的数字化技术介入之后，传统的"定向传播—定向募捐—定向救助"的单链条被打破，个人、中小组织参与公益的成本也大大降低。有了更广泛的募捐来源，各个项目也能往更精细、更多元的方向发展。

⊙ 公益机构触网自我盘活

自 2008 年始，互联网公益已历时 15 年。中国公益机构最难的募款问题出现了变革性的解决方案，更多愿意投身公益的参与者进入其中，支持、行动、改变的机制逐渐建立。过去公益行业习以为常的规则，正一步步被改写。

《2019 中国慈善捐助报告》指出，2019 年度捐赠统计共有 1509 亿多元，其中流向政府部门或有政府背景的慈善会及红十字会系统占 43.28%，各类基金会占 44.86%。其余公益机构直接收到的捐赠占比仅有 8.28%。这意味着留给一些"草根"公益机构的比例更是微乎其微。

活下去是许多公益机构面临的第一难题。王奕鸥大概对此深有同感。16 岁以前经历了 6 次骨折的王奕鸥，是一名成骨不全症患者，这种病的患者因为骨质薄脆，轻易就会造成骨折。

2008 年，她和一位病友一同组建了瓷娃娃罕见病关爱中心（以下简称"瓷娃娃中心"）。当时这是国内少有的关注罕见病群体的公益机构。罕见病，是指发病率极低、患病人数占总人口 0.65‰～ 1‰

的疾病。成骨不全症是其中一种。中国的罕见病患者人数超过2000万人。

最初的时候，王奕鸥和同事只能借用其他公益机构的一张桌子来办公，运营资金基本依靠公众捐款、明信片义卖和线下活动。互联网公益的出现，为艰难求生的公益机构提供了一条"曲线救国"的道路——不再依赖基金会，互联网甚至是更好的募款解决方案。

2014年8月，新浪微公益的一名负责人联系到了王奕鸥，起因是他们正打算将当时风靡全球的"冰桶挑战"引入中国，却根本找不到经过注册的救助ALS（肌萎缩侧索硬化症，一种罕见病）病人的公益组织。

"瞌睡来了遇着枕头"，王奕鸥很快就答应了下来。这一年的瓷娃娃中心很艰难，8月之前瓷娃娃中心只募集到100多万元的捐款，王奕鸥还在发愁下半年怎么运营下去——2013年瓷娃娃中心的筹款金额是600多万元。

幸运的是，在互联网企业家、明星、官媒纷纷参与之下，"冰桶挑战"不出意外地在中国也成了爆款传播。不到半个月的时间，项目获得的捐赠已经超过800万元。

2017年，一个名为"小朋友画廊"的公益项目刷遍了朋友圈。这个由WABC（World of Art Brut Culture）无障碍艺途发起的项目，使用了当时在移动端风靡的H5技术，打开H5页面，看到的是36幅由自闭症学员制作的画作。只要捐赠1元钱，用户即可买到一幅画作，购买完成后还可以在画上留言，将记录分享到朋友圈。

这个新奇又有公益性质的作品迅速引发了广泛传播。上线一天之内，项目就吸引了超过580万人次的参与，完成了1500万元的筹款目标。

如果没有H5，没有朋友圈，没有微信支付，公益机构无法实现这一切。放在10年前，一个传统公益机构发起一个"1元购画"的活动，可能要用1年、3年甚至5年的长期行动，才可能得到1500

万人次的参与。

但工具只是基础，越来越多的公益机构选择主动触网，也让这场筹款活动在公益行业遍地开花。如今过万家公益机构实现了自我盘活，每年撬动的资金规模接近百亿元。

14 年来，1.5 万家机构超过 11 万个筹款项目在腾讯公益平台上得到推动；新浪微公益上，仅 2020 年就有各家机构发起的 1544 个公益项目联结起 1786 万名微博网友超过 1.41 亿元的善款；支付宝的"人人 3 小时"公益平台上，2022 财年活跃的公益机构就有 4000 多家。这意味着至少有 1.5 万家公益机构通过互联网实现了行动的革新。

互联网筹款的能量正渗透整个公益行业。

⊙ 线上捐赠人，渗进线下生活

在中国，互联网公益的捐赠人正讲述着一个滴水穿石的故事。每天早上不到 6 点，果哥从床上爬起。到附近的深圳人才公园跑一个小时，是他雷打不动的"早餐"。2013 年，他看到同事跑步减肥成功，一年后他跑完人生第一个马拉松。之后 6 年，他跑完整整 42 个马拉松。

他还有一个习惯，每天早上都会把前一天的微信步数捐出去。自 2016 年微信运动推出捐步开始，果哥在 4 年的时间里捐了 1800 万步。所谓捐步，是指只要运动步数超过 1 万步，腾讯公益联合微信运动推出的运动公益平台"益行家"，就会兑换 1 块钱定向捐赠给公益项目。

果哥捐步之后的定向公益项目可以帮助到很多人，包括患先天性心脏病的儿童，还有贫困儿童。截至 2019 年 11 月底，腾讯运动捐步已经吸引 10.27 亿人次用户的参与，筹款 10.8 亿元。

在中国，互联网成了捐赠人的"培养皿"，也让公益从应急的、短期的救助行为转化为网民日常生活的一部分，也一天天壮大着捐赠人群体。

微信的运动捐步，支付宝的蚂蚁森林，微博的"熊猫守护者"，淘宝的公益宝贝，美团的青山商家，滴滴的爱心里程，今日头条的公益阅读金……依托中国装机量最大的一批移动互联网应用，公益以一种悄无声息的方式渗透到数字生活中的每一个角落。

互联网上简单的一次互动，足以帮助到别人，让这个世界变得更好，属于中国人的公益信仰就此确立。通过互联网凝聚的一批捐赠人也成了不一样的公益新势力。

2015 年，"99 公益日"首次开启，成为中国首个互联网公益节日。这一年，参与"99 公益日"的人次是 205 万，总共捐款金额是1.279 亿元。7 年后的"99 公益日"，已经有超过 5816 万人次的捐赠，总金额是 26 亿元。

这些从五湖四海而来的善意，借着互联网公益的东风，向湖南乡村的课堂奔去，向西双版纳的大象保护区奔去，向抗战老兵的无声世界奔去。

"99 公益日"随着互联网力量的增强，凝聚了更广泛的捐赠人群体。如果提到"99 公益日"的捐赠人，我想你一定见过。

"配捐量大管饱，快来支持广州流动儿童！""为西南地区 3 位中学生筹集 33 节反欺凌课""用行动，支持乡村妇女儿童！"每年总有那么几天，就连平时"潜水"的朋友都开始在朋友圈刷屏。

鞠子差点因为贫困失学，多亏了"春蕾计划"的资助。大学毕业后，她在北京工作、结婚、生娃，现在每年都会在腾讯公益上选择捐一个一对一项目。"70 后"的乐颜，因为一次迷路，得到了一家饭馆的收留，她便记下了这份善意，打算通过公益将这份善意传递出去。

他们职业不同、地域不同、年龄不同，相同的是，他们都是中国互联网公益时代的主角。他们与企业捐赠者不同，企业捐款给全国性的公募基金往往意味着更高的曝光率和一次很好的公关机会，而互联网上的捐赠人从没想过被人知道。

也是在这日积月累的公益参与之中，捐赠人与公益项目之间的信任得以建立，一批长期投入的捐赠人，开始深入现实世界的变革之中。

⊙ 改变世界的 10.51 亿中国捐赠人

时间回到 20 世纪 90 年代，中国公益发起之初，由于公众缺乏对公益组织的信任，项目开展得十分艰难。中国青少年发展基金会创始成员顾晓今回忆，1989 年成立的中国青少年发展基金会，是国内最早尝试通过民间力量筹资的机构，开创了国内公开募捐的先河。

那时募捐的方式很原始，中国青少年发展基金会的工作人员买了本《邮政编码大全（工业企业卷）》，一个个发信。七八个人发出去 13 万封募捐信，钱虽然募到了，但效率太低，而且一封信两毛钱的成本也不少。

最让顾晓今哭笑不得的是，有收到信的人还到公安局举报，"怀疑这是不是一个骗局"。这个被当作"骗局"的项目，就是改变了无数孩子人生的"希望工程"。

1991 年，《中国青年报》摄影记者解海龙前往地处大别山区的安徽省金寨县桃岭乡张湾村，拍摄系列照片"我要读书"。在他的镜头下，一个小女孩手握着笔，齐肩短发，一双大眼睛看着镜头。解海龙说，那双眼睛"有一种直抵人心的感染力"。

这张照片成了希望工程的代表。在同年 5 月 25 日《人民日报》7 版刊登了"希望工程——为救助贫困地区失学少年募捐"的广告，配图中的人正是这个叫苏明娟的小姑娘。

广告发出后，中国青少年发展基金会终于打开了局面，在没有先例可循的情况下，几个以公益为事业的年轻人摸着石头过河，想出很多做公益的新办法，比如后来被广泛借鉴的"1（家）+1 助学行动"，就创造了一对一结对资助的新模式。

2007 年，腾讯公益平台成立后，中国青少年发展基金会也成了最早接入的机构之一。在互联网的推动下，募款、公布项目进展前所未有的便捷、可信——腾讯公益平台制定出国内首个公益机构财务透明披露标准和机制，加强信息披露方面的要求，对上平台的项目、组织进行严格的合规检查。

对于公众而言，这点尤为重要。2021 年 7 月，《中国青年报》社会调查中心做了一项问卷调查，2029 名受访者中，有 90.6% 的受访者参与过网络平台上的公益活动，参与过网络公益的受访者里又有 68.3% 的人最关心钱款物资的使用去向。

有专门的审查机制，捐赠后平台方可以做到定期向参与募捐者发布项目进展、资金使用情况，最大限度做到公开透明。良好的公益环境，让更多爱心畅通无阻地汇聚起来。早在 2019 年，国内社会捐赠总额就已经超过 1000 亿元。

在中国，社会捐赠最关注的三个领域通常是教育、医疗和扶贫，2019 年这三个领域接收捐赠共计 1091.15 亿元，占到捐赠总量的 72.75%。互联网公益时代也不例外，2022 年的"99 公益日"中，乡村振兴项目的公众捐赠占比最高，达到 58.6%。

中国互联网公益的捐赠人期待自己的公益参与能够带来实质性的改变，带来立竿见影的影响，这是其中一个共性。也正因为这个共性，我们的目光得以穿越这片土地，看到那些边缘的议题、小众的群体，看到那些可能微不足道的求助。

需要帮助的人，与愿意提供帮助的人，得以跨越物理限制联结到了一起。大凉山里就此建起了一所所学校，远方的老师奔赴大山，失学少年得以重新回到校园；贫中之贫的河南兰考，115 个贫困村、7.7 万的贫困人口实现脱贫，一起奔向小康；从 2014 年到 2022 年，阿拉善的荒漠上，一亿棵梭梭树的目标即将达成。

过去说，"救急不救穷"。而"救命又扶贫"是当代中国捐赠人通过互联网所能做到的。从捐赠人到政府、公益机构、平台、企业，每一次进步、每一次改变，背后都离不开立足现实的捐赠人一点一滴的支持。经过 40 年的不断发展后，中国公益事业已然兑现了那句最初的承诺：人人为我，我为人人。

二、真正的技术公益，要赚钱，要长期主义，还能做慈善

车子第一次进入陕西旬阳境内时，王智清被震住了。秦岭大巴山深处，公路两侧险峻的峰岭纵横交错，植被则被岩石和碎石覆盖。许多房子建在半山腰上，地基需要村民们拿石头垫平。唯一通向外界的公路紧邻着光秃秃的石壁，经常有滚石滑落。

坐落在半山的村落，几乎只看得到七八十岁的老人。形影相吊的他们，靠着子女给的少许贴补、房前屋后零散的耕种和极少量的畜牧过活。青菜汤水是一顿，瓦片缝隙一片云，日子难过。

王智清来旬阳任县委常委、副县长的时候，旬阳全县 46 万人口，就有 14.13 万人处于贫困线以下，足足占了 31%。更让他头疼的是，政府出资修缮房屋、提供医疗和生活补助以后，脱贫工作便迎来停滞，贫困依然继续着。

都说产业脱贫，道理王智清也懂，但现实像绵延千里的秦岭，横亘在眼前。要搞工业，这里地少山多，道阻且长，工业基础薄弱，基本没戏；旅游业，尝试过，但旬阳虽然有山水，却比不过旁边山水名胜的四川，就算省内的客源也更愿意去更有特色的革命老区陕北。

八十一难尝遍，一点胜算都没有，最后还是回到农林渔牧上。然而，旬阳县剩下的人口以老人为主，让鳏寡耄耋来"造血"，谈何容易。王智清万万没想到，政府都难以推动的事情，被一个搞电商的做成了。

⊙ 留守的根源是穷

这个搞电商的人叫张新斌，是旬阳最早的那批留守儿童之一。时

间回到 2000 年，留守 17 年的张新斌跟着表哥离开大山卖香椿，由于山路崎岖难走，到县城的时候，满满一篓香椿已经腐烂。颓丧的表哥选择回家，而他决定往北走，去省城西安。

一走 13 年，连把他拉扯大的外婆病危，张新斌也没能赶回来见上最后一面。等到再回故土，熟悉的村子已经和印象中大不一样。由于缺乏青壮年劳动力，这里比他离家时显得更加破败贫穷。

他终于悟出了这一切的根源不是留守，而是穷。成立"守望大山"这个组织后，张新斌开始试着在这里开展扶贫项目。最初他做的还是传统公益的老一套：把钱、粮、油等生活必需品送给那些被留在大山里的空巢老人、留守儿童。

传统的"捐款捐物"模式，在捐助者看来直接提供所需物资，一步到位。实际上，这种方式除了依赖捐助者的长期供养，资金来源不确定性高以外，还有更致命的弊端：会让被帮扶的人养成"等靠要"的习惯，反而失去依靠自身脱贫的可能性。

张新斌很快想到和王智清一样的办法，带着老人发展养殖业。产品他也想好了，就养鸡，一来劳动量不大，二来旬阳地区的老人本身也有养殖经验。这一次，老人们不但很配合，还和张新斌一起探索出了一种堪称典范的公益扶贫新模式。

张新斌为什么能干成政府都没干成的事？王智清后来才想明白。张新斌是旬阳本地人，在旬阳也做过几年公益，附近不少孩子都受过守望大山组织的资助，老人们也因此愿意信任他。当然，最重要的还是现实问题，张新斌确实让老人们赚到了钱。

2016 年，打算推广养殖的张新斌，构想出一种类似众筹的"以买代捐"的公益模式，即通过爱心认购，募资给这些山里的老人买鸡苗，老人把鸡苗养大后，向捐赠者返还鸡蛋，从而实现不断"造血"。老人可以卖剩余的鸡蛋赚钱，捐助者则得到绿色山货，实现双赢。

带着这个计划，张新斌找过不少众筹平台。不过，因为商业化不足、附加值低,张新斌屡屡被拒之门外。直到腾讯公益平台抛出橄榄枝,这个"百位外婆养老计划"才顺利上马。后来这个项目干脆换了个更有调性的名字,叫"外婆的礼物"。

拿着第一期项目募到的 10 万元启动资金,张新斌给 30 多户留守老人买了鸡苗、饲料、鸡圈等物资。按他的计划,除了回馈给捐赠者的土鸡和鸡蛋,剩余部分会由守望大山以每只鸡蛋 1.5 元(淡季 1.2 元)的价格回收销售,一年后小鸡长大,还能在电商平台上进行销售。

张新斌掐着指头算了算。如果一切顺利,以一户一年养 40 只鸡计算,年平均纯收入可以达到 5000 元以上,稳稳赶超 3050 元的国家扶贫标准。对待政府拿来的鸡苗,老人们或许会觉得卖不上价钱随便应付。但张新斌把收购价和年收入都算得明明白白,已经没有创收能力的老人们谁也不愿意拒绝这笔送上门的巨款。

以高于市场价双倍的价钱收购鸡蛋,钱要给出去,那就得赚回足够的利润。老人们开始养鸡,张新斌也没闲着。他开始着手推进自己那个大胆的想法:在公益的平台上,通过商业运作使农产品产业化。

换句话说,"外婆的礼物"项目在腾讯公益平台上筹款,已经从一个单纯的受助方,成了一个自我"造血"的机构,也形成了一套可持续的公益模式。

带动老人集体创业的公益项目成了宣传推广引流的手段,以"公益""留守老人"等故事,给农产品做包装,以卖出个好价钱。这时候,推出一些更能带回利润的产品来赚钱,也就给得起老人们的鸡蛋采购价格了。在传统公益项目面前,这套和商业搅和不清的体系简直离经叛道。

⊙ 被邀请直播时,县长犹豫了许久

镜头前面,副县长王智清和专业主播一唱一和,"外婆家里没有坏蛋"这些广告语,以及对观众打赏的感谢话术,说得游刃有余。至于直播效果，不管怎么询问，王智清都没有给出具体数据，只是说要把品牌做起来，热度和成交额才能做起来。

一开始王智清并不打算亲自出来直播带货。在张新斌对其发出直播邀请时，王智清并没有直接点头，因为这意味着守望大山在寻求政府背书推广。不过考虑以后，他还是答应了。

电商直播，只是张新斌"商业版图"的一隅，用来弥补他们在下沉市场的短板。做直播之前，张新斌想过和一些农业电商合作，但始终无法在价格上达成一致——农产品定价缺乏标准化，好的农产品收购价和普遍量产农产品相差不大。

差异化和附加值很难通过批量采购来呈现，但电商直播可以。通过视频清晰直观的呈现，农产品的质量与附加值得以展示在消费者面前，定价也能与其价值相匹配。当然，为了让公众对这些产品的品质有足够的信心，还需要更多力量的介入。这也是王智清会以副县长的身份走进直播间的原因。

受到疫情影响，2020年2月至4月，县长直播带货一度形成热潮。仅拼多多一个平台，2个月间干部直播带货活动就有近50场，售出滞销农产品超过6亿斤。为了让消费者了解和信任"外婆的礼物"，除了县长被动员起来带货，七八十岁的"外婆"们，也会出现在镜头里直播产品。

看直播的人跟着"外婆"的步伐，见到农家小院旁的鸡舍，见到喂鸡的青菜、玉米，见到鸡满山遍野地跑，把蛋下到树根底下，也见到煮出来的鸡蛋色泽和质地都和外边超市买的鸡蛋有很大的差别。这些场景传递出一个信号：这些鸡是真的走地鸡，不是被圈在养殖场喂饲料的鸡，这些产品能支撑起这个价格。

2020年7月14日的中国互联网公益峰会上，民政部副部长王爱文透露了一组数据：过去3年，中国通过互联网募集的善款每年增长率都在20%以上，2019年募集金额更是超过54亿元，比2018年增长了68%。

互联网极大地推动了民间捐赠的效率和热情，但能让钱生钱的公益模式更显珍贵。张新斌带着他的"守望大山"公益项目受邀参会，在公益人云集的行业峰会上，他希望自己的模式获得更多的关注。

这个项目后来逐渐走入正轨，除了村子里的"外婆"们有了收入，张新斌也为愿意常驻在这里的工作人员开出薪水。

"外婆的礼物"这个公益项目，既是一个美好的扶贫故事，也拉起了产品价格的高附加值，为张新斌带来一年近 2000 万元的流水。成熟的产业和稳定的收入，也让在外打拼的年轻人有了回家乡的理由。

在常规认知里，商业和公益是对立的，一者为自己谋利，一者为他人造福，但这种对立未必绝对。"外婆的礼物"向人们展示了一种可能性：当实体和受助者利益一致，商业手段能在公益领域发挥更大的作用。

这个项目最大的意义是，在探索出纯商业和公益性边界的同时，也通过实例证明了一个浅显的道理：商业，是最大的公益。

⊙ 互联网的长期主义

北京师范大学中国公益研究院联合国际公益学院，曾发布过一份《2017 中国互联网公益发展报告》。这份报告将互联网公益分作 1.0、2.0、3.0 三个模式，代指传统公益为主导、互联网为主导、二者相互深度结合的不同模式。

例如，互联网企业协助公益组织做宣传、募捐，是 1.0 模式；互联网企业建立平台，组织公益组织一起募捐、进行社会公示，是 2.0 模式；互联网企业通过技术赋能、流量扶持、资金创投等形式参与公益，和公益组织开展深度合作，是 3.0 模式。

滴滴公益、美团公益和轻松筹、水滴公益等以募款为主的平台，已经将 2.0 模式发挥到了极致，但更深一度的 3.0 模式发展得相对缓慢——要做到真正将互联网与公益紧密结合，公益主体的技术与持续性缺一不可。

这方面，蚂蚁森林是一个很好的例子。2016年8月底，蚂蚁金服与中国北京环境交易所（CBEEX）合作研发出"绿色能量"体系，通过用户种植虚拟树，公益组织种植实体树苗的方式，大大拉近了公众与公益的距离。

《蚂蚁森林2016—2020年造林项目生态系统生产总值（GEP）核算报告》显示，截至2020年，蚂蚁集团和中国绿化基金会、阿拉善SEE基金会、亿利公益基金会、阿拉善生态基金会等合作方，共同种植总面积超过290万亩。

同样是在2016年，腾讯推出了"守护者计划"，开始以企业的技术力量构建社会反网络黑产屏障。公开资料显示，仅2018年，腾讯守护者计划就协助公安机关破获案件145件，抓获人员超过3200人，涉案金额超过110亿元。

时任腾讯安全高级总监、守护者计划安全专家李军指出，电信网络诈骗越来越多，不是相关单位不努力，也不是投入的资金、研发的系统不够多，而是诈骗在发展过程中持续产生新的变化，更加链条化，传播途径跨多个平台，"单靠一个平台、一个企业或者一个政府机构去投入大量的资金研发独立的技术反制系统，很难将整个电信网络诈骗在传播链条上把它切断"。

腾讯构建的反诈方案，是通过把前面的电信流和腾讯在线上的网络流进行全面融合连接，从传播路径上从前到后进行打通，争取时间发现诈骗、拦截诈骗和及时预警劝阻受诈人。这套智能反诈体系，能通过腾讯庞大的产品体系触达用户，对用户进行反诈科普、诈骗提醒，从源头上提升民众的反诈意识，起到长期守护的作用。

2021年上半年腾讯公布的数据显示，腾讯协助各地公安机关开展各类网络黑灰产打击活动，累计涉案金额已超800亿元；协助识别恶意网站、恶意App、骚扰诈骗电话分别累计4.09亿、0.94亿和995.99万次。在大众未曾察觉的时候，由技术编织的安全网正逐渐包裹住整个社会。

⊙ 真正意义上的技术公益

科技企业转向公益创投似乎是一种必然。2019 年，中国公益慈善项目大赛开始举办，这一赛事由中国慈善联合会、深圳市民政局主办，深圳市社会公益基金会、深圳市中国慈展会发展中心承办，阿里巴巴 3 小时公益平台提供网络技术支持，旨在评选并赋能中国年度最具发展潜力的社会创新项目，通过创投方式支持公益发展。

彼时，腾讯已经正式提出"科技向善"的新使命。马化腾指出："科技平台对社会的责任和义务比想象的要大得多，不是把一定的利润投在公益里就足够了，还需要更多地发挥平台的科技能力。"

公益 SaaS 计划、技术公益互助平台等举措相继落地，成果很快显现。比如生态环境保护领域，重庆交通大学沙漠土壤化科研团队就和腾讯达成合作，借助腾讯在云计算、边缘计算、大数据、AI、IoT 等方面的技术能力，建立起边缘数据中心腾讯云 Nano T-block。

在这套系统的帮助下，重庆交通大学沙漠土壤化科研团队的科研效率显著提升，截至 2021 年底，已经在内蒙古乌兰布和、新疆和田塔克拉玛干、四川阿坝州若尔盖草原等沙化地区建立超过 1.7 万亩的实验田，22 项科研成果获得中国、澳大利亚、摩洛哥等国发明专利授权。

2020 年 9 月 27 日，腾讯天籁实验室带着应用了新一代实时音频技术的人工耳蜗，联合腾讯公益慈善基金会、深圳市信息无障碍研究会发起"天籁行动"，向听障人群社会责任领域的开发者、厂商及伙伴免费开放腾讯天籁技术，将天籁音频降噪技术用于人工耳蜗降噪。

如今的技术公益创投计划，可以看作经历长时间的摸索后，一个成熟的方法论和执行方案。这种新型的公益伙伴关系和慈善投资模式，不以营利为目的，更重视资助者与公益组织合作的长期性和参与性，可以有效向被支持组织提供助力，增强其持续地提供公共服务、服务社会的能力。它是真正意义上的技术公益，仅此而已。

三、一年募集 100 亿元，被数字化技术改造的公益行业

郑锐强追了海豚 11 年。11 年前，还在读博士的他第一次出海，在船上吐了 21 次。强烈的眩晕感，让郑锐强只能勉强扶住船舷站着，虽然曾经解剖过白海豚的尸体，但真的看见成群的白海豚冲入视野，他还是被震撼得挪不开眼睛。

匆匆一面之后，郑锐强爱上了在海洋上追逐白海豚的生活，他吐得越来越少，手里的相机记录下白海豚的身影越来越多。后来，他成了粤东海域鲸豚保育研究领域的研究专家，专门从事白海豚的保护工作。

但他从业越久越感到焦虑，人类的努力并没有阻止这种国家一级保护动物的数量越来越少。现在全世界只剩下 6000 头左右的中华白海豚。

⊙ AI 如何做到"豚脸识别"

每次郑锐强和考察队出海，都会带回 1000 ～ 2000 张照片，这些照片分属于不同的海豚，需要仔细地把每一张和系统数据库里已知的海豚个体做比对，已经出现过的就和既往资料归档在一起，首次发现的新海豚则要建立新的档案。

分辨白海豚的身份，大多数时候是依靠背鳍。海豚游泳的时候，鲜少把头露出海面，只有背鳍立在海面上，每只海豚的背鳍就像人的指纹或者面部一样有细微差异。理论上，靠"背鳍识别"完全可以分辨出海豚个体。

落在实践里，这是一件工作量极其巨大的事。郑锐强需要从图像里把背鳍部分抠出来，用肉眼和数据库里几千头海豚做对比，如果一次出海拍到的图片有 2000 张，数据库里有 2000 只海豚的数据，那么

需要对比的次数就是二者相乘，400 万次。

即使拍回来的照片会有几张同属一个海豚，或者有些海豚特点过于明确，不用一一比对，但平均下来，一张照片的识别和归档依然耗时 1 ～ 2 分钟。出海一天，整理数据至少需要一个星期。

庞大的数据量成了横亘在白海豚研究和保护前面的难关。只有通过数据的常年积累和分析，郑锐强这样的研究者才能知道白海豚的社交、求偶、捕食习性，从而了解海豚的迁徙、流动和环境之间的关系，为白海豚的保育制订科学方案。单纯依靠人力，数据的积累和分析实在太慢了。

郑锐强在公益组织智渔的广州办公室工作，这间办公室里只有两个人，除了郑锐强，另一个是从科技公司改行的刘刚。2020 年，智渔发起了一个 NGO 联动项目，对小学生进行"海洋多样性的平等教育"，目的是宣传人类和海洋里的动物是平等的，需要相互尊重。

说起海洋里的动物，郑锐强第一时间想到了白海豚。刘刚和郑锐强一拍即合，赶制出小程序"wa 白海豚"，只要一点进去，迎面扑来就是一个短片，由郑锐强这些年拍摄的海豚视频剪辑而成，还包括了白海豚的生活习性、保护状况等科普内容，美丽又震撼人心。

"wa 白海豚"上线以后，很快受到一致好评，技术出身的刘刚意识到这个小程序还有进一步拓展的余地——如果可以通过小程序，让更多人参与白海豚的保护，郑锐强的研究事业有可能继续下去。但这么一个小程序的投入，需要成本也需要技术支持，单纯依靠郑锐强和刘刚两个人的热情，能走多远实在难以保证。

刘刚发现，腾讯发起的公益创新挑战赛"腾讯 Light"会是一个机会。2020 年底，腾讯公益慈善基金会、腾讯优图实验室、腾讯云 AI 等联合发起首届腾讯 Light·公益创新挑战赛，并与桃花源生态保护基金会共同设计了"野生动植物保护"赛题。

除了奖金，这场比赛还开放了腾讯云上的 AI 技术接口，包括人脸特效、文字识别、人脸识别、人脸核身及语音技术等，这些技术大部分来自优图实验室，可以为参赛者提供强大的技术支持。

这场比赛对于郑锐强最大的诱惑在于，他终于可以实现自己内心 11 年来的愿望。借助腾讯云的 AI 技术，可以极大地提升中华白海豚个体识别的运算速度，把研究者从庞大又机械的数据处理中解放出来。更重要的是，有腾讯平台和微信小程序作为端口，除了研究和保护，他们终于可以推动物种保育理念，进行有效的海洋生物多样性教育。

过去还在高校的时候，郑锐强就想过利用 AI 技术辅助数据处理。他曾经用 2 年时间，针对广西钦州三娘湾以及粤东海域的中华白海豚种群，拍摄下十几万张照片，形成白海豚的数据库，并与广东省数字信号与图像处理技术重点实验室合作，自主开发出 finGO 项目。

借助 AI、图像识别等技术，通过背鳍检测、评分与匹配，finGO 可以实现对中华白海豚的个体识别，但这个项目存在诸多缺陷：运算速度偏慢、准确率不够高、应用范围仅限于科研团队、相关海洋生物多样性数据的透明度较差、无法向公众开放数据端口。

这次获得腾讯云 AI 的支持后，finGO 进化成了 iDOLPHIN——首个中华白海豚个体识别与公民科学工具。3 个月的开发、1 个月的内测，iDOLPHIN 小程序已经将单张中华白海豚图片识别准确率提高到 93% 以上，从上传照片到处理照片，再到反馈结果，整个过程仅需要 10 秒。

这个小程序将在未来对所有人开放，当使用者在野外看到白海豚时，使用小程序拍下它的背鳍，1.8 秒内就可以匹配出这是哪一只白海豚，并弹出相应的"生命故事"。这些来自用户们的点滴数据将在云端汇集成为弥足珍贵的白海豚个体识别数据库，为科研和保护提供依据。

通过科技，公益真正蜕变成了所有人都可以参与，并为之做出努力的公共事业，而不再是少数人需要燃烧生命才能支撑的苦修。

⊙ 数字公益下的长江保护

与白海豚一样面临生存危机的，还有在中国最大的淡水河长江里的各种鱼类。曾经长江是淡水鱼类资源最丰富的流域，盛产多种经济鱼类，高峰时期曾占到全国淡水捕捞总量的60%。

随着城市化进程加速推进，长江沿岸平地起高楼，上游的林地、草地面积则明显减少，中下游湖泊、湿地大面积萎缩，加上非法采砂泛滥导致水体石油类污染加剧，以及电鱼等非法捕捞的猖獗，到了2019年，长江里的生物完整性指数达到最差的"无鱼"等级。青、草、鲢、鳙"四大家鱼"的资源量大幅萎缩。

缺少了鱼类，水藻因为没有天敌的牵制而疯狂生长，水中杂物越来越多，水域生态不断恶化。而长江作为国内第一大河，每年需要供给约4亿多人的饮水，影响多大可想而知。2020年初，白鲟灭绝的消息更是将长江水生态系统的溃败以最惨烈的方式推到公众面前。

事实上，国家层面对长江流域的危机早有察觉，自2003年就启动了春季禁渔制度。2021年3月1日，被期盼了近20年的《中华人民共和国长江保护法》正式施行。作为我国首部流域立法，它将修复长江生态环境摆到了压倒性位置。

《中华人民共和国长江保护法》落地的第一天，重庆市相关单位在大梁子码头进行法制宣传，并且集中销毁收缴的185件非法捕捞渔具。官方态度很明确，想以此震慑非法捕捞等违法犯罪行为。但长久以来，在非法捕捞者眼中，渔政等执法单位一直很好欺负。

这背后有一个不得不面对的现实，长江江津段长127公里，江面宽700米至1500米，而渔政执法人员不到10人，人力严重不足，常常顾得了头顾不了尾。接到举报电话不能及时赶过去，就会被群众批评不作为。

曾经在江津区渔政站担任站长的李荣向诉苦道，他们一年办不了几件案子，不是不想办，而是太难办：设备跟不上，人员跟不上。实际上，不只是江津，长江沿线各地的渔政部门都面临相似的困境。上级问责、群众埋怨，夹在二者之间，他们的压力越垒越高。

2014 年 4 月，江津渔政人员按照惯例到油溪镇老洼沱码头增殖放流。在岸边看热闹的刘鸿忍不住调侃："你现在放鱼苗有什么用？没过多久就被电死了。"李荣听到这话，抬起头来对刘鸿说："你看到了就抓现行，抓了送过来给我们处罚。"

后来刘鸿果然成了一名抓违法捕鱼的人。那时候刘鸿在家乡油溪镇经营一个专门做古建筑安装和建造的公司，手头积蓄颇丰，正义感也强，见不得长江的生态就这么被糟蹋下去，他决定自费购买装备，组建一支民间护鱼队——重庆鸿鹄护鱼志愿队。刚开始缺人，他就直接抽调公司的员工一起出去巡护。

几年后，退捕上岸大潮席卷而至，熟悉水域环境的渔民渐渐成了志愿队的主力军。刘鸿更觉得这事有意义，值得花大力气去做。可对于将来会被卷入一个怎样复杂的旋涡，他还想象不到。人家偷鱼，他们护鱼，断人财路，又拿不出执法资质，久而久之自然就成了电鱼者的眼中钉、肉中刺。不服气的人越来越多，拉帮结派地对付他们。

最惨烈的一次是在 2015 年正月初三。刘鸿接"线人"报告，有人在苟州坝撒网捕鱼，他立即带上一名队员赶去拦截违法船。捕鱼者丢下渔具掉头就跑，正当他们清理现场时，那人却带着 20 余人过来将他们团团围住。混乱中，队友被打得趴在江边，刘鸿头部被鹅卵石砸中，顿时血流如注，但他仍死死扭住对方，直至警察赶到。

这件事充分体现了民间护渔队的局限性。打击非法捕捞，渔政部门需要民间力量的补充 但又不能直接让渡执法权。此外，尽管志愿队与长江有深刻的情感联结，也通晓水性，熟悉各种鱼类，但在具体的巡护过程中他们的操作模式是"事倍功半"的。就连工作日志和案宗记录都坚持手写，处处透着前现代的古典气息。

而偏偏长江保护又是一个系统化的、涉及面极广的大型工程。除了上中下游，还包括江河湖库、左右岸、干支流协同治理。除了打击非法捕捞，鱼苗培育、拦河筑坝、挖沙采石也都在治理范畴之内。

作为中国互联网三巨头之一，如何利用自身传播优势，帮助民间公益组织拥抱技术潮流，以透明流程，建立合理高效的信任机制，是腾讯公益一直关注和努力的方向。

比如没有执法权，不能强行扭送、限制非法捕捞者的人身自由，但是借助远程抓拍仪、无人机、红外线夜视仪等设备，可以用更隐蔽的方式完成取证工作，锁定完整证据后通过支援渠道调动警力支持即可。

刘鸿曾经见识过一款智能化程度很高的无人机，航程可达 20 公里，能够避开电线，在 200 米的高空上还能识别二维码，对保护长江支流大有裨益。但 20 万元的价格让他望而却步。

传统的公益支持缺乏持续的"造血"能力，能够使用的资金额度十分有限，而且由于受助方、捐赠者、公益机构三方无法建立连接，信息流通不畅，始终存在信任"黑盒"。互联网公益的介入，以平台为基础，以数字化为动力，为解决这些问题提供了可能。

实际上，公益数字化不只体现在资金募集以及器材升级上，它的本质在于如何利用互联网技术、数字化工具最大限度地整合资源，推动庞大的公益项目达到几何倍数的效果。健康的公益也不能纯粹靠个人英雄主义的驱动，需要形成一种可复制的运作模式，感召更多人参与进来，吸引更多的社会组织赋能，让善意持续"破圈"，从而获得稳定的资金来源。

与此同时，作为一个已连接超 4 亿人次网友的公益平台，腾讯公益早已打破筹款难的僵局。区块链的电子认证，使捐款过程的数据无法篡改、不可伪造、可以追溯、公开透明，同时也有效解决了数据流通共享过程中的安全问题。

唯有打通信息，带公众走出信任"黑洞"，困扰民间"游击队"的种种问题才会不攻自破。如果说"情怀"二字早已沦为破解社会痛点时处处掣肘的遮羞布，那么负责任的数字化就是这个时代科技公司对公益最大的贡献。

⊙ 拆掉城堡，修桥补路

无数实例已经证明，公益与技术紧密结合，就能解决人类遇到的一个又一个难题，在国际上，这其实已经成为科技企业的潮流。

2014 年，微软将"编程一小时"活动引入中国，开发适合不同教学环境需求的计算机课，还与中国发展研究基金会一道发起"西部农村教育信息化项目"，利用 Office 365 远程云服务和 Kinect 体感技术，打造简单易操作的实时远程教学解决方案。

国内的科技企业也都开始踏上同一条路。2019 年 3 月，阿里巴巴成立"阿里巴巴经济体技术公益委员会"，号召全体工程师带着自己的技术投身公益事业。

半年后的云栖大会现场，阿里巴巴宣布成立技术公益基金，提出重点支持普惠教育、信息无障碍建设、赋能公益行业数字化转型等领域，并将联合信息无障碍公益组织，对 10 个以上日常工作、生活常用 App 持续优化，致力于让 1000 万以上视障人群平等享受 AI 技术等互联网新科技。

而 2017 年发起创益计划的腾讯，更显得毫无保留——采取开源的形式，直接将技术与资源和公益组织共享。

时间回到 2020 年，新冠疫情骤起，阴霾覆盖武汉。火神山和雷神山 10 天落成，16 座方舱相继开放，每分每秒都需要拼死去争。

随着国家卫健委明确将 CT 影像结果作为"临床诊断病例"的判定依据，抗疫前线 CT 检查需求量迅速激增。而阅片、出具检查报告，为临床医生带来了巨大的工作量和压力——患者们经不起等待。

武汉大学中南医院医学影像科徐海波教授团队联合腾讯觅影，开发出新冠肺炎 AI 辅助诊断系统，发挥各自在临床、技术上的优势，补上了这块短板。基于腾讯的技术支撑，患者进行 CT 检查后，系统通过对肺炎病灶区域的精确分割和定量分析，最快秒级就能完成 AI

模式识别，数分钟即可为医生提供辅助诊断参考。

除了效率，这套系统的精准度也远超预期。按徐海波的说法："我们对于 AI 诊断准确率要求在 70% 以上，而新冠肺炎 AI 辅助诊断系统能达到 90%。"两个月内，新冠肺炎 AI 辅助诊断系统帮助中南医院医学影像科，累计为来自雷神山医院、武汉市第七医院和东西湖方舱医院的 2.4 万余名患者进行了肺部 CT 诊断工作。

如今新冠肺炎 AI 辅助诊断系统已经获得国家药品监督管理局批准注册，正式进入临床，成为常态化防疫措施中的一部分。

⊙ 技术，又不止于技术

在古老、传统的公益领域，技术的渗透早已经开始。我国现代公益体系的形成，可以追溯至 1981 年——中国首个公益基金会中国儿童少年基金会成立，到 1988 年，国务院出台《基金会管理办法》，规定公益基金会的登记管理细则，正式承认公益基金会的合法性，自此为人们所熟知的公益机构开始萌发。

中国首个互联网企业成立的公益基金会出现于 2007 年，由腾讯创设。随后阿里巴巴、滴滴、字节跳动等企业先后入局，相应组织遍地开花。2021 年，字节跳动入选第三批慈善组织互联网募捐信息平台名单，成为腾讯、阿里巴巴之后又一家入选的头部科技企业。

科技企业的扎堆加入，为公益行业带来了巨大的变化，这种变化最早体现在技术上。2021 年 10 月，祁连山国家公园甘肃省管理局张掖分局白泉门保护站监测队传来喜讯，在最新回收的红外相机数据中，放置于海拔约 4000 米的红外相机，4 天内连续 2 次采集到了雪豹影像，均为雪豹在夜间贴着裸露岩石蹭痒、闻嗅。

祁连山保护区内，仅雪豹的红外监测就布设了 200 多台，每季度回收的数据达数十万张。过去，工作人员通常需要数周时间来进行人工筛选识别雪豹，而经最新投入使用的首个雪豹保护数字化平台——雪豹智能识别及监测数据管理云平台处理，张掖分局工作人员仅用时几十秒，即从本次采集数据中甄别出雪豹照片及视频。

这套系统的开发并不容易。2021年4月，腾讯在内部整合了包括图片识别、机器识别、云端等技术人员在内的小团队，前往野生动物保护一线调研，团队成员马尧发现，张掖分局记录数据的方式非常原始，所有数据都是人工用纸记下来，再敲到电脑里，每一个表格之间也不互通。

这意味着每一份资料从保护站挪到管理局分析，都要耗费一次人工传导，而且庞大的数据量在旧有的机械框架内存在很多风险点。

另外，对于野外红外相机收回的视频、图片素材，清晰度不够，只能依靠人工识别，效率十分低下。据马尧回忆，2020年世界自然基金会（WWF）需要对当地雪豹做分析，针对积压的近3万张照片进行人工筛查，当时来自WWF的科学家带着巡林员在宾馆住了2个月。

"一张一张地看，这是雪豹，那是岩羊，这是灰狼，那是兔狲……"一位名叫阿诚的藏族小伙子跟他抱怨，"我快疯了，都扛不住了。"

腾讯AI的加入，成了张掖分局工作人员的重要助力，"比如机器识别出这个东西80%是雪豹，60%是狼或者什么东西，这时候人工可以识别出来的话，通过一个合理交互，便可以快速做选择"。

除此之外，分类式储存、快速写入等浅层功能，以及基于数据积累基础，设计出的数据分析模型等深层用途，都为张掖分局省去了一大部分人力、财力成本。以互联网技术为工具，通过赋能的方式，传统公益的效率在科技的加持下不断提升。

⊙ 互联网善款背后的数字化风口

2022年5月20日，在线上举行的中国互联网公益峰会，给出了数字化公益的成绩单。这一次，这场中国公益行业规模最大、参与度最高，堪称"公益行业年会"的峰会，将主题定义为"数字有新益"，试图探讨数字化时代公益事业如何创造可持续社会价值。

最震撼人心的是峰会展示的一组数据：2021 年，通过互联网募集的总善款已经接近 100 亿元，比五年前增长了 4 倍。不止捐款，越来越多的公众也在通过其他行动来助力公益，过去 3 年来，每年都有超过 100 亿人次点击、关注和参与互联网慈善。以人工智能、虚拟现实、物联网、区块链为代表的数字技术创新方案，也正广泛地应用于公益问题的解决。

100 亿元、4 倍、100 亿人次，当下被数字化改造的公益行业，就像一个互联交织并且可以无限循环共生的"克莱因瓶"。这个行业早已被技术渗透与革命，尤其是当它成了风口、成了产业，甚至开始讨论每年营收几十亿元、几百亿元的时候。中国公益早已变了模样。

数字化的优势在公益领域层层叠叠地铺陈开来。过去，公益组织或者人士在从事公益事业时，更多依靠人力与物力的堆叠。但受制于有限的人手、拮据的资金和局促的资源，不仅效率不高、影响力不足，在面对公益需求量激增等状况时，往往更显得力不从心。

但是有了数字化等新技术，过去完全靠人力从事的大量体力劳动就能被机器代替，大量无法计算的数据，通过机器和算法就能完成，不仅大大解放了人力，而且以指数级的形式提高了公益事业的效能。

以中国最年轻城市深圳的"养老革命"为例，从 2018 年开始，深圳市养护理院决定进行升级改造，腾讯也参与其中。为了协助身体不便的老年人更好地生活，腾讯的技术团队设计出一台专属于他们的平板电脑。只要老人的床旁边安置这个特殊的平板电脑，他们不仅可以通过平板电脑看视频、娱乐和点餐，把这个平板电脑翻转过来，也可以成为养护院和护士操作、监测老人身体的管理系统。

这套检测系统的好处是，可以通过相应的感官仪器把老人每天的健康数据电子化，用数据直观地看到老人身体各个器官、指标的变化，从而及时预警。现在这套系统已经迭代到 3.0 版本，老人、护工护士、养老院管理人员、老人家属都有自己的端口，能够有效记录老人的情况，与医生、家属共享。

除了时效性和便利性，这套系统还有一个重要突破：可以使用眼睛来发布指令。当肢体逐渐退化，眼睛往是人最后衰退的器官，即使到生命的最后时刻，使用者依然可以向外界表达自己的想法。

这套带有黑科技属性的信息系统，可以有效缓解养老机构的人力危机。如果不考虑研发成本，一台平板电脑的价格相当于一名护工一个月的工资，不过平板电脑却能满足很长一段时间内的看护需要。

不仅是养老，在 2022 年 5 月 20 日召开的互联网公益峰会里，云展馆里陈列出来的项目就包含了文物保护、留守儿童关注、抑郁症、乡村教育、环保、助农等多个方面。数字化的语境里，公益行业正日渐呈现出不分时空、多参与主体、多项目、多形式的新特点。

人们总说效率和公平难以两全，但是当技术和公益联动，曾经被习惯性忽略的人群也可以发声。在互联网上，他们可以切实享受到技术进步带来的便利，也能够参与和推动技术的进步，造福更多少数群体。或许，"科技 + 公益"是它们最好的相处方式。

后记
永不停息的自我 变革

腾讯内部一直处在变革中,有各种人们所不知道的暗流涌动:在遭到其他平台短视频产品的围攻、被认为没有梦想、公司上下充斥"大公司病"的时候,腾讯是什么反应?它到底做了什么?

腾讯在利用自己的资源、技术与理念,进入产业、进入社会,身体力行、克制而有力地让这个国家变好的同时,也更关注自己的员工。让每一个在腾讯打拼的个体没有后顾之忧,实现"退休自由",是腾讯这些年一直努力的方向。

一、整治"大公司病"，10 万腾讯人自救 1000 天

"在腾讯就没有生活，真的是理应如此？"2021 年 5 月 29 日凌晨 1 点 39 分，一条发布在腾讯内部论坛 KM 的帖子，犹如沸水泼油，"炸"出了 3 万多只"鹅"。这位匿名提问者控诉道：在 IEG^① 旗下光子工作室（"和平精英"是其代表作）的员工，加班已经常态化。

"这种生存状态真的正常吗？"一位愤怒的妻子点名责问相关部门：对加班严重的部门能否进行警告甚至采取强制措施？

这条发布在周六凌晨的帖子，迅速得到了 50 多条跟帖，有人劝楼主用脚投票，也有人调侃："都已经这么拼，为什么做不出'原神'？"获最多点赞的一条回帖是，个人的苦难不能全部归因于自由的选择。

一周过后，光子工作室发布新规：（1）周三健康日全部门下午 6 点下班；（2）其余工作日必须晚上 9 点前下班，特殊加班人数封顶 10%，违规团队下周集体 6 点下班；（3）全面双休，特殊加班人数封顶 10%，违规团队未来一个月不得加班；（4）禁止周末连续两天加班。

如此明确、严苛、不留余地的规定，在腾讯公司史上实属罕见。列宁说过："堡垒往往最先从内部攻破。"这并不是 KM 第一次推动腾讯做出这样的决定了。马化腾也说过："很多病都是自救，没有人能帮你。"

2021 年 4 月，马化腾出现在腾讯集团内部一年一度的战略见面会上，那天他和腾讯员工谈了很多内容，包括回应了对他腰部旧伤的担忧，他认为无论是自己，还是腾讯，只有自己可以拯救自己。

---

① IEC 此处指的是腾讯互动娱乐事业群。

⊙ "腾讯病历"

时间轴拧回 2018 年 8 月 12 日,至今已 1000 天。一篇题为《五问!腾讯哪些大公司病让你不吐不快》的"檄文"出现在腾讯公司 KM 上。KM,是腾讯公司内部论坛的产品,像是企业版"知乎",员工们可以匿名提问或畅言。在内部说法里,就连马化腾都不能看到匿名员工的真实身份。

一位自称"老鹅"(腾讯人自称为"鹅")的匿名员工,以 KM 发帖的形式公开"上书":"我觉得腾讯病了,而且很重,到需要动大手术的地步。"这位匿名"老鹅"列举了几年工作中观察总结的腾讯"大公司病",简而言之有如下几条。

1. 我们对汇报、PPT、评奖和分享的重视,甚至超过了工作本身;

2. 微信群越拉越多,群里真正解决问题的人越来越少;

3. 专家越来越多,高质量创新反而减少,职称沦为"养老院";

4. 战略缺"大将"和"军长",中高层权力板结;

5. 规则屡屡突破,价值观摇摆,公司早期优秀文化面临稀释。

以上这条被称为"病历"的帖子中,发帖员工痛陈在过去几年内部备受诟病的"赛马机制""组织臃肿""权力板结"和"形式主义"。

比如描述公司内部"形式主义"的背后,对应的是"叠罗汉"的怪现象:副组长向组长汇报,副总监向总监汇报,助理总经理向副总经理汇报。本来公司七个层级已经够多,现在官僚系统还在大膨胀,七层都不够用了,"只能用起隔板,充分利用夹层隔板看似很薄,可坚不可摧"。

帖子结尾,匿名"老鹅"甚至公开向管理层喊话:中高层愿不愿自我解剖?有没有魄力自我手术?敢不敢壮士断腕?能否接受能上能下的流动?愿不愿意放下山头,齐心协力补上船底的漏洞?

这条帖子的阅读量停留在了 64 554 次,当年腾讯财报数据显示,腾讯共有 4.6 万名在册员工，大概率意味着每个"鹅"厂人都读过这篇"檄文"了，并且有人在反复浏览这个帖子。KM 论坛里人潮涌动，"五问"腾讯的大讨论还在持续。

这条激烈的"檄文"下方，还有不少员工实名邀请同事参与讨论回答，被邀请的同事有 Pony ma、Mark 和 Xidan 等，他们分别是马化腾、任宇昕和奚丹。

⊙ 大讨论足足持续了一个月

翌日，腾讯集团总办领导、集团高级副总裁奚丹回复了"五问"腾讯这张热帖，他认为不少观点很到位。"我代表总办给你点个赞！"奚丹在回复中承认"大企业病"已经成为腾讯最大的挑战之一，现在确实也到了要更加正视，并且拿出决心和行动的时候了。

总办领导一句表态激起万重浪。有企业文化部门员工干脆实名提问，一条《腾讯大企业病"五问"火了，谈谈你最想公司改变的一个痛点？》帖子成了自我批评的新阵地。谈痛点中，获最高赞的质询来自一位技术副总监。

他痛陈"鹅"厂没有首席技术官（CTO），自从 2014 年腾讯创始人之一张志东卸任后，腾讯 CTO 的位置空置至今。长期以来，腾讯奉为金科玉律的"赛马机制"孵化出竞争成果的同时，也衍生出"重复造轮子"的诟病。

腾讯人也不是非要一个 CTO，就连呼声最高的创始人之一、前 CTO 张志东也在公开回应中称，自己不会重回公司业务一线，相信腾讯会孵化出新生力量。

症结背后是公司发展到了一个巨大体量，公司部门墙成了阻止公司前进的巨大阻力，万众期待 CTO 能够打破这种困局——"技术缺乏长期规划布局，我们的技术配得起腾讯吗""对基础研究领域投入严重不足，追求中短期利益""找个 CTO，让技术成为社会进步的阶梯"。实际上腾讯没有 CTO 已经很多年，从来没有像今天这样备受诟病。有内部员工坦陈：所谓没有 CTO 的吐槽，背后是腾讯人对改变现状的渴望。

大讨论足足持续了一个月。凭借匿名的承诺，腾讯员工甚至抛出了《十省腾讯，公司到底怎么了，到底该关注什么问题》，直斥腾讯方向不明、管理地盘化、唯老板需求、干部甄选"黑盒"化……在老腾讯人的印象中，一向"佛系"的腾讯员工很少会情绪激烈，这次讨论的各种语气太不客气了。不过，总办领导再也没有出面回应。

⊙ 凌晨 6 点 14 分"对自己动刀"

事实上，在这场大讨论之前，腾讯总办早已预料到这种局面。据一位不具名的亲历受访者的描述，在大讨论期间，他收到了公司内部一个特殊调研团队的邀请，参加了一场腾讯集团滨海总部 35 楼的小型闭门讨论，窗帘和门紧密，参与人员囊括腾讯老员工、腾讯新员工，甚至有从其他同行处"跳槽"过来的资深"新鹅"。"你可以谈任何关于腾讯的看法，尤其欢迎批评，你的领导和同事不会知道"，这是调研团队给出的保证。

这位受访者回忆，现场每个人针对自己和公司的"批评"近乎开骂，议题集中在 KM 大讨论议题的具象化。大家都举了自己的例子，试图证明这些"批评"与"自我批评"真实存在。"批评意见"会被如实记录，直呈总办。

实际上早在 2017 年底，腾讯核心管理团队便着手调研，试图"诊断"自身，并且意图进行腾讯公司史上的第三次组织架构变革。

"对自己动刀子"。KM 大讨论一个月后，2018 年 9 月 30 日凌晨 6 点 14 分，马化腾在内部发出全员公开信，正式宣布组织架构升级，史称"930 变革"。之所以踩点凌晨 6 点 14 分，是因为那是当天深圳气象台公布的日出时刻，意味深长。

但是"930 变革"真的奏效了吗？腾讯 KM 上有迹可循，"鹅"厂人在结束了"五问""十问"甚至"天问"腾讯之后，提问陆续投射了新的变化，时间进入 2019 年，关于 35 岁焦虑、人到中年的讨论逐渐浮现。

《把老员工等同于没有创造力的贬值人，是否是一种舆论陷阱》《35 岁面临职场危机，应该怎么度过》《鹅厂针对年轻员工发起的英才计划实施以来，进展如何》……

在组织架构变革官宣后的一年多时间里，腾讯 KM 上关于年龄焦虑和个人出路的讨论突然暴增。有一位匿名同事实在忍不住直接问道："看了公司各种 35 岁的帖子，是不是之前所谓的年轻化，反映了公司产业升级失败的一个缩影？"

腾讯第三次组织架构升级协调整合全新事业群、全面拉开产业互联网战略的背后，所带来的人事组织上的"升级"，就是强化"干部能上能下"。内部关于 35 岁焦虑、中年危机的帖子，某种程度上来源于此，属于组织架构变革的投射。

⊙ 当有权者被打破了"铁饭碗"

"930 变革"近一年后，腾讯内部正式发布《腾讯管理干部能上能下管理办法》，这意味着之前在 KM 大讨论中备受批评的"权力板结严重"，深深刺痛着腾讯上下几万人。"干部能上能下"并非腾讯独有，也并非新提法。事实上，腾讯公司从 2012 年 8 月便正式推动了这一政策。"930"战略升级和组织变革成为这一政策的"催化剂"。

自 2018 年 9 月 30 日开始，腾讯花一年时间完成了 10% 的中高级管理骨干的"能下"，通过制度设计，这个"能下"比例每年被划定为 5%，意思就是每年强制淘汰 5% 的管理层。

腾讯知名员工网友 Tegic 便公开描述了自己身边好几个朋友面临"被降职"。Tegic 在聊天记录中安慰"被能下"的中高级管理骨干："把你们这些'占着茅坑不拉屎'的老家伙'干掉'，感觉我司又有希望了。"

有一组数据可以提供支撑：腾讯公司自"930"战略升级和组织变革后，推动青年英才晋升绿色通道，新晋升了 35 岁以下的年轻中级管理骨干若干人，占当年所有新晋升中级管理骨干的比例超过 40%；首现 30 岁以下年轻总监；新晋升的组长中 28 岁以下年轻组长总量增加近 2 倍。

"能下"之后，出现"能上"，这也许才是腾讯人开始内部讨论"老龄化"的真正原因。与其称 KM 上腾讯员工对"中年危机"的讨论是"年轻化焦虑"，不如说这是腾讯诊断"组织初老症"和"大企业病"的一道猛药。

员工们在内部 KM 的吐槽焦点，随着腾讯自身的改变而发生着潜移默化的变化，很少人会透过一张张内部帖子发现"鹅"厂正在起变化。

腾讯的 ToB 战略也以同样的姿势，开始深入每一个"鹅"厂人的思维。随着"腾讯究竟有没有 ToB 的基因"讨论开始，腾讯人开始越来越多地思考究竟能不能从原来的消费互联网业务领域的成功，实现在产业互联网领域的成功。

KM 的帖子充满了腾讯人的 ToB 焦虑，其中一张热帖回收了一大堆"930 变革"后一线业务的真实故事，读起来"触目惊心"。比如之前从来不用驻场陪同客户的程序员，因为开始服务甲方，竟然需要驻扎在客户公司度过"618""双十一"甚至春节这种节日，"最后还被客户陪着过了自己的生日"；有的售后员工因为经常帮客户解决问题，猝不及防收到了不得拒绝的答谢红包，拿着钱不知所措。又比如不少曾经在"鹅"厂内部备受宠爱的产品团队，开始产生被要求给客户道歉的恐惧所支配，惶惶不可终日……这些都是产品为王、生于消费互联网的腾讯人转战产业互联网的阵痛。

⊙ 一个关于英文名的大问题

出人意料的是，关于"鹅"厂人叫什么"花名"的问题，在 KM

上竟上升为一个事关企业发展的战略议题。一直以来，每个入职腾讯公司的员工，都会起一个属于自己的英文名，即使马化腾（Pony）、张志东（Tony）、陈一丹（Charls）这些公司创始人也不例外。

这种英文名文化，和阿里巴巴每个人都起武侠"花名"类似。外界解读，这种起名文化符合互联网公司的企业性格——平等民主处事、减少层级隔阂、便于跨部门合作。

随着战略升级和组织变革的推进，是否直呼英文名的企业文化备受挑战，工作中越来越多出现称呼"×总"和"老板"，被一些员工认为是对腾讯价值观的变相稀释。

KM 上开始陆续出现质疑："关于同事间的称呼，×姐、×哥在渐成主流吗？""公司上下级称呼×老板和×总越来越多，这和五六年前以英文名互称变化挺大的！""拒绝惯性叫'总'，人人都敢 PK！""腾讯越来越社会了吗？上下都是叫'老板'和'总'了？"……

"言必称'总'和'老板'，是我们 ToB 业务的需要和顺应潮流的体现"，不少腾讯员工表示某种程度能够理解称呼习惯的变化，有一线的腾讯云销售就解释称，他们去跑政府客户、国企客户的时候，对方特别在乎你的称谓是什么，是×总，还是小×？

这是个问题，还是个 ToB 问题？类似转战产业互联网后业务领域变化带来的冲突故事，越来越多地出现在内部 KM 上。某个大客户的云服务出现问题，三家云服务巨头同时维修，风格各异：A 家嘘寒问暖服务到位，H 家人海战术激情在线，而腾讯云团队只派了几个工程师到现场，尽管后端整个团队紧锣密鼓解决问题。

尽管腾讯云最终能够为客户解决问题，却得不到客户的理解和认同，因为只派几个人到现场，场面看起来太不被重视了！腾讯团队觉得很委屈，心想我们目标是为客户解决问题，没必要的排面只是形式主义。

但这就是 ToB 的现状，如何全方位地服务客户，包括照顾客户的心态，也许都属于产业客户服务的关键，这与腾讯人之前埋头苦干、产品为王的经验大相径庭。这些故事和冲突的背后都凝聚了腾讯在"930变革"之后的阵痛和改变，化作一张张帖子浮现在内部KM上。

表面上弥漫着吐槽、不解甚至愤怒，实际上都沉淀成了腾讯转型阵痛期的养料——自我批评，自我反省，自我进化。不过，精明的腾讯员工们最近发现了一个小秘密——和总办领导一样的英文名又可以开放注册了，比如说你也可以把英文名起作 Pony，和这家公司董事长马化腾一样。

有人发现了这个秘密，把这个好消息发在了 KM 上。如今腾讯共有 4 名员工选择拥有了 Pony 这个英文名，除了马化腾，其余都是普通一线员工。

⊙ 从不"少数服从多数"的内部论坛

2019 年，改革过去一年了，KM 讨论也进入深水区。"赛马机制"和"部门墙"，成为这个阶段的重要焦点。在过去，腾讯的技术布局更多基于各大事业群的业务需求进行规划，这样的安排不乏合理之处：让听得见"炮火声"的人来决策，更能适应快速变化的业务需求，并进一步降低跨部门的沟通损耗。

三十年河东，三十年河西。彼时所推崇的模式，是通过大中台整合所有数据，再利用算法提取相关信息，从而对内提供数据基础建设和统一的数据服务，对外提供服务商家的数据产品。

KM 上腾讯人对其他竞争者的关注开始多于过往。抖音在短短 3 年时间成长为拥有 6 亿用户规模的超级 App，就被归功于字节跳动强大的中台与算法。2018 年，所有的赞誉都留给了阿里巴巴、字节跳动引领的数据中台模式，而腾讯的散养式研发在内部更多是收到了"重复造轮子""重业务轻技术"类似的抱怨。

相比"930 变革"引发外部对腾讯战略布局的大讨论，在拥有数万名程序员的腾讯内部，人们更关心的反而是新近成立的"技术委员会"能够给内部带来什么改变。新闻一出，马上有员工率先发问："技术委员会能否真正做到以技术人员为主？"

这一观点反映了不少程序员的心声：技术就是技术，并不应该屈从于业务。技术委员会可以了解各事业群的业务需求，但各事业群也需要站在公司整体的角度考虑，遵从技术委员会的决定。

按照规划，腾讯技术委员会由卢山和汤道生两名腾讯总办成员牵头，各个事业群的技术负责人悉数进入技术委员会的决策圈。技术委员会下设"开源协同"和"自研上云"项目组，推动内部代码的开源和协同，以及业务在云上的全面整合。腾讯希望通过技术委员会对"赛马机制"进行修正，减少无效的重复开发，整合沉淀内部的技术。

两位总办成员中，卢山执掌的技术工程事业群（TEG）是腾讯内部的技术支撑部门，堪称腾讯的"神盾局"，他多次在内部表态全力支持汤道生和腾讯云与智慧产业事业群（CSIG）。和外界恨不得一个星期就看到腾讯新面貌不同，技术委员会的宣传力度与人们期待的并不匹配。

据悉，决策层希望低调推动这项内功的修炼，减少对外公关，并要求各事业群技术负责人尽快摸清全公司现存的"技术债"，同时展开了建设技术图谱、专属讨论区、代码社区等基础工作，人力资源部甚至成立了专门的工作组，对支持开源的部门和个人给予考核和晋升倾斜。

员工想象中用霹雳手段拆掉"部门墙"、统合所有数据的场面没有出现，以至于在变革一周年的内部讨论中，有人在 KM 讨论道"开源协同暗流涌动，研发效率问题重视起来了"，但也有人感觉只是"换了一下事业群的名字""没有感受到中台的作用"，甚至吐槽起了无数中台，而要求打通全腾讯的算法和数据的也大有人在。但这一次，汤道生所代表的总办在内外部表态都很坚决：腾讯不做全公司范围的数据中台。

这些都不难理解，基层员工站在自身工作的视角，会在 KM 上呼吁最大限度开源、协同、共享，最大限度提高效率；但决策层又必须有另外一重考量：这一步迈出去了，除了对业务和员工，还将对公司、社会长远有什么后果，这并非多数基层员工能观察得到的。"KM 从来都不是少数服从多数，而是民主集中制。"有腾讯员工概括道。

⊙ "科技向善"成了键盘上的焦虑

民主集中制也体现在"科技向善"概念的首次公开上。"科技向善"这个观点，最先由张志东在 2018 年一场演讲中提出。这位身家千亿却开着 10 万元大众宝来上班的 IT 男，亲手搭建了 QQ 的架构设计并能够沿用至今。凭借务实低调的作风，他在拥有数万名程序员的腾讯被尊为"大师兄"。

当年正是张志东有感于诸多大企业随着人员膨胀后出现的文化稀释、沟通断层等问题，下令创办 KM，并规定除非人命案件，内部任何人都无权要求 KM 部门提供匿名发言人的身份信息。

在张志东看来，KM 是弥合大公司内部鸿沟的理想工具，尽管已经退休，他仍保留着终身荣誉顾问、腾讯学院荣誉院长的身份，每个月会去看两次 KM，十几年来累计回答了 200 多个问题。

时间来到 2019 年，马化腾在朋友圈转发了一条腾讯优图借助 AI 找到失踪儿童的新闻，配语是：科技向善，我们新的使命和愿景。同年 11 月，腾讯在 21 周年公司庆典上正式宣布将"科技向善"加入公司的使命愿景。

短短一年时间，这 4 个字从"倡议"迅速升级为"使命"，在内外部都掀起了一场关于什么是"科技向善"的大讨论：怎么做才是科技向善？

有人从实际业务出发，希望公司的软件不要效仿同行硬塞"全家桶"、续费不要做默认、消灭暗扣的扣费点……也有人认为公司不仅应该对产品细节进行小修小补，更应该关注 AI 算法被滥用、用户隐私遭到侵犯、科技适老化建设严重滞后等社会性问题。

但也有员工担忧，这个充满理想主义色彩的使命愿景，会给腾讯带来无妄之灾："腾讯的'科技向善'和谷歌的'不作恶'差别很大……稍有不慎，你的行为就会被诟病不够'向善'，给业务捆上了道德的枷锁。"

果不其然，这个 4 个字很快成为内部灵魂拷问的必备词：微信接槟榔企业广告，是否科技向善？我厂新剧的设定，符合"科技向善"价值观？科技向善，某些部门真的有在做吗？广告多到影响用户使用，说好的科技向善呢？

每当问题出现，相关业务的总经理、总监免不了在内部公开道歉并承诺整改。渐渐地，"科技向善"成为悬在所有腾讯员工头上的达摩克利斯之剑，上到决策层、下到基层员工，"我死后管它洪水滔天"的做法不再可取，因为一旦被外部曝光和内网责难，丢的不仅是个人的脸面，还是整个部门的脸面，甚至还将被全公司通报批评、接受处分。

腾讯素有偶像包袱。外界流传"微信监听用户聊天来匹配广告"的谣言屡禁不止，多次辟谣无果后，张小龙竟下定决心推出自有输入法，防止第三方输入法将用户信息收集后泄露和售卖。

但对于许多腾讯员工而言，内部和外部看到的是两个截然不同的腾讯：他们在朋友圈、公众号时常可以看到身边同事转发的很多公司的正能量新闻，而在微博、知乎、抖音上，人们对腾讯的印象仍然停留在抄袭竞品、未成年人游戏等陈年老调上。

许多员工在 KM 中表达了自己的困惑：为什么首倡科技向善的腾讯，在外界口碑如此糟糕？这样的烦恼并非腾讯员工独有，在全球范围内，包括谷歌、Meta（脸谱网）、苹果、亚马逊等科技公司，以及国内的阿里巴巴，都面临着如何与社会共处的难题，人们对于科技巨头的不安和不信任，和百年前面对石油、钢铁托拉斯如出一辙，在国与国之间蔓延开来。

⊙ 一个首次被提问的热门词汇

2020 年春末，腾讯的股价从 2018 年的谷底翻了一番，曾经的"腾讯没有梦想"和"背水一战"，都成了茶余饭后的冷笑话。ToB 的质疑逐渐消散，新的矛盾暗流汹涌。这也正是腾讯总裁刘炽平挥之不去的疑问：腾讯公司的战略蓝图当中，"仿佛少了一块"。

那个春天刚刚过去的全民战疫，给他带来了新的启发：在人心惶惶的 2020 年 1 月 27 日，腾讯受命紧急开发健康码，在内部贴出一份技术志愿者招募令，迅速获得数千名员工的响应。整个疫情期间，腾讯有 1.2 万多名员工直接参与到各式各样的战疫活动中。

在此之前，拥有 6 万名员工的腾讯，要想推动如此大规模的线上协作，往往免不了合议、争执、妥协甚至流产等流程。但在公共利益面前，那道曾经备受诟病的"部门墙"居然神奇地消失了，KM 上的提问变成了不断在互相寻找协作。

"微信生态可以为疫情做些什么？""腾讯公益能在疫情上尽什么力？""游戏部门是否应该推出传染病教育游戏来践行科技向善？""个人以及公司能为疫情做些什么？"

一方面，是"战时状态"激发出的创新能力，健康码、腾讯会议、腾讯课堂都在疫情期间大放异彩，不仅在外部缓解了腾讯的口碑压力，也在内部 KM 中得到了充分的肯定；另一方面，是社会对科技平台的期待和监管在层层加码，过去企业按比例投入一定利润参与公益的路径已经过时。

在马化腾看来，如果一个企业的发展和所作出的贡献之间没有合理的比例，那么这个企业是不可能往上生长的。随着 KM 上关于社会价值的讨论越来越多，2020 年秋天，"社会价值"开始成为重要的战略议题，列入腾讯决策层的讨论中。

2021 年 4 月 19 日，腾讯再次启动战略升级，提出"可持续社会价值创新"战略，并宣布将为此首期投入 500 亿元设立"可持续社会价值事业部"（SSV），对包括基础科学、教育创新、乡村振兴、碳中和、FEW（食物、能源与水）、公众应急、养老科技和公益数字化等领域展开探索。

如果说"科技向善"是一句偏理想主义的口号，那么新战略、新部门的成立则昭示着腾讯要真刀真枪干一场了。

⊙ 腾讯人的自省就是 0 前那个 1

"科技向善"听起来非常具有浪漫主义色彩。截至 2021 年 6 月，腾讯人在短短两年时间里，在 KM 上提出了 38 322 条问题和看法。腾讯人对"向善"的疑问和思考，甚至超越了对饭堂菜式、升职加薪的重视。

这也包括腾讯总办领导、集团首席探索官网大为。网大为英文名叫 David Wallerstein，中文名的意思据说是"网络上大有可为"的简称。

2021 年 6 月第一天，网大为在 KM 上问大家：为什么要敢于坚持与众不同？

网大为回想起 2000 年，他刚来到腾讯的时候，这家公司只有 45 个人，当时马化腾赶在互联网世纪泡沫崩盘前拿到了一笔救命钱，当时所有人的目标都很简单：让腾讯活下去。

时过境迁，20 多年后的腾讯已经成为人们眼中"稳定"的大公司，而网大为在六一儿童节这天，明白了腾讯公司已经"无可避免"地长大：人们各司其职，分工细化，却也无可避免地遭遇沟通障碍和文化稀释的问题。

9 万多人的腾讯，工作奋斗在全国乃至全球各地，加之在线化办公的普及，如果没有共同驱动的核心价值，它将沦为一台层级分明、没有人情味的巨型商业机器。但是，KM 上近 10 万腾讯人这么多年来的激烈讨论，艰难地维持、证明着自己——我还是那么"腾讯"。

在 2021 年 6 月举行的腾讯志愿者大会上，这位首席探索官（CXO）在访谈中提到了他对企业文化的关注。在他看来，把科技向善作为使命愿景，关心人、关心地球，在这个基础上提供产品和体验，才能吸引到更多志同道合的人才，才是腾讯接下来的生存之道。

"钱没有了可以再赚，业务瓶颈可以突破，利润少了可以创造，但如果腾讯人不再像腾讯人，失去了自我质疑、自我反思和自我革命的企业文化，则失去了无数个 0 前面的那个 1。"

凌晨 1 点，马化腾给 KM 上网大为这篇访谈来了个一键三连：点赞、收藏和评论。

二、构建良性人才机制，率先推动退休计划

"90 万元免息贷款，你知道是什么概念吗？"隔着电话，程惟开始噼里啪啦地算账。90 万元，按照目前银行 5% 的首套房贷款利率来算，等额本息 6 年，需要偿还的利息总额大约为 14.4 万元。而免息贷款就意味着这笔钱可以全部省下来。

程惟所说的是腾讯最新推出的"安居计划 Plus"，一个从 2011 年就开始实施的腾讯员工置业福利计划，之后 10 年间经过数次迭代，2021 年 4 月底再度更新升级。根据这份最新方案，入公司满 2 年、绩优者 1 年的腾讯员工，可从公司最高申请到 90 万元的免息借款资金支持，用于在个人工作地或社保所在地购置首套房。

2021 年刚好是程惟研究生毕业、进入腾讯的第三个年头。她还有两个月就要满 30 岁了，结婚、买房、定居……一连串现实议题紧锣密鼓地排列在迫在眉睫的时间轴上。看到这则消息的时候，她感觉自己的心跳似乎都漏了一拍。

互联网大厂令人艳羡的高福利已经不是什么新鲜事，但 2021 年春招开始之后，伴随着"抢人大战"，大厂玩起了福利"内卷"。

从年初腾讯升级安居计划开始，6 月光子工作室宣布试点全面双

休和健康日，强制要求周三加班不得超过 6 点；7 月小米给 122 名员工送出了 1.1965 亿的股票，京东则宣布直接将平均年薪从 14（薪）涨到 16（薪）；8 月头一天，字节跳动正式取消备受外界诟病的大小周，开始推行"1075"工作制，快手、美团优选陆续跟上；10 月腾讯更新了另一则易居计划，从 2022 年起，应届生与社会工龄不满 3 年的新员工在一线城市的租房补贴由每月 1250 元涨至每月 4000 元。

阿里巴巴也在内部邮件里宣布多方位升级员工福利。包括为社会工龄 3 年内的员工每月发放 1500 ～ 2000 元的租房补贴，以及面向全体的育儿假、健康假、陪伴假、长期服务假等一系列全薪假期……

关注度最高的还是 2021 年 11 月，腾讯推出的"互联网第一份退休方案"。消息出来之后，舆论被割裂成两派。一边是羡慕，"别的大厂还在'割韭菜'，腾讯已经可以直接躺平养老了"；另一边是质疑，"互联网打工人有几个熬得过 35 岁大关"。

看起来，在员工平均年龄 30 岁、平均工龄 3 年的互联网大厂，法定退休、15 年工龄似乎都遥遥无期。事实上，无论是基于社会老龄化、养老体系承压等宏观层面，还是为了互联网大厂转型升级、构建良性的人才机制，这份"退休方案"都有深远的意义。

⊙ "逃离大厂"

这几年，"逃离大厂"正在变成一种主流叙事。2021 年秋招，王昉收到了两份近乎完美的 SP（Special Offer，优质生源优先推荐），都出自一线互联网大厂，和专业对口的后端研发岗，16 薪左右，还有各项福利叠加，一年下来数目可观。

对于自嘲"985 渣本"的应届毕业生来说，这样的"offer"足够去朋友圈、小红书、知乎、豆瓣、脉脉上轮流炫耀一轮了。但王昉依然在犹豫，并且犹豫的不是该接哪一份，而是该不该接。天平另一端同时压着家人的期望——"互联网公司不稳定，还是回来看看国企吧"，和自己的忧虑："现在是风光，35 岁以后怎么办呢？"

《35 岁，当代"社畜"的死期》《我，35 岁，要不要离开大厂》《35 岁程序员，早到的中年危机》……等待面试结果的一个多月，类似的推送频频出现在王昉的手机里。说"孕妇效应"也好，幸存者偏差也罢，不到 25 岁的王昉还是忍不住操心起了 35 岁的事。

他注册了一个脉脉账号，把自己的困惑发在里头，希望能得到一些圈内前辈的建议。一天之后，点赞最高的一条回复是："听家里的回国企，我（想回）还要等补录呢。"

熬过了"996"，拼赢了"361"，半夜惊醒改过方案，掐着手表蹲过厕所，"35 岁红线"的出现，终于成为压垮大厂人的最后一根稻草。脉脉发布的《人才吸引力报告 2020》里，互联网行业职场人的工作幸福感满意度排在倒数第三，其中，未来发展空间是拉低互联网行业员工幸福感的主要因素。

这看起来似乎是一笔很好算的账。年轻人成本低又身体健康精力充沛，能更好地适应"996"和"007"；而中年员工成本高，精力和学习能力都在减退，在投入产出比上明显不如年轻人划算。

大厂的"朝不保夕"，反过来也让年轻人养成了短时间赚快钱的心理。长期的职业规划与提升是望不到的，那就在短短十多年的职场生涯里找一条捷径，为 35 岁之后谋后路好了。

于是，频繁"跳槽"便成了常态。数据显示，2021 年国内企业员工主动离职率平均为 9.7%，其中互联网行业最高，达到了 12.8%。另一项关于 TMT 行业员工的调查也显示，国内互联网企业员工"跳槽"频率平均不超过 3 年。

⊙ 松动的红线

"35 岁红线"真的会成为互联网的一道长期命题吗？最早光明正大偏爱年轻人的互联网公司其实是 Facebook（Meta 的前身）。扎克伯格 22 岁的时候，就曾公开宣称："年轻人更聪明。"但从公开的数据来看，过去几年，Facebook 员工的平均年龄已经从 26 岁涨到了 29 岁。

早在 2016 年，雅虎、eBay（易贝）、微软、Adobe 等公司的员工年龄平均就超过了 30 岁，在戴尔、IBM、惠普等公司，这一数值甚至直逼 40。

在人口老龄化的大背景下，高龄员工正成为全球高科技企业的一种趋势。以被视作"吃青春饭"的程序员为例，2019 年，IT 技术问答网站 Stack Overflow 对全球近 7 万名开发人员进行的调研显示，35 岁以上的程序员已经占到了总人数的 25.7%。

在中国，这个数字也正逐年递增。一份对 20 多万人的问卷调查显示，2018 年，国内 30 岁以上的程序员占比为 31.9%，35 岁以上占比为 7.3%。2021 年，这两个数字分别变成了 41.2% 和 9.4%。

李骁就是一位 36 岁的程序员，在国内一家排名前三的大厂做前端。据他观察，身边 30 多岁依然战斗在一线的"码农"很多。作为一名视频策划，程惟也很少觉得有什么"中年危机"。她身边 35 岁以上的同事并不少，"大概要占到三分之一"，而且并不一定都是管理岗，也有不少一线的"中流砥柱"。

程惟同部门一位年近 40 岁的女前辈，前段时间和一个基层干部的位置失之交臂，按照传统的逻辑，到这个年纪，对方应该不会再有什么升迁的希望，只能等待被边缘化后淘汰。事实上，她依然得到了新领导的重用，并被安排在部门的核心岗位。"只要你有能力，公司怎么会不要你呢？"

而李骁的想法是，35 岁的程序员，如果不是每天混日子，那他在一个领域内就已经工作 10 年左右了，正是开始发挥自身能力的阶段。"比如作为一名前端，你应该经历了好几个前端技术的变化。每个技术的发展都是有历史原因的，我想你应该也有自己的想法了。对新的技术，你也会去思考，为什么需要，使用的场景又是什么。对于项目，用什么方式来实现，也有了自己的判断。"

事实也确实如此，现在市面上主流的编程语言，很多都是国外程序员在 35 岁甚至更"高龄"的时候创造的：每天席卷你朋友圈的信息流、劝你学一学的 Python（一种编程语言）写在 Guido van Rossum 35 岁时，大学时代必修的噩梦 C++ 也是 Bjarne Stroustrup 在 35 岁发明的，而"Java 之父"James Gosling 创造 Java 的时候甚至已经 40 岁……

所以，在李骁看来，35 岁正好是厚积完成，迈向薄发的阶段。但在国内，这一阶段被强行终止了。其中的原因，和过去互联网一直走的套路不无关系，对核心技术，大家多采取的是 C2C 战略，能拿就拿。换句话说，过去几年大厂员工所从事的工作其实并没有摆脱劳动力密集的本质。

但现在，互联网已经走到了转型升级的关口。这两年的"抢人大战"中，"高技术人员""数据人才""博士后""AI 人才""天才少年计划"等关键词频频见诸报端。

抢人之外，有的大厂还亲自下场"养"。以腾讯为例，早在 2018 年，就投入 10 亿元的启动基金，携手饶毅、杨振宁等十几位知名科学家共同设立了"科学探索奖"。计划每年选拔 50 位优秀的科研工作者，连续 5 年提供总计 300 万元的奖金。几重加持下，腾讯的人才密度不断加深。数据显示，2020 年研发人员占据腾讯总人数的 68%，同比 2019 年增长了 16%。现在，如何留存下这批人才，变成了一个迫在眉睫的问题。

⊙ 互联网养老

"比起锦上添花，我们更需要的是雪中送炭。"在京东工作了 8 年的程序员老白提起现在大厂的福利时，意味深长地说了一句。

今年 36 岁的李妮同样对此深以为然。她是极要强的性子，从一座三线小城出来，学生时代又经历过重大的家庭变故，靠一己之力考上西南一所"985"学校，后来进了某老牌大厂做销售，主动"朝九晚十"，绩效考评一连拿过好几个 A。

但漂亮的业绩背后，高强度工作节奏和随时绷紧的心理压力也破坏了她的生活。结婚多年，眼看已经过了最佳孕龄，李妮去医院检查，结果是输卵管严重堵塞。思虑再三，她决定尝试试管婴儿，之后便是漫长的催卵、取卵、手术、胚胎移植……34 岁，李妮艰难生下了第一个孩子，不出意外的话，应该也是最后一个。

她心里清楚，生下来不过是一个开始。自己现在所拥有的都是"拼出来的"，所以将来也难免把这一套放在孩子身上，成为一个"鸡娃"家长。

然而，一边是肉眼可见的生活负担，一边却是触手可及的职业天花板。这是她在大厂待的第 10 个年头，已经升到普通员工能够得到的顶层，她觉得自己不能再往上爬了。一方面，管理层位置少，任务又繁重，现在的工作就已经让她每天不得不处理到 10 点以后，再多就会彻底失去参与孩子成长的间隙；另一方面，有的管理岗并不是你努力就可以升上去的。她偶尔会和先生吐槽，如果自己哪天被优化了，以对方现在的工资，将来可能连孩子都养不起。

腾讯的"互联网第一份退休方案"的出炉，让她隐约看到了打破困局的希望，她觉得这是一个很好的样本，如果能良性循环下去，也许未来整个行业都会受益。根据那份方案，员工在腾讯就职期间达到法定年龄退休时，可同时享受公司为其提供的定制纪念品、6 个月固定工资的长期服务感谢金、退休荣誉金三项福利。其中，退休荣誉金提供"服务年限金"和"50% 的未解禁股票期权"两个方案，员工可自由选择其一。

"80 后"养老是近年来一个颇具争议性的话题。中国的养老金体系由基本养老保险、企业职业年金和商业养老保险构成。其中基本养老保险为支柱性部分，包括个人账户和社会统筹两大块，前者自缴自用，后者则由企业上缴，受统一调配。通俗一点的说法就是，向工作的年轻人收钱，养不再工作的老人。

然而随着近年人口老龄化加剧，基本养老保险的支出规模早已超过了收入规模。很长一段时间，网络上频频出现"'80 后'将无养老金可用"之类的言论。

发展企业年金制度是发达国家提供的方法。硅谷不少互联网大厂实行的就是基于401（k）的养老福利计划。以被戏称为"北美国企"的IBM为例，其退休产品中就包含了401k Plus计划、IBM担保利益安排和已经冻结了的IBM个人退休金政策，其中401k Plus计划的参与人数和资产最大，且每年的资金增幅也很高。它为每一个参与计划的人提供了最高6%的额外利益，是行业标准的一倍。

但同样的方法不能大规模复制到国内，因为在基本养老保险里，企业已经负担了20%的养老成本，同时，国内企业缴纳年金也没有税收优惠政策。直到腾讯的退休计划为国内实现"互联网养老"提供了一种更具可能性的方案。

李妮根据2021年腾讯第二季度财报数据算了算，人均月薪7.85万元，也就是说如果今年从腾讯退休，仅长期服务感谢金一项，就能一次性拿到47万元，而能够在腾讯干到退休的老员工，年薪应该远超平均水平了。更何况还有给全家人上的健康保险以及可供二选一的退休荣誉金或50%未解禁的股票。"我不相信腾讯的股票会跑不赢通胀。"

⊙ 退休自由

"有腾讯选腾讯，没腾讯就'延毕'。"翻过年又要开始春招，应届生的求职群里多了条新段子。语气虽然是调侃，但真心肯定也不少。毕竟，提前退休实在太香了。

这几年，"退休自由"已经成了当代年轻人的终极梦想。豆瓣的"FIRE生活"小组仅创建一年，就聚集了近18万人。FIRE指的是"财务独立，提早退休"，概念最早源于1992年出版的美国畅销书《富足人生》（*Your Money or Your Life*），后来慢慢演变成一种通过极简生活和理财保险的策略短时间内积累足够的资产，依靠被动收入为生，从而使自己能够提前几十年退休的生活方式。

有调查显示，"FIRE"在互联网等高科技行业更具吸引力，"因为他们（从业者）的薪水很高，但工作时间安排很紧张。"从某种程度上来说，"FIRE"其实是"996"文化产生的副作用。积累财富，早日解放成为年轻人说服自己努力工作、忍受"内卷"最有力的借口。

2018年入职南方某一线大厂的林若山，目前的计划是一年存25万元，存够500万元就退休，他在豆瓣立了一条"FLAG"（旗帜）帖，标题就叫"为了FIRE开始努力"。

同样是研究生毕业进厂的李晔，在高强度工作导致重度抑郁两年后，制订了40岁退休计划。"过去我觉得自己就像一直踩滚轮的小白鼠，你见过那种滚轮吗？就是把老鼠放上去之后，它就要一直不停歇地跑。它一直跑，轮子就一起动，轮子一动，小白鼠就得继续跑，循环、循环、循环……直到小白鼠累死为止。""而订了退休计划之后，滚轮就像被拉平了，有了终点。"

但真的开始计划之后，李晔发现，现实好像并没有那么乐观。首先是钱，究竟要存多少钱才能保证退休后的生活呢？《中国养老金融调查报告》显示，80%的人认为，100万元以内的财富储备可以满足养老需求。但那是指法定退休之后，如果想在35～40岁实现提前退休，那这个数字至少要翻倍。但该报告也显示，近八成的受访对象目前的存款不足50万元，甚至有三成连10万元也没有存够。

在深圳生活的吴苑曾经做过一个2030年退休计划表，每个月消费控制在4000元以内，再算上"FIRE"后每个月需要缴纳的专属医保、重疾险、综合意外险……那么到退休前，她必须攒够187万元，而且前提是不结婚也不生孩子。

但依然有朋友对他的计划表示了不靠谱："交了自己的保险，父母的呢？""生大病的话一台手术费就是上万元，还是报销后的。""你考虑了通胀吗？"……吴苑被问得有几分崩溃，"这样算500万元都不够。"

现在，比起埋头计算存款、通胀、理财利率，腾讯提供的方案显然要靠谱得多。2021年11月9日，腾讯在退休计划方案的基础上补充了一条：在腾讯工龄满15年即可申请"提前退休"。

同时，员工的"职业里程碑"也从过去的3个节点升级为6个节点，也就是说，在入职1年、5年、10年、15年、20年、法定退休这6个节点，每个节点员工都能享受到相应的礼品或权益，比如健康保障、长期假期等。

腾讯的方案出来之后，脉脉上的一条匿名帖说：那段时间在公司电梯、食堂等地方碰到老同事，第一句就是："你（工作）满15年了吗？"问完才发现，身边（工作）满15年的还真有好几个了。腾讯内部的初步统计也显示，未来5年内，在腾讯工龄满15年的人数将超过5000人。

4年前作为应届毕业生入职腾讯的袁司宽2021年刚25岁，已经成家有子的他有段时间在豆瓣上加入了很多诸如"不上班俱乐部"的小组，认真研究了很多人的帖子，得出一个结论："Fire"太难了。但现在，如果按照15年退休的标准，只要干到36岁，他就拥有了退休自由。

程惟的恋人也是腾讯的员工，参照这个计划，40岁之后，两人就能双双步入互联网双职工家庭理想的"FIRE生活"。对于那些偏激地认为短时间看不到退休终点就吐槽"鹅"厂"画大饼"的言论，她更赞同一位法学院教授的观点："劳动力其实也是一个市场。哪个行业的回报，包括薪金、福利、工作环境等比较高，哪个行业就能够吸引到这个社会上比较优秀的人才。腾讯通过这种福利，等于是为劳动力提供了比较高的价格……其他行业如果想要竞争优秀人才，就需要将自己的福利待遇相应提高。"

"通过竞争，劳动者创造的价值将从资方向劳动方进行转移。市场经济的价值不就是如此吗？"